体育节目转播与制作

TELEVISION SPORTS（第6版）
PRODUCTION SIXTH EDITION

[美] 吉姆·欧文斯（Jim Owens）著

张　俊　王皖斌　赵梦宁　解经博 译

人民邮电出版社
北京

图书在版编目（CIP）数据

体育节目转播与制作：第6版 / （美）吉姆·欧文斯
(Jim Owens) 著；张俊等译. -- 北京：人民邮电出版
社，2023.10
ISBN 978-7-115-61795-8

Ⅰ. ①体… Ⅱ. ①吉… ②张… Ⅲ. ①体育－电视节
目－电视转播②体育－电视节目－电视制作 Ⅳ. ①G222

中国国家版本馆CIP数据核字(2023)第103879号

版权声明

◆ 著　　[美]吉姆·欧文斯（Jim Owens）

　　译　　　张　俊　王皖斌　赵梦宁　解经博

　　责任编辑　黄汉兵

　　责任印制　马振武

◆ 人民邮电出版社出版发行　　北京市丰台区成寿寺路 11 号

　　邮编　100164　电子邮件　315@ptpress.com.cn

　　网址　https://www.ptpress.com.cn

　　北京博海升彩色印刷有限公司印刷

◆ 开本：775×1092　1/16

　　印张：16.5　　　　　　　　2023 年 10 月第 1 版

　　字数：425 千字　　　　　　2023 年 10 月北京第 1 次印刷

　　著作权合同登记号　图字：01-2018-2898 号

定价：139.80 元

读者服务热线：(010)81055493　印装质量热线：(010)81055316
反盗版热线：(010)81055315
广告经营许可证：京东市监广登字 20170147 号

内容提要

　　这是一本关于体育节目转播与制作的前期准备、中期执行、后期制作全流程的指导性图书，内容涵盖了理论知识和实践经验，更有大量奥运会转播案例分享。

　　本书由 16 章内容组成，首先对外场转播进行分析，其中包括对体育节目转播与制作工作内容、任务划分、岗位职责、器材设备等内容的详细介绍；然后对制作规划等内容进行阐述，包括拍摄前期摄像、音频、灯光、图文字幕和布景等部分的准备和计划；最后是制作过程的分析，包含导播的重要性及职责、转播画面叙事方式、如何完成一场完美的体育解说、声音和画面的后期制作，以及安全注意事项和控制外场转播预算等。附录则包括转播车示意图、机位示意图、话筒摆放示意图等内容。

　　本书适合从事体育节目制作的业内人员、广播电视专业的学生、对体育节目制作感兴趣的人阅读。

在《体育节目转播与制作（第6版）》中，区域性艾美奖获得者、制片人吉姆·欧文斯（Jim Owens）将带领读者了解转播一场体育赛事所涉及的规划、设置、导播、解说、拍摄和编辑等工作。

本书最初是为奥运会的初级转播人员编写的培训指南，后编纂成书。书中通过体育赛事，例如滑冰和摩托车赛事的转播，为读者提供高效转播这些运动项目所需要的知识。书中，欧文斯对转播的各个流程进行分解，向读者展示制片人和导播转播体育赛事时所用到的技巧。书中还包括新技术和工具的使用提示和使用建议，如转播车、远程制作（REMI）、智能手机、移动制作单元、摄像机、音频设备和灯光设备。本书提供了全新的指导性插图和示例图表，以及来自业界专家的经验总结。新版本将为读者提供一个行业内部的视角，以便读者了解业界专家们是如何制作直播或录播电视体育节目的。

本书内容翔实，是学习如何成功制作体育转播节目的学生不可多得的读物。

欧文斯已在视频和电视行业工作和教学30多年，他的工作经验丰富，曾参与各类地区性和全国性的转播节目制作。他到过40多个国家，参与的国际性的电视节目制作工作包括18次奥运会转播。欧文斯是《视频制作手册》《电视制作》《体育节目转播与制作》的作者，并在美国和欧洲的电视和广播相关杂志上发表了30多篇文章。他曾担任瑞士洛桑奥林匹克博物馆的"奥运转播历史展"的策展人。他还担任位于肯塔基州威尔莫尔的阿斯伯里大学传播艺术学院的院长，从1981年开始一直在那里任教。

《体育节目转播与制作（第5版）》好评如潮

"简单来说，没有人比吉姆·欧文斯更了解电视体育转播。他有18次奥运会转播的经历，其中还包括为6届奥运会转播培训学生。因此，无论是电视体育节目制作的专业知识储备，还是如何向学生传授必要的能力与技术，使他们成为各项体育节目转播的成功参与者，吉姆·欧文斯都是独一无二的。"

——迈克尔·瑟伯格莱德（Michael Silbergleid），《电视广播杂志》前编辑

"这是我见过的最好的电视体育转播参考书！这是一本真正展现电视体育转播本质的书。"

——布莱恩·道格拉斯（Brian Douglas），电视制片人／导播，
盐湖城、都灵和温哥华冬奥会奥运转播负责人

"这是一本不仅适合零基础新人，还适合经验丰富的专业人员的电视体育节目制作教程。书中涵盖了不同专业领域的详尽信息、示意图和图表。精练的语言包含了广泛的知识体系，一定会为你所用。"

——约瑟夫·马尔（Joseph Maar），新英格兰体育网（NESN）节目制作和转播副总裁

"这本书不仅是关于外场电视体育转播的权威指南，更体现了吉姆·欧文斯本人从外场直播中获得的大量的个人经验和独特视角。"

——本·布朗（Ben Brown），活动支持服务公司合伙人

"吉姆·欧文斯以教育家和作家的双重身份，为读者提供了一个独特的视角。他用简单的语言解释转播的行业术语和技术术语，吸引读者进入迷人的电视体育世界。他与电视专业人员接触的独特经历，使他能够编写出这样一部相关内容的百科全书。"

——丹尼斯·巴克斯特（Dennis Baxter），为美国哥伦比亚广播公司（CBS）和美国全国广播公司体育频道（NBC Sports）提供音频服务，4次获得艾美奖

前言 | FOREWORD

电视在各国广泛普及，已经成为向全世界传播信息最有影响力的手段之一。外场体育节目制作的进步，使全世界数十亿观众在家中就能得到盛大体育赛事的"最佳座位"。无论是世界杯足球赛的开球、美国职业棒球大联盟世界大赛，还是奥运会的冠军之争，体育赛事现场转播吸引了无数观众，并让他们成为了赛事的见证者。

外场体育赛事转播受到诸多因素的影响，比如天气、照明和噪声。一场成功的赛事转播有赖于周密的规划，要考虑到地点、预算、技术因素及体育运动自身的复杂性。更重要的是转播团队成员的经验和独特视角，他们对一场体育赛事转播的成功至关重要。

本书对如何成功规划并实践一场外场体育赛事电视转播进行全面概述。你可以从中发现关于制作体育赛事直播节目或录播节目的详细描述，包括各种类型的移动制作单元／转播车、摄像机、音频设备和照明设备等。你能了解到不同类型的体育赛事，以及制片人和导播为捕捉每项运动的精髓而采用的不同技术。

我要感谢本书的诸位贡献者，并衷心希望你在阅读本书时从中获益。

马诺罗·罗梅罗（Manolo Romero），国际体育转播公司（International Sports Broadcasting）总裁

INTRODUCTION | 引言

这本书源于 1998 年在盐湖城进行的一次午餐。当时马诺罗·罗梅罗（Manolo Romero）建议作者，应该为大学生写一本关于体育赛事转播的书。马诺罗对教育的热情始于他成立的奥林匹克转播培训项目（BTP），这是 1984 年洛杉矶奥运会"遗产"的一部分。汉克·莱文（Hank Levine）是该项目的高级主管，从 1992 年开始从事奥运会的转播工作。在他的鼓励和支持下，来自超过 25 个国家的 15 000 多名学生，通过 BTP 的培训，受聘成为多届奥运会的转播人员。由于当时没有出版有关体育节目转播与制作的书籍，马诺罗认为有必要编写一本可用于 BTP 的教科书，并将其纳入大学的课程教材目录。

马诺罗·罗梅罗

马诺罗·罗梅罗，西班牙塞维利亚人，1968 年，在墨西哥开始他的第一届奥运会赛事转播工作。马诺罗被誉为奥运会转播的世界权威，他曾是自 1992 年巴塞罗那奥运会到 2012 年伦敦奥运会的 10 届奥运会转播机构的负责人。虽然他在 2012 年以国际奥林匹克委员会奥林匹克转播服务公司（OBS）首席执行官的身份退休，但是马诺罗仍然为各种奥运会相关活动的规划做出自己的贡献，并管理着国际体育转播公司（ISB），该公司专门从事重大体育赛事的主转播工作。

自从参与奥运会转播以来，马诺罗见证了转播从模拟到数字，从老式的阴极射线摄像机到高清晰度设备的转变。他的目标一直是在确保基本要素到位的基础上，捕捉每个事件的每一个瞬间。在此基础上，他考虑在转播中增添那些可以让转播变得与众不同的创新元素。在 2013 年的艾美奖颁奖典礼上，美国国家电视艺术与科学学院主席马拉奇·维恩格斯（Malachy Wienges）在向马诺罗颁发受人尊敬的"终身成就奖"时称赞马诺罗说："他作为奥运会主转播机构的负责人，多年来致力于不断提高标准，提升观众的观看体验。"

汉克·莱文

汉克·莱文来自纽约州曼哈塞特地区，被马诺罗雇用从事 1994 年 FIFA 世界杯的赛事转播工作。

汉克参与了之后的每届奥运会的转播，并在1998年遇到了作者。汉克参与创建了国际体育转播公司和奥林匹克转播服务公司，在那里担任了多年的首席财务官，并在其运营的子公司董事会任职。当汉克不再从事奥运会赛事转播工作后，他选择继续住在盐湖城，在那里享受家庭、山地自行车和滑雪带给他的快乐。

ACKNOWLEDGMENTS | 致谢

许多个人和企业为本书慷慨地提供了他们的专业知识，感谢他们对本项目的支持。特向以下贡献者致谢。

编辑：凯瑟琳·卡迪亚（Katherine Kadian）和艾丽莎·特纳（Alyssa Turnery）。

技术和制作支持：詹姆斯·安杰罗（James Angio）、拉里·奥曼（Larry Auman）、伊恩·罗吉·贝尔德（Iain Logie Baird）、丹尼斯·巴克斯特（Dennis Baxter）、史蒂文·布里尔（Steven Brill）、海伦·博罗博卡斯·格林特（Helen Borobokas Grinter）、本·布朗（Ben Brown）、胡安·卡纳德尔（Juan Canadell）、汤姆·卡瓦诺（Tom Cavanaugh）、安娜·克雷苏（Anna Chrysou）、乔治亚·克拉克（Georgia Clark）、罗恩·克罗基特（Ron Crockett）、彼得·戴蒙德（Peter Diamond）、布莱恩·道格拉斯（Brian Douglas）、麦克·爱德华兹（Mike Edwards）、伊阿尼斯·埃克萨科斯（Yiannis Exarchos）、肯特·法恩斯沃思（Kent Farnsworth）、加布里埃尔·费赫瓦里（Gabriel Fehervari）、史蒂夫·弗莱明（Steve Fleming）、卢安娜·弗洛伦蒂诺（Luana Florentino）、哈克·加扎里安（Haik Gazarian）、汤姆·吉诺瓦（Tom Genova）、戴夫·格罗兹（Dave Grosz）、麦克·汉普顿（Mike Hampton）、迈克尔·哈特曼（Michael Hartman）、迈克·哈塞尔贝克（Mike Hasselbeck）、马特·霍格坎普（Matt Hogencamp）、莱特尔·胡佛（Lytle Hoover）、迈克·雅各布（Mike Jakob）、克里斯·詹森（Chris Jensen）、科斯塔斯·卡帕泰斯（Kostas Kapatais）、苏·基思（Sue Keith）、肯·科施鲍默（Ken Kerschbaumer）、乔·库西奇（Joe Kusic）、大卫·刘易斯（David Lewis）、约瑟夫·马尔（Joseph Maar）、亚历山大·马贡（Alexander Magoun）、瑞秋·马斯特斯（Rachael Masters）、史蒂夫·麦克沃（Steve McVoy）、加里·米尔基斯（Gary Milkis）、唐·明克（Don Mink）、马克·奥格拉（Mark Orgera）、马克·帕克曼（Mark Parkman）、玛丽亚·珀尔塞奇诺·罗梅罗（Maria Persechino Romero）、杰弗里·菲利普斯（Jeffrey Phillips）、波因特学院（The Poynter Institute）、艾德·雷坦（Ed Reitan）、史蒂夫·雷斯特利（Steve Restelli）、厄休拉·罗梅罗（Ursula Romero）、安迪·罗森伯格（Andy Rosenberg）、佩德罗·罗萨斯（Pedro Rozas）、乔·西多利（Joe Sidoli）、唐纳德·斯劳夫曼（Donald Slouffman）、克里斯汀·斯皮森（Kristin Spiessens）、马克·斯托克尔（Mark Stokl）、梅格·斯特里特（Meg Streeter）、大卫·罗德里格斯（David Rodriguez）、Sports Cliche、马修·斯特雷布（Matthew Straeb）、马克·华莱士（Mark Wallace）、亚当·威尔逊（Adam Wilson）、丹·沃尔夫（Dan Wolfe）和大卫·沃利（David Worley）。

照片/插图：布莱恩·安纳金（Brian Annakin）、铁三角公司（Audio-Technica）、奥曼广播电视博物馆（Auman Museum of Radio & Television）、丹尼斯·巴克斯特（Dennis Baxter）、伦·切斯（Len Chase）、镖鱼公司（Dartfish）、菲舍尔连接器公司（Fischer Connectors）、吉隆系统国际公司（Gyron Systems International）、IMS制作公司（IMS Productions）、惯性无限公司（Inertia Unlimited）、国际奥林匹克委员会（International Olympic Committee）、基思·约翰逊（Keith Johnson）、克里斯·詹森（Chris Jensen）、照明设计集团（Lighting Design Group）、马特·梅森（Matt Mason）、米兰达科技（Miranda Technologies）、奥林匹克转播服务公司（Olympic Broadcasting Services）、傲威高科技系统有限公司（ORAD Hi-Tec Systems Ltd.）、林恩·欧文斯（Lynn Owens）、松下电器（Panasonic）、制片人管理电视公司（PMTV）、射频中心公司（RF Central）、莱科特公司（Rycote）、美国沙克电子公司（Shook Electronics USA）、体育视觉公司（Sportvision）、体育视频集团（Sports Video Group）、体育数据公司（STATS）、大卫·斯文森（David Svenson）、乔希·泰伯（Josh Taber）、Telex通信（Telex Communications）、TGS体育（TGS Sports）、云顿摄像机承托系统（Vinten Camera Support Systems）、威泰克集团（Vitec）和安德鲁·温格特（Andrew Wingert）。

特别感谢肯·科施鲍默（Ken Kerschbaumer）、体育视频集团（Sports Video Group）和阿斯伯里大学的支持。

PREFACE | 序言

1936 年柏林奥运会被认为是第一次使用电子摄像机进行实况转播的体育赛事。当时所使用的巨型摄像机被称为"电视加农炮"，约 7.5 英尺（2.3 米）长，这种摄像机只能在阳光充足时使用。由于当时家庭电视尚未普及，主办方在场馆周围特地修建了 8 个可以观看电视的房间——被称为"Fernsehstuben"（德语，指集体电视室或电视客厅），使人们可以看到电视转播。电视转播共拍摄了 4 个场地，使用了 3 台电子摄像机，在柏林奥运会期间共拍摄了 72 小时的实况节目。除了电子摄像机外，当时的人们还在一台车辆顶部安装了一台配备胶片冲洗设施的特殊的胶片摄影机，用来制作延时电视信号。在这个被称为"胶片中间片"的系统中，拍摄的场景被记录到胶片上，并立刻对胶片进行冲洗和扫描。在柏林，奥运会的新闻影片通过齐柏林飞艇被迅速送往美国。

——《电视、奥运会转播和奥运会电视简史：新时代》

电视转播的发展在世界范围内极大地影响了体育赛事的观看方式。体育场看台能容纳成千上万名现场观众，而电视转播却能将比赛实况送至数十亿无法到场的电视观众眼前。电视转播提供了大部分现场观众在体育场看台上无法获得的独特视角。由于采用了先进的技术、专业的设备和制作手法，电视转播成为了人们在家中就可以拥有的"最佳观众席"。大部分这样的电视转播都是通过外场电视节目制作实现的。

在过去的 10 年里，电视转播技术发生了很多变化。今天的观众可以观看高清、4K、8K 视频，有时甚至是虚拟现实（VR）的体育节目。他们在观看时通常手中还拿着第二屏，可以使他们更加了解正在发生的比赛情况。转播的传输方式也发生了改变。现在更多的人是通过网络而非通过传统电视频道收看体育赛事转播。

从新闻事件到集会游行，从选美大赛到颁奖典礼，从演唱会到体育赛事，世界各地每天都在进行着外场节目制作（多机位外场转播）。

本书将着重介绍体育赛事转播节目制作。体育转播节目制作的重要概念将同样适用于其他类型的转播节目制作。因为它们所使用的设备和人员设置几乎是一样的。尽管不同类型转播的策略会有所不同，但概念还是一样的。

为什么在所有不同类型的转播中，我们要重点关注体育赛事转播呢？因为体育赛事是最受欢迎的电视节目类型之一。在美国收视率历史上，收视率最高的节目中有一半是体育节目。国际奥林匹克委员会（IOC）报告称，在全球 74 亿（截至 2016 年）人口中，有一半观看了 2016 年奥运会的电视转播。此外，里约奥运会官方内容在社交媒体上的浏览量为72亿。福克斯体育前首席执行官大卫·希尔（David Hill）说："体育节目已成为社会结构的一部分，是终极真人秀。体育节目是能确保吸引大量观众的唯一节目形式。"

体育电视节目的播出一般通过电视广播或流媒体直播。这意味着，如果导播在篮球比赛中错过了一次带球上篮，是没办法重来的。有些内容，比如解说评论，可以在后期制作中重录，但是动作的捕捉是实时的，不可以重来。这意味着电视转播只有一次机会，无法重拍，而且必须保证拍摄质量。现场直播的压力使体育电视节目成为最有难度的电视节目制作类型之一。

体育电视节目制作的规模可以很小，例如通过线上直播的双机位制作本地篮球赛转播节目，规模也可以大到使用90多个机位的超级碗（Super Bowl）赛事转播或是转播多项赛事共计使用500多个机位的奥运会赛事转播。

在本书中，你可以看到奥运会、世界杯、超级碗、高尔夫、印第安纳波利斯500英里大赛及其他各种不同体育赛事的真实转播案例。我们还提供了小型赛事转播和大型赛事转播的机位图和话筒布局图。

这不是一本独立的电视制作指南。我们的目标是编写一本为其他现有电视制作手册进行补充的书籍或教材。我们希望能为读者提供关于电视转播节目制作行业各个方面的概述。为兼顾基础不同的所有读者，书中也包含了一些电视节目制作的必要基础知识。

制作使用多机位的外场赛事转播节目就像演奏一首交响乐，不是靠一个人的力量就可以完成的。导播就像是指挥，通过有效地组织各部门，依靠一个出色的团队，创造出让观众感觉身临其境的节目。

除了常见的制作术语，转播节目制作有时还会有自己的语言、定义和独特的设备。我们的目标是为读者提供一个行业内部视角，让读者了解转播节目制作如何实现相互配合，以及每个转播节目制作参与者在其中所扮演的角色。

电视画质——1936年柏林奥运会

德国的电视图像具有180线，25帧/秒，画质堪称出色。

——德国的电视台，1936年奥运会官方电视转播节目

奥林匹克综合症

数据表明日本观众对奥运会具有巨大的兴趣。尽管很多比赛都在深夜播出，但很多白领仍然在他们的电视机前守候，第二天不出所料会在办公室打瞌睡。因为奥运会期间日本的国家生产力出现下降的情况，这种现象甚至被称为"奥林匹克综合征"。

——日枝久（Hisashi Hieda），日本富士电视台（Fuji TV）首席执行官

体育电视节目的失败

如果体育节目在电视上不能发挥作用，无法吸引观众，甚至日渐衰微，那么问题就出在管理这项运动相关赛事的人身上。要么由于他们的懒惰或管理不善，无法展现这项运动的活力和生命力，要么就是默许电视节目制作人员在制作过程中草率、懒惰、漫不经心。

——大卫·希尔（David Hill），福克斯体育电视部（Fox Sports）前主席兼首席执行官

如今奥运会的电视转播，与超级碗、世界杯等其他超级赛事的电视转播，在弘扬和塑造全球文化中所发挥的主导作用，让电视媒体在当今世界中的多重地位有了一种现实意义。

——迈克尔·雷亚尔（Michael Real），《电视季刊》

CONTENTS | 目录

第1章　什么是外场转播? ·· 001

实况录像（Live-to-Tape） ·································· 002

外场转播 VS 演播室制作 ···································· 003

第2章　电视体育节目制作人员 ·································· 005

人员描述 ··· 006

自由职业者（Freelancer） ································· 013

第3章　电视是什么? ·· 019

定义电视 ··· 020

多平台电视 ·· 020

平台整合 ··· 021

第二屏 ·· 023

第二屏应该包括什么？ ······································ 023

社交媒体 ··· 024

媒介变革对电视的影响 ······································ 024

电视格式 ··· 024

第4章　制作设施 ·· 029

移动制作单元 / 转播车 ······································ 032

转播车内部 ·· 033

转播车外 ··· 036

转播综合区 ·· 036

飞行箱（The Flypack） ·· 037

一体化移动制作单元 ··· 038

基于软件的制作单元 ··· 039

远程制作 ··· 039

第 5 章　制作规划 ··· **043**

协调会 ··· 045

外场转播勘察 ··· 045

联系人 ··· 046

场馆权限 ··· 048

现场成本 ··· 048

电源 ·· 049

勘察需要考虑的其他方面 ·· 049

节目传送 ··· 049

对勘察有重大影响的其他方面 ··· 054

位置示意图 ·· 054

备份方案 ··· 054

第 6 章　摄像机 ··· **057**

摄像机位置 ·· 059

摄像机类型 ·· 059

摄像机架设的检查单 ··· 068

摄像机镜头景别 ·· 068

摄像机的运动 ··· 069

摄像机镜头的移动 ··· 070

体育拍摄 ··· 071

构图 ·· 073

保护摄像机 ·· 074

第 7 章　灯光 ·· **075**

室内场馆 ··· 076

户外场馆 ……………………………………………… 076

其他灯光问题 ……………………………………… 076

第 8 章　音频制作 ……………………………… **083**

立体声电视音频 …………………………………… 084

常规 5.1 环绕声 …………………………………… 084

音频电平 …………………………………………… 085

话筒拾音指向性 …………………………………… 086

话筒发声元件 ……………………………………… 086

话筒的类型 ………………………………………… 087

幻象供电 …………………………………………… 091

话筒附件 …………………………………………… 091

话筒布置 …………………………………………… 092

赛时音频 …………………………………………… 094

内部通话系统 ……………………………………… 095

预录音频 …………………………………………… 098

第 9 章　设计：图文字幕和布景 ……………… **099**

电视节目图文字幕的目标 ………………………… 101

字幕员的工作 ……………………………………… 102

制作优秀电视图文字幕的技巧 …………………… 103

观众增强工具 ……………………………………… 103

虚拟信息图文字幕 ………………………………… 105

技术总结 …………………………………………… 106

电视布景字幕 ……………………………………… 106

第 10 章　前期制作与搭建 …………………… **109**

制作会议 …………………………………………… 110

节目流程设计 ……………………………………… 110

设备搭建 …………………………………………… 112

线缆铺设 …………………………………………… 112

摄像会议 ·· 114

设备检查 ·· 118

节目制作日程表 ···································· 118

彩排 ·· 118

第 11 章　制作 ····································· 121

外场制作 ·· 122

执导外场转播 ······································ 122

体育运动的动作类型 ································ 123

动作流 ·· 123

断续性运动 ·· 124

执导断续性运动项目 ································ 124

在执导中强调得分 ·································· 124

推波助澜 ·· 126

连续性运动 ·· 127

快速的摄像机运动 ·································· 127

增大拍摄景别 ······································ 127

在动作中切换机位 ·································· 127

团队运动和个人运动 ································ 128

建立观众的情感投入 ································ 132

处理好占据比赛主导地位的选手镜头数量 ·········· 132

有限的转播空间 ···································· 132

水平运动、垂直运动、环形运动 ·················· 133

转播设计 ·· 135

观众的需求 ·· 135

导播风格 ·· 136

设备与转播 ·· 137

执导摄像 ·· 137

执导回放 ·· 142

执导图文字幕 ······································ 143

调光 ·· 143

　　　　工作团队 ……………………………………………………… 143

第 12 章　导播讲故事 ………………………………………………… **145**

　　　　理解故事 ………………………………………………… 146

　　　　"我们打算把节目制作手段加入电视体育" ……………… 147

　　　　作为故事讲述人的体育导播 …………………………… 148

　　　　技术设备的强化作用 …………………………………… 149

　　　　导播的工作就像指挥交响乐团 ………………………… 150

第 13 章　体育解说 …………………………………………………… **153**

　　　　体育比赛转播实况解说训练 …………………………… 154

　　　　研究 …………………………………………………… 154

　　　　评论员和转播评论席 …………………………………… 157

　　　　采访 …………………………………………………… 159

　　　　现场导演 ………………………………………………… 161

第 14 章　后期制作 …………………………………………………… **165**

　　　　编辑准则 ………………………………………………… 169

第 15 章　制作安全 …………………………………………………… **171**

　　　　绊倒和滑倒 ……………………………………………… 173

　　　　重物 …………………………………………………… 173

　　　　听力 …………………………………………………… 173

　　　　电力 …………………………………………………… 173

　　　　线缆 …………………………………………………… 173

　　　　天气 …………………………………………………… 174

　　　　高处 …………………………………………………… 175

　　　　危险区域 ………………………………………………… 175

第 16 章　外场转播预算 ……………………………………………… **177**

　　　　预算案例研究 …………………………………………… 178

附录1 转播车图示 ·· 185

附录2 机位图 ·· 195

附录3 话筒布局图 ·· 211

附录4 制作支持文档 ·· 217

附录5 事件故事板 ·· 225

附录6 体育播报文章 ·· 231

词汇表·· 235

第 1 章

什么是外场转播？

为什么要进行直播？电视的核心是对事件的现场直播。有些方面电影可以做得更好，有些方面广播可以做得更好，但是电视可以在事件发生的同时为你提供图像化的报道，电视让我们每个人都成为历史的一部分。

——托尼·韦纳（Tony Verna），导播，参加过5次超级碗和12次肯塔基德比（Kentucky Derbies）比赛

外场转播

外场转播的环境在精神上、身体素质上、技术上、创造力及超出想象的更多方面对个人和专业能力都提出了挑战。

——彼得·萨尔坦（Peteris Saltans），音频转播工程师、调音师

外场转播［Remote 或 Outside Broadcast(OB)］制作可以被定义为发生在演播室环境之外的多机位制作（见图1.1）。外场转播有不同的规模和类型：小型外场转播可以是在一辆 MINI COOPER 汽车或者一间储藏室里进行的双机位制作；大型外场转播可能包含20个或更多的机位，包括直升机和主观视角（POV）特种摄像机。

图1.1 外场转播的地点增加了在演播室中通常不存在的变数，例如天气、光线和声音

高质量制作的关键是组建一支能够预测将要发生什么和将在哪里发生的团队。选择一支了解各自工作并且能很好地合作的团队至关重要。团队的人必须了解比赛项目将如何展开，以及如何更好地应用他们的电视节目制作相关技能。这些预测能力中最关键的是制订应急计划的能力，以防万一出现问题。

转播团队对比赛项目越熟悉，就越能胜任转播工作。了解比赛项目的复杂性，可以让导播和出镜人员更清晰地根据赛场上发生的事情进行沟通，让音频人员知道如何设置话筒，让摄像师可以预判如何移动摄像机。有些人只制作某些特定的比赛项目的节目，是这方面的专家。例如，某个制片人可能专攻花样滑冰项目的节目制作。

如今，很多赛事都采用外场直播的方式进行转播。赛事直播抓住了观众的注意力，让他们感觉自己是历史的见证者。制作团队同样也受到现场直播的影响，由于无法编辑他们的工作成果，他们需要做到一次成功。因此，团队合作意识和对呈现质量的关注被强化。没有进行充分准备的"直播"对于转播制作是致命的。

实况录像（Live-to-Tape）

虽然如今已经很少使用录像带了，"实况录像"一词依然被用来描述以直播的方式对赛事进行录制。采用这种方式可以对录像进行编辑，根据需要修复录制问题。即使是实况录像转播也有不同的形式。大部分外场转播使用的装备有实时切换设备、录像机、字幕机和提供工作空间的移动制作单元。然而，也可以使用多台电子新闻采集（ENG）摄像机来完成（某些体育节目的制作）。在这种情况下，整个节目制作

必须经过后期制作编辑完成。虽然实时切换更加快捷，但它需要昂贵的外场转播制作单元（转播车）、更多的设备、更长的系统搭建时间及更多的工作人员参与。采用多台电子新闻采集摄像机的制作方式需要进行后期制作的设备，需要更多的时间进行后期制作处理，但最终成本通常会更低。

外场转播 VS 演播室制作

演播室制作可以让导播最大限度地控制场面，但外场转播的优势在于能够捕捉正在进行的比赛，同时捕捉比赛现场的环境氛围和比赛的活力。制片人从一开始就参与到赛事中，可以协助进行比赛地点的选择，以便获得比赛的最佳视觉背景。如果是在不太远的地方进行节目制作，有时现场拍摄甚至比在演播室场景中拍摄的花费更低。

在演播室里，你可以对声音、光线、电力进行最终控制，并且不受天气的影响，但在现场这些因素可能会成为你遇到的最大问题。如果没有足够的灯光或电力保障，需要设备额外提供；如果扩声系统或其他不需要的声音干扰到收音，需要改变话筒的位置；如果天气不好，比赛有可能被取消。

正如前文所提到的，需要对团队成员进行精心挑选。然而，在外场，节目制作是否顺利有时候取决于你无法控制的人，他们不一定了解电视节目制作流程。这些人可能是警察、场馆管理人员及技术人员等。制作团队必须要和这些人建立良好的协作关系，为现场各项工作的进行创造便利条件。

在进行外场转播的现场，移动制作单元（转播车）的尺寸也可能会引起一些问题，这些问题包括阻碍交通和缺少合适的停放空间。另一个相关的问题是，停放空间可能无法为团队成员提供靠近转播车的工作区域。可能需要将转播车旁的停放空间分配给提供电源的便携式发电机，甚至是分配给主、备两台发电机使用。

如果是在远离本部基地的地方进行节目制作，管理者还要考虑为团队成员提供餐食、住宿和交通工具，这些会增加相当多的制作成本。

通常，团队在进行外场拍摄前都需要得到现场许可，这些许可的获得可能会是一个十分耗时的过程。

当外场转播的利大于弊时，你就可以带着团队和成吨重的设备出发了。

采访：罗布·雷奇利（Rob Reichley），高级副总裁 / 总制片人

采访者：乔治亚·克拉克（Georgia Clark）

◎你的职责是什么？

我负责协调所有的节目制作工作，包括比赛直播、时长为半小时的节目和纪录片，以及我们公司的其他节目制作。这些节目随后在娱乐与体育节目电视网（ESPN）、大西洋海岸联盟（ACC）、福克斯（FOX）等电视网中播出。

◎你喜欢你工作的哪个方面？

我喜欢作为制片人进行内容创作。我享受准备一场比赛的过程。然后，当比赛开始时，我坐下来，我知道自己已经准备好了，知道自己有能力解决现场可能发生的突发事件。肾上腺素飙升的感觉真是太棒了，我在和一些了不起的人一起工作。

◎有哪些挑战是你必须应对的？

在工作和家庭之间找到一个平衡点是困难的。你不能错过比赛……因此这会对你的生活产生影响。漫长的工作时间、夜间工作和周末工作，还有出差，现实可能很残酷，但我热爱我的工作。我必须承认，当设备出故障无法工作时，我会感到沮丧。

◎你对那些想进入体育电视行业的人有什么建议？

刚开始时，如果有人让你参与电视节目制作，在当中做某一份工作，不管能不能拿到钱，都应该去做。你需要真实的工作经验和与这个行业所建立的联系。同时，了解一些基本的电视节目制作技术。这会在你讨论电视节目制作需求时对你很有帮助。

罗布·雷奇利是雷科姆体育（Raycom Sports）高级副总裁 / 总制片人（采访由乔治亚·克拉克提供）

第 2 章

电视体育节目制作人员

我认为，我们做的所有工作都必须确保质量。这意味着我们要激发对所做的事情的热情、要持续从他人的工作中得到启发、勇于接受挑战，尽可能多地受到教育和拥有前瞻性思维。最后，不要仅仅停留在成功上，而是在挑战失败中不断成长。从本质上讲，我们必须成为最热爱这项工作的人。

——丹尼尔·西尔弗（Daniel Silver），迪士尼+（Disney+）负责原创非虚构短片创作的副总裁，曾在娱乐与体育节目电视网电影公司（ESPN Films）工作

想要了解外场节目制作如何运作，需要了解每个参与者的角色和职责，以及如何相互配合。岗位职责因制作公司、电视台、网络和比赛项目而不同。大家经常会在一次节目制作中身兼多职。

另外，制作岗位的名称可能因公司而异。我们很难对每个职位进行精确的描述，以下只是对外场体育转播制作团队中最常见工种的简要描述。

人员描述

我一直认为，如果和一个好的团队（制片人、导播、现场解说评论员和分析员）一起工作，你可以把一场剪指甲比赛变成引人入胜的电视节目。要是和不好的团队在一起工作，可能会把一场英格兰足总杯变得无聊至极。

——大卫·希尔（David Hill），福克斯体育（Fox Sports）传媒集团前首席执行官

制作总监［制作负责人，Executive Producer (Head of Production)］：

负责一场制作或一系列制作的规划和筹备工作。为一次节目制作或一系列节目制作提供总体愿景。制作总监的职责通常包括财务、日程安排，有时还包括重大创意决策。其他职责包括与体育组织就权利、摄像机位置和赛事转播进行协商，他们可能会监督制片人或协调制片人。

协调制片人（Coordinating Producer）：

追踪多个制片人的预算、质量把控和掌握后勤工作情况。协调制片人也要对节目整体风格和元素负责，如动画和图文字幕。协调制片人向制作总监（制作负责人）汇报工作情况。

制片人（Producer）：

负责赛前的计划和后勤工作。制片人与导播一同工作，执行整体的节目制作计划（见图2.1）。他们共同负责监督赛事节目制作的所有要素。在制作过程中，制片人负责协调商业广告、调用回放并且要确保出镜人员的需求得到满足（见图2.2），此外还要确保节目制作在预算范围内且按计划进行。制片人向制作总监或协调制片人汇报工作情况。附录4中包含了制片人检查单。

制片人

制片人为体育节目赋予基调和风格。最优秀的制片人是像毕加索或伦勃朗那样的绘画大师，使用专业的绘画方法——如何及何时使用不同的画笔——是他们的第二本能，因此他们能够上升到另一个层次，将不同的笔触组合在一起，创造出用独特视角诠释世界的杰作。最优秀的制片人应对节目制作的各方面了如指掌，以转播团队成员的才能为他们的"笔刷"，自由地展开故事情节。

优秀的制片人拥有以下3个共同的特征：

（1）他们是有条理的；

（2）他们在压力下保持冷静；

（3）他们尊重和支持与他们合作的转播团队。

——加里·本德（Gary Bender），福克斯体育前体育解说员

字幕 助理 制片人 导播 技术 字幕 字幕员
工位 制片人 导播 协调

图 2.1 转播车上的团队成员

图 2.2 最左边穿着黑色衣服的这位制片人,正在监督对运动员进行的采访,这个采访将用于在比赛期间播放

助理制片人 [Associate Producer/Assistant Producer (AP)]:

助理制片人由制片人或制作总监安排特定的节目制作工作内容。此人通常监督后期制作,以及 / 或节目中出现的短片和预告片的制作。助理制片人有时会被分配一些与助理导播相同的工作内容(见图 2.3)。助理制片人有时也会被称为专题制片人。助理制片人向制片人汇报工作情况。

图 2.3 美国全国广播公司(NBC)的助理制片人在纳斯卡赛车(NASCAR)比赛中负责所有的计时,并且与主控协调中场休息、滚动广告和广告片

专题制片人(Features Producer):

同助理制片人。

导播(Director):

导播在制片人的指导下负责节目制作中的创作和审美的部分。导播必须知道自己想要什么及如何去实现。他们必须了解设备的性能和所分配到的人员的能力,才能协调转播各个方面的工作。导播为节目确定基调和节奏,并且是团队的激励者。导播必须具备用画面讲故事的能力,用能让观众身临其境的方式来记录比赛(见图 2.4)。他们有时也负责与出镜人员协作,指导出镜人员,不过这在电视体育节目制作中较少见。导播向制片人汇报工作。导播检查单见附录 4。

图 2.4 ESPN 的导播帕特·洛里(Pat Lowry)正在主持摄像师和 EVS 操作员会议,讨论赛事转播工作(图片来源:SVG)

为比赛做准备

归根结底,美国全国广播公司篮球季后赛转播成功的关键不在于设备和技术,而在于导播和团队有充足的心理准备。我们的转播真正开始于花时间与球员、教练和评论员一起了解情况、研究比赛。在赛季期间,我每晚都在看 NBA 篮球比赛,去了解球员——他们的动作、他们球队的比赛风格。有人会说:"噢,你只是在转播期间才工作。"其实我会用整整一周时间去准备那场转播,并且花费整个赛季的时间准备季后赛转播。

——安迪·罗森博格(Andy Rosenberg),导播,15 项艾美奖得主

助理导播［Associate Director/Assistant Director（AD）］：

在电视节目的制作过程中协助导播随时掌控时间，并确保摄像机画面、图文字幕和录像已为导演的指令做好准备。助理导播的主要工作职责之一是与演播室保持沟通，通过倒计时来协调广告插播，使节目和广告可以无缝衔接。助理导播也可能被分配一些与助理制片人相同的工作内容。助理导播通常向导播和制片人汇报工作情况。

项目经理（Unit Manager）：

负责管理预算，包括外部供应商和加班费。项目经理也会安排团队行程，这个岗位有时会与制作经理或技术经理的岗位合并。项目经理向制片人汇报工作情况。

制作经理/执行制片人（Production Manager / Operations Producer）：

监督节目制作团队的运行，包括预算、人员分配、交通、住宿、协调传递信息，并作为联络人与场地工作人员联系。有时这个岗位会和项目经理或技术经理合并。一般向制片人汇报工作情况。

制片统筹（Production Coordinator）：

负责餐饮安排、小额现金保管、勤务调配、证件保管和电话沟通等一般业务。这个岗位有时会与制作经理的岗位合并。制片统筹向制作经理、技术经理、项目经理或制片人汇报工作情况。

舞台监督/场地经理（Stage Manager/Floor Manager）：

协调在演播室或转播区内发生的一切事情。当出镜人员正在出镜时，场地经理需要用手势进行沟通；非出镜时，有时会用卡片进行沟通（见图2.5）。一般向制片人汇报工作情况，不过在外场节目制作中可能会向导播汇报工作情况。

图2.5　场地经理（中）为在现场、转播区或演播室的出镜人员协调各类事情

制作助理/导播助理［Production Assistant（PA）/Director's Assistant］：

帮助制片人或导播处理工作上的细节。这些工作细节包括但不局限于行程安排，图文字幕、节目形式变更及向各工种人员同步最新信息。制作助理还负责安排餐食的运输、领取和发放，确认音乐版权，监督勤务人员，并关注制片人或导播的其他任何需求。一般向制片人汇报工作情况，有时向导播汇报。

现场导演（Spotter）：

就比赛场地内及周围的重要活动或事件向制作团队提供建议，这些活动或事件可能不会立即被制作团队和摄像师发现。一般向导播汇报工作情况。

统计员（Statistician）：

收集比赛统计数据，包括过去的比赛表现和最新的比赛细节（见图2.6）。还会收集如天气等有关当前比赛条件的基本信息。一般向制片人和制作助理汇报工作情况。

图2.6　统计员（左）收集最新的比赛统计数据，这些数据对直播评论员和节目制作人员很有帮助

回放助理导播 / 回放助理制片人（Replay Assistant Director/Producer）：

协助挑选录像中合适的片段用于回放，并确保回放操作员接受指令，在导播需要的时候将这些片段准备就绪。一般向制片人汇报工作情况。

技术导播 / 视频切换员［Technical Director（TD）Vision Switcher］：

从导播处获得指令，通过切换台用硬切、叠化、划像、特效、动画和图形等方式在视频画面之间进行切换，有时也会同时使用多个机位的信号。向导播汇报工作情况（见图2.7）。

图2.7　技术导播 / 视频切换员对导播工作负责

摄像师（Camera Operator）[见图 2.8(a ）和图2.8(b)]：

接受导播指令，并持续向导播提供可用于节目制作的最高质量的画面。摄像师也负责运送、架设摄像机，有时还需要对摄像机进行常规维护。向导播汇报工作情况。

（a）

（b）

图2.8　有很多不同类型的摄像师。（a）固定摄像机，（b）摄像师和摄像助理（左下角），摄像助理负责整理摄像机线缆 [图片来源：吉姆·欧文斯（Jim Owens）]

摄像助理（Camera Assistant）（游机、斯坦尼康、摇臂等）：

保护和协助摄像师，主要工作包括防止人们走进摄像机拍摄的视野范围内，消除潜在的障碍或干扰，保持摄像机线缆处于解开状态、避免出现缠绕等。肩扛摄像助理主要负责对比赛中摄像师的移动做出反应，在节目制作过程中为摄像师递送线缆（见图2.9）。为完成这项任务，摄像助理需要集中注意力并学习正反绕线法。使用这种方法可最大限度减少线缆的缠绕，使摄像师可以随时自由移动应对当下的任务。此外，摄像助理可能还要为摄像师领取餐食，携带额外的电池，有时还作为现场导演，寻找可用的镜头或关注摄像师应该了解的其他事情。摄像助理可能也要协助架设、挪动和拆卸摄像设备。向摄像师或技术经理汇报工作情况。

图2.9 除了整理线缆，摄像助理还必须确保摄像师的安全，可能还需要协助拍摄

无线摄像助理（RF Assist）：

一种特定类型的摄像助理，也被称为"指向员"（Pointer），负责保持将无线发射器（用于无线摄像机）对准无线接收器（见图2.10），同时防止和摄像机相连接的线缆与摄像师发生缠绕或拉扯。无线摄像助理还负责留意摄像师周边情况，确保没有人在他和摄像师之间走动或阻挡摄像机的拍摄。随着无线技术的发展，这个职位已不常见。向摄像师汇报工作。

图2.10 有些无线摄像机需要无线摄像助理将无线发射器对准无线接收器［图片来源：乔什·泰伯（Josh Taber）］

装配工（Rigger）：

在赛前搭建支撑照明或摄像设备的架子，在赛后拆卸设备。向技术经理汇报工作情况。

音频师／调音师／音频总监［Audio (A-1)/Mixer/Audio Supervisor］：

确定话筒在赛场中的放置位置，通常在位于转播车外的输入／输出（I/O）接口面板上进行各种话筒连接，向音频助理（A-2）发出指令，并对转播车的通话（PL）系统进行设置或跳线。在实际节目制作过程中，音频师还负责混合来自各种话筒、录像机／放像机，台内信号和现场扩声系统的音频信号（见图2.11）。此外，音频师和音频助理还负责进行内部通话。向制片人和导播汇报工作情况。

图2.11 音频师负责对音频进行跳线和对节目进行混音

音频助理（A-2/Audio Assisitant）：

接受来自音频师的关于话筒在赛场摆放位置的指令并设置话筒。其他职责包括对输入／输出进行跳线、协助出镜人员佩戴或使用话筒，以及在场地内操作抛物面碟形或枪式话筒（见图2.12）。音频助理也负责节目制作过程中音频问题的故障排除。向音频师汇报工作情况。

图 2.12　音频助理负责设置并可能在赛场边操作话筒

场工（Utility/Grip/Rigger）：

在实际节目制作开始前，场工协助技术团队搬运设备，在搭建过程中布设线缆及在拆卸（回收）设备期间进行协助（见图2.13）。在节目制作过程中，场工可能被重新分配为摄像助理或被分配到其他支撑岗位上。在实际节目制作过程中向技术经理及其他任何给他们分配工作任务的人汇报工作情况。

图 2.13　场工协助技术团队搭建和拆卸（回收）设备和线缆

视频操作员/视频工程师/视觉控制/CCU操作员/调光师[Video Operator(VO)/Video Engineer/Vision Control/CCU Operator/Shader]：

负责在摄像机控制单元（CCU）上调节视频亮度及确定摄像机的色彩参数，以获得最高质量的图像（见图2.14）。视频工程师还与主管工程师（EIC）合作，对所有视频源进行跳线，以及设置摄像机的白平衡等参数。向导播和制片人汇报工作情况。

图 2.14　视频操作员或调光师负责调整摄像机及录像机的图像以获得尽可能高的质量

视频素材管理员/档案管理员（Video Librarian/Archivist）：

整理并维护视频录像和比赛录像以备检索。这项工作的工作内容是根据数字时间码搜索录像的精确时间和位置，以找到特定内容片段。他们也负责素材备份。向制片人汇报工作情况。

回放操作员/EVS操作员/录像操作员[Replay Operator(RO)/EVS/Tape Operator(VT)]：

运行录像机，监听、观察音频和视频电平，并且通常通过操作辅助母线切换面板来将某个特定机位单挂到录像机。回放操作员也可以担任慢动作（Slo-Mo）操作员（见图2.15）。向制片人和导播汇报工作情况。

图 2.15　回放操作员操作和设置慢动作录像机和放像机

慢动作操作员 / 超级慢动作回放操作员（Slo-Mo Operator/Super Slo-Mo Replay Operator）：

操作和设置慢动作录像机和放像机。按照导播的要求提供慢动作 / 超级慢动作回放。向制片人和导播汇报工作情况。

编辑（Editor）：

选择、编辑并剪辑音视频，制作赛事精彩瞬间集锦、赛事缩编和专题内容（见图2.16）。向制片人汇报工作情况。

图2.16　编辑为转播制作赛事精彩瞬间集锦和专题内容

字幕操作员（Graphics Operator/Font Operator/Character Generator Operator）：

操作字幕机，将文字和图形添加到节目画面上。主要向制作人和导播汇报工作情况（见图2.17）。

图2.17　字幕操作员必须密切关注导播、制片人和节目，预测导播想要哪些图文字幕

字幕协调[1]（Font Coordinator）：

协助字幕员，在节目制作过程中让他们能随时获取最新数据。工作职责包括拼写检查、更新比分、辨认画面中的人员等。字幕协调通常是制作助理之一。主要向制片人汇报工作情况。

技术经理（Technical Manager）：

负责场馆所有与转播相关的技术运行。主要向导播汇报工作情况。

主管工程师 / 首席视觉工程师 / 高级视觉操作员[Engineer-in-Charge (EIC)/Chief Vision Engineer/Senior Vision Operator]：

为转播车提供方工作，负责保证转播车内的一切正常运行。还负责确保转播车提供的所有设备、线缆和物资在拍摄结束时回到转播车。主要向技术经理汇报工作情况。

维护工程师（Maintenance Engineer）：

负责维护转播车内和比赛场地中的节目制作设备。向主管工程师汇报工作情况。

传输经理 / 传输操作员[Transmission (TX) Manager/Transmission Operator]：

确保电视信号的传输质量和传输连续性。向技术经理汇报工作情况。

通信经理（Telecom Manager/Telco Manager）：

负责现场工作人员、出镜人员和转播车内工作人员之间的通信线路的安装和故障排除。提供和安装外线电话。向音频师或技术经理汇报工作情况。

勤务（Runner）：

负责跑腿办事并完成制作助理、制片人、执行制片人及大部分其他制作人员指派的各种任务。可能包括成为驾驶员，在拍摄过程中为团队提供食物或补给，安排差旅和场地勘察。向制作助理汇报工作情况。

出镜人员（Talent）：

指任何在节目播出时出现在镜头前或出声的人（见图2.18）。向制片人汇报工作情况。

1　译者注：这个岗位在实际中有时也被称为字幕导演

图 2.18　"出镜人员"一词通常指在镜头前出现的所有人（图片来源：SVG）

场记（Field Logger）：

场记负责为电子新闻采集摄像师拍摄的所有素材提供详细的书面描述和时间码。通常在场记单上标出运动员序号、比赛分数和成绩镜头（见图 2.19）。节目制作人员使用这些场记单找到时间码，并快速检索可在节目制作中编辑和使用的素材。向制片人汇报工作情况。

正如前文所提到的，很难为每个岗位进行一个确切的定义，因为面对不同的赛事，不同的公司职责可能会有很大的不同，也不可能有一个适合所有情况的

团队组织结构图。图 2.20 是一个常见的电视网外场体育节目制作团队的组织架构图。

图 2.19　场记必须记录电子新闻采集摄像师拍摄的每一个镜头

▌自由职业者（Freelancer）

如今，很难找到一个不包含自由职业者的外场转播团队，有些团队几乎全部由自由职业者组成。自由职业者是独立的合约人，通常为多个组织工作，根据需要提供他们的制作技能。

这里提到的许多岗位都可以由合格的自由职业者来填补，而不需要全职雇员。雇用自由职业者是因为公司通常没有足够的全职员工来完成一次外场节

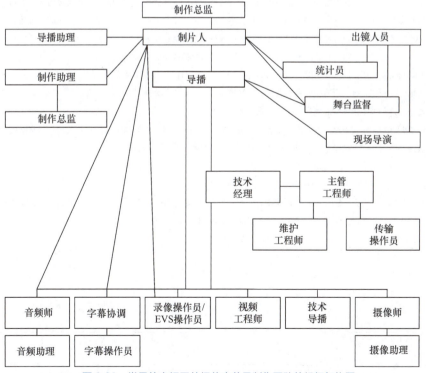

图 2.20　常见的电视网外场体育节目制作团队的组织架构图

目制作。此外，许多公司在世界各地进行外场节目制作，雇用当地人是为团队配备人员最划算的方式。这样，公司就不需要支付差旅费和每日津贴了。

自由职业者花时间去和各团队建立良好的关系以获得持续的工作机会。无论如何，有能力的自由职业者不愁没有工作机会，他们可以过得不错。

在工作约定方面，电视行业通常依靠口头承诺。

如果项目涉及人员少于150人，通常不会签署合同。雇佣的细节通常会通过电子邮件或电话讨论和敲定。对于大型活动，通常会签署书面合同。自由职业者合同通常包括对自由职业者所提供服务的描述、雇用期、报酬、差旅费和住宿费（如果需要）。合同可能还包括保险信息、保密声明、知识产权声明和终止信息（见图2.21）。

S.L.O.TV体育频道自由职业者合同

签约人姓名			
公司名称			
社会保险号码			
地址			

城市		州		邮政编码	
电话号码		电子邮箱		手机号码	

活动名称			合同编号	
工作任务				
S.L.O.TV联系人		电话号码	手机号码	
合同办公室		电话号码	传真号码	
日期		报酬		

1. 签约人向S.L.O.TV体育频道开具上述报酬的全额发票，该报酬即签约人在本合同中所述提供服务的全部费用，并应根据法律规定进行扣除。签约人应自行负责法律规定的任何扣减或支付。将一次性支付报酬，金额为_____美元，在完成任务时支付。

2. 签约人还应确保拥有符合要求且在有效期内的保险，并自行承担费用，包括但不限于医疗、残疾、工作场所健康和安全及人寿保险。在出发执行任务前将这些保险的有效证明提交给业务经理。签约人不得向S.L.O.TV体育频道提出员工福利、养老金福利、遣散金或任何类型的解雇费的索赔、要求或诉讼，或在本合同中未明确提及的、与本协议项下提供的服务相关的其他理赔。

3. 签约人对节目的技术制片人、业务经理或授权委托人负责，并按上述规定提供服务。签约人同意在指定的工作开始时间到指定的外场节目制作地点报到。签约人有义务接受由S.L.O.TV体育频道提供的交通服务。

4. 签约人负责维护和保管在履行服务义务时可能使用的S.L.O.TV体育频道的任何设备或车辆。

5. 与签约人服务相关的一切版权、所有权和利益在任何时候都属于S.L.O.TV体育频道。

6. 签约人同意遵守S.L.O.TV体育频道的规章、指南、指示和节目政策。

7. 签约人同意赔偿S.L.O.TV体育频道因签约人侵犯版权、违反本合同条款或其他与转播素材侵权相关的任何索赔或诉讼。此外，该赔偿不应扩展到签约人在提供转播素材时已书面告知S.L.O.TV体育频道不拥有版权的情况。

8. 在双方同意的情况下，任何一方都可以在任务开始前取消本合同，而不承担违约责任。

9. 签约人在提供本合同规定的服务时，不得由他人替代完成。

10. 本合同体现了双方之间关于本合同所涉及事项达成的全部协议，除本合同所述内容外，双方之间不存在任何口头和/或其他形式的协议。签约人确认，他/她已阅读了本合同的全部内容，理解并接受上述内容，并在下方签字确认。

11. 发票必须邮寄到以下地址（_____ 收）：

_____

_____

_____

_____   _____
签约人签名/日期   S.L.O.TV代表签名/日期

图2.21 在为制作公司工作时，自由职业者通常会签署某种类型的合同

什么不该做

转播团队人员需要休息，以便能够完全专注于当天的任务，这一点非常重要。这意味着工作人员需要好好休息一晚。

无处不在的手机很容易让人分心。虽然可能会发生需要使用手机的紧急情况，但更重要的是要让你的主管知道这种情况。否则，通常的规定是只能在休息时间使用手机进行通话或登录社交媒体，而不能在工作期间使用（见图 2.22）。

图 2.22　在工作时间睡觉或使用手机是不合适的行为

团队合作

最后一组女选手即将上冰，为奥运会自由滑项目热身。我们花了两年时间精心挑选的团队已经就位。

作为导播，我对团队的要求是专业、经验丰富、态度积极、充满幽默感和投入百分之百的热情。

我们已经在这里工作 13 天了。节目已经录制并安排播出。我已经设计好每一个镜头，与我的摄像师们交流我的想法，与他们一起将每位顶尖花滑运动员的成套动作呈现在屏幕上。制片人和专家已经设计了可能使用的视频回放。负责转播车、音频、视频和图文字幕的团队一直在进行微调。技术导播正在等待指令。花滑运动员已经准备好迎接属于她们的夜晚了……我们也是如此。我已经准备好，因为我信任团队中的每一位成员，我知道他们每个人都会和我一起努力。

萨拉·休斯（Sarah Hughes）在她的节目表演中"飞"起来了，观众意识到他们所看到的可能是花滑史上的最精彩表演。我们跟着她的一举一动——两个惊险的三周接三周连跳，优雅的内刃螺旋线，躬身旋转，甚至她在表演中途抬头的短暂瞬间，全部都被 2 号机记录了下来……我们看到她脸部的特写和充满希望的表情。随着音乐在高潮中结束，观众纷纷起身，2 号机在她最后夸张地把头往后仰的时候给了一个特写镜头（见图 2.23）。紧接着，随着 3 号机将镜头从萨拉的脸上推向她兴高采烈、欢呼跳跃的教练，以萨拉为画面前景，焦点转换，人们无拘无束地欢呼。焦点再次变换，镜头拉回来，看到萨拉被荣耀所笼罩。这些镜头成了奥运会的回放。但在我们播出回放之前，还有萨拉离开冰面时，鲜花、热烈的欢呼和令人兴奋的喜悦镜头。通常这时该切进回放了，但是我们继续保持现场画面。我注意到她的教练让她离开成绩等候区（"Kiss and Cry"）。镜头从肩扛的 8 号机切换到 3 号机。萨拉的教练正在做一件不寻常的事情。我了解她，所以知道她在做什么。3 号机捕捉到了当萨拉沉浸在场内的欢呼声中时教练在她耳边低语的那一瞬间。我们听不到她说的话，但我们知道她说了什么。她对萨拉说："记住这一刻。停下来，留存这份记忆。余生请记住这一刻。"

40分钟后，最后一位花滑选手结束了比赛，她的分数出来了。萨拉赢得了金牌，我们看到她和她的教练在更衣室里惊喜地倒在地上，又哭又笑，相互拥抱。这个庆祝胜利的瞬间被经过官方许可进入更衣室的两名摄像师捕捉到，他们与萨拉和她的教练一同见证了这一喜悦时刻。这些年花滑运动员很艰难，我们对他们保持最大的尊重，正是这样两位摄像师才得到信任从而获得拍摄许可。他们出现在那里，因为他们是极出色的——不论是作为摄像师还是作为个人。他们把萨拉的胜利时刻带给了世界。

图2.23　2号机位特写镜头

一切都已结束。我独自一人从转播车走向场内与我的团队会合。当我从陡坡走下时，看到门口的人影，场内的灯光在他们的身后照亮。我的脸上慢慢绽放出灿烂的笑容。这是我的摄像团队，他们在一起边走边笑。我意识到这是一个巨大的跨越。

我称之为《太空英雄》（*The Right Stuff*）里宇航员迈出的一大步。他们拥有的不仅是这一步，还有友情……那一刻，我停下来享受这一切。我为团队中的每一位成员感到自豪。

——梅格·斯特里特（Meg Streeter），导播，参加过12届奥运会转播

访谈：詹姆斯·斯图尔特（James Stuart），制作经理（见图2.24）

◎请介绍一下你的工作。

协调整体的后勤工作、设施维护和网络节目供应商。对节目的成本预算进行财务控制。维护团队日志和日程表。与各种体育联盟、球队和场馆联络。

◎你喜欢你工作的哪个方面？

尽管我可能整个赛季都在为某一项特定的运动而工作，但工作内容是不同的。无论是在后勤、运营、节目制作还是技术方面，在每个城市、场馆或比赛都面临着独特的挑战。对于如何处理每场比赛，我也许会有一个基准，但仍需要根据每场比赛出现的问题而进行调整。这使我对工作时刻保持新鲜感，防止陷入一成不变的状态。

◎在你的岗位上会面对哪些类型的挑战？

挑战来自工作和个人生活两方面，需要让两者保持平衡。有些时候，你每周会有4～5天的时间在外面工作，留给家庭生活的时间很少。如果你是单身，这可能不是什么大问题，但如果你已婚并有了孩子，就需要确保每个人都愿意支持你所选择的职业。工作上的挑战是那些在最后一刻出现的、不可预见的变化。这些变化可能是航班延误、恶劣天气、比赛延迟或延期、停电、为转播增加一个机位或突发新闻，包括跟比赛相关的因素和其他全国性新闻事件。

◎你如何为一次节目制作进行准备？

每场赛事都是从制作会议开始的，你可以了解到转播的目标和期望。自那起，我就能够开始进行后勤工作的规划，并与团队、场馆等

图2.24　詹姆斯·斯图尔特

方面合作，为我们抵达场馆进行准备。

◎有些人对你所处的岗位感兴趣，你对他们有什么建议或忠告？

如果想进入转播节目制作的管理领域，需要具备组织能力和多任务处理能力。你不是只在比赛转播的那一周工作，你可能要为比赛持续工作 3 ～ 4 周，同时还有其他的赛事。你可能同时进行职业橄榄球大联盟（NFL）、国家冰球联盟（NHL）和花样滑冰的节目制作工作。一个人要取得成功，需要能够安排好时间，并保持进度同步。

詹姆斯·斯图尔特是 NBC 体育集团（NBC Sports Group）运营部高级总监。曾为各种体育赛事工作，包括多次参与奥运会和超级碗。

第 3 章

电视是什么？

> 在任意时间和任意地点，在任意设备上观看的任意节目。
>
> ——弗兰克·比查姆（Frank Beacham），导播和制片人

未来的电视与20世纪的电视相比几乎焕然一新。新一代的电视不仅仅意味着有更好的画质，也意味着IP连接，使消费者能够访问大量的在线内容和服务，并通过令人惊叹的4K分辨率和3D观看。

——山野胜纪（Katsunori Yamanouchi），索尼美洲专业系统集团副总裁

定义电视

传统方式中，电视导播和制片人知道他们的节目会通过无线电波传输，最终呈现在观众家中的电视机上。今天，电视在许多方面都得到了迅速发展。塔塔通信（Tata Communications）副总裁布赖恩·哈里斯（Brian Harris）表示："观众想要点播节目和个性化的媒体，用户希望能够在任意时间、任意设备上掌控自己的观看计划，并且希望内容的形式是多种多样的。"

今天的观众生活在一个高度互联的世界里。他们在看电视的同时，与智能手机、平板电脑和笔记本电脑进行互动。他们不区分电视节目和网络节目，传统广播电视、流媒体和交互服务之间的界限已经变得模糊。总之，电视必须在最广泛的观看环境中为最多的用户创造最佳的体验——在厨房、客厅、办公室、户外，以及在笔记本电脑和移动设备上，甚至在家庭影院中。这是多大的挑战啊！

YouTube的全球合作伙伴负责人罗伯特·凯内尔（Robert Kynel）认为，在未来，75%的电视频道将诞生于互联网。Volnar视频的首席执行官吉姆·侯斯特（Jim Host）预测，在不久的将来，将有成千上万的视频频道或电视频道可供观众选择。频道变得更具针对性和个性化。它们已经瞄准了基于市场定位的网络。YouTube等在线视频平台已经为高中体育课程、极限运动、运动员访谈和体育教学节目创建了频道。YouTube极限运动频道的明星运动员包括职业滑板运动员托尼·霍克（Tony Hawk）、单板滑雪运动员肖恩·怀特（Shaun White）和冲浪运动员凯利·斯莱特（Kelly Slater）。其他体育项目也已经创建了自己的在线网络频道。

"广播"一词的含义已经发生了变化，已经不再仅指最初的通过无线电波传输视频和音频。随着网络广播、有线广播和流媒体等术语被经常使用，广播有了更广泛的定义，即向广泛受众（包括所有媒体）传输视频和音频。

多平台电视

我们现在都在推进多平台业务。我们为数字端投入了大量内容。我们强调要能够对故事情节进行补充。最终，一切都是为了讲故事和娱乐观众。

——小柯特·高迪（Curt Gowdy Jr.）SNY[1] 高级制作副总裁

想想看：在过去的48小时内，你自己使用过多少种屏幕？家里的电视，在商店和机场常见的公共电视大屏，公司或者家里的计算机，笔记本电脑，还有你的智能手机。如今的转播商必须将视频内容投放到所有这些屏幕上，这是一个相当大的挑战（见图3.1）。

1　译者注：SNY（SportsNet New York），NBC体育旗下的区域体育电视网。

图 3.1　除了在它们的电视网进行转播之外，NBC 和 PGA 还将球员锦标赛第一轮的每一个镜头都提供给了在线视频网站公司（图片来源：SVG）

根据尼尔森（Neilsen）2014 年的一项研究，超过 50% 的移动流量是视频消费产生的。这就意味着节目制作者需要在电视、笔记本电脑、平板电脑和手机这四大平台上优化用户观看体育赛事的体验。这些观众观看电视的方式所发生的戏剧性变化，归结于互联网访问量的增加、数字存储成本的降低，以及适用于所有类型媒体的低成本制作工具的出现。制作设备（比如高质量的编辑设备和拍摄设备）成本的下降，使大型网络媒体与小型公司之间的竞争环境趋于平等。

YouTube 成为体育内容分发的重要参与者

作者：布兰登·科斯塔（Brandon Costa），SVG。

10 年来最受关注的体育赛事之一并不是在付费电视、有线电视，或电视网上播出的，而是在 YouTube 上直播的。当世界各地大量的观众在观看菲利克斯·鲍姆加特纳（Felix Baumgartner）的著名的"红牛平流层计划"太空跳伞时，他们都是在 YouTube 上观看的（见图 3.2）。

图 3.2　太空跳伞

在 2012 年 10 月 14 日，YouTube/ 谷歌体育内容全球负责人克劳德·鲁巴尔（Claude Ruibal）和好友、同事，还有其他公司合作伙伴共同参加聚会讨论此事。

鲁巴尔预料到这一赛事会广受欢迎，但并不确定能达到什么样的数据记录。当时网络在线直播并发流的纪录是 50 万，是由谷歌在伦敦夏季奥运会期间所创造的。"红牛平流层计划"直播进行了约两小时，这场比赛的并发浏览量达到了400 万。

"一切还好吗？我们的服务器撑得住吗？"鲁巴尔有点开玩笑地问他的一个技术人员。答案并不让人乐观。

"不太好，"技术人员说，"事实上，当并发浏览量达到 400 万次时，我也不知道会发生什么。服务器可能会全部崩溃。我们以前从未遇到过这种情况，但愿我们能够应对这样的负载。"

最终 YouTube/ 谷歌的服务器不仅处理了400 万的并发浏览量，而且还在大部分观众观看 720P 或 1080P 分辨率的情况下，容纳了 800 万人次观看。这 800 万人次的观看总共创建了5200 万个并发流。这次赛事直播被誉为一次技术的胜利。

平台整合

制片人们必须意识到，各种媒体之间不必相互竞争，他们必须一起协作。英国广播公司（BBC）前主席迈克尔·格拉德（Michael Grade）表示，他曾经认为，融合的问题是如何让一切都为我们所预测的设备工作。事实上，正如我们现在所知，问题变得大不相同，变成如何定制我们创作的节目内容，让它适用于每个设备，就像是专门为这些设备创造的一样。

网络已经适应了多管齐下的规划策略，这意味着每个平台都能满足不同的用户需求。

2012 年伦敦奥运会：创造历史

伦敦奥运会改变了电视的发展历史。超过 800 万人下载了 NBC Olympics 的流媒体移动视频应用程序，NBC 的网站和手机应用程序获得的页面浏览量超过了 20 亿！除此之外，超过 2.17 亿美国人通过传统电视收看奥运会。

尽管在应用程序上观看的流媒体内容有很多，但在伦敦奥运会期间，超过 90% 的奥运会内容仍然是在电视上观看的。当然，这些统计数据并不包括在观看电视时将手机应用程序当作第二屏的大量观众。

另一个信息是，53% 的受访者表示，为了观看奥运会比赛，他们改变了自己的日常生活，其中竟然有 46% 的人为了看比赛而延迟洗衣服。

（相关信息由 NBC 提供）

F1 推出直接面向用户的流媒体直播平台

世界一级方程式锦标赛（F1）拥有直接面向订阅用户的自主流媒体直播产品 F1 TV。订阅者可以观看每场比赛的 4 种语言（英语、法语、德语和西班牙语）的无广告直播流，此外还可以在每场比赛中全程独家观看 20 个车手的车载摄像机画面。所有的练习、排位赛和淘汰赛都提供了直播，还有 F1 的新闻发布会和的赛前 / 赛后采访。F1 TV 平台还提供国际汽车联合会二级方程式锦标赛（F2）、GP3 系列赛和保时捷超级杯等赛事的比赛直播（见图 3.3）。

图 3.3 F1 业务总经理梅胡尔·卡帕迪亚（Mehul Kapadia）表示，他们的目标是："提供一个统一的全球视频平台，提供多路直播信号和数百小时以往比赛的精彩瞬间集锦，为车迷创造独特的、沉浸式的赛车体验。"［图片来源：体育视频（Sports Video）］

这种不断变化的体育节目制作趋势要求我们对电视的认识也要发生重大变化。

以下是为了制作出吸引观众的体育节目而必须要进行的一些转变。

1. 观众并不关心分发方式。他们只对优质内容感兴趣。人们很容易迷恋新技术，但技术只是达到目的的一种手段——目的是生产优质内容。

2. 每个平台都必须有出色的制作价值。虽然种类不同，但它们必须看起来一样好，它们必须听起来一样好，它必须像其他媒体一样在概念和执行上都具有创造性。

3. "直播"吸引大多数人观看在线体育电视节目，而录播比赛没有这样的吸引力。

4. 倾听观众的心声。他们想体验什么？他们喜欢什么？他们不喜欢什么？

5. 为观众提供选择。观众们想在自己希望的时间，在自己选择的设备上看自己想看的内容。

6. 允许观众在一定程度上控制内容。今天的观众往往希望能够主导属于他们自己的体育转播。这意味着可能要在互联网上提供各种观看视角，让观众自己选择如何观看比赛（见图 3.4）。这也意味着要提供多个音频源，让观众选择他们想听到的声音。

7. 今天的观众往往希望能够对节目进行回应。他们可能想要通过投票来决定谁是最佳球员，或者与其他正在观看比赛的人进行交流。要为他们提供可以满足需求的工具。

8. 要以某种方式对社交媒体进行集成，让观众可以接收到赛程变化、即将开始的比赛及关注球员上场的提醒。

9. 正在整合第二屏平板电脑、计算机和智能手机的内容，用来提供额外的比赛背景信息、专家分析、比赛存档及更多信息。

图 3.4　ESPN 提供的 MegaCast，使观众能够观看同一场比赛的各种不同视角的画面。MegaCast 呈现来自全国各地的场景、节目、独特机位视角和明星机位视角。特殊机位爱好者会特别喜欢 TechCast，仅在某些比赛中提供，观众最多可以关注 12 个机位视图，在分屏视图周围的小方框中显示。分屏视图可以在整个比赛过程中在各选项之间轮转。多视角可能会包括空中摄像机（Skycam）、高空摄像机（High Skycam）、裁判视角摄像机（Refcam）、塔式摄像机（Pyloncam）、全场景摄像机（Allcam）和标记线摄像机（Marker Cam）（图片来源：SVG）

第二屏

在传统的转播中，你接收到的是一个比赛的展示，它是为观众编制好的多层媒体（由多个视频、音频和图像等编制而成）。然而，这些层也可以作为单独的层被传输给观众，实际上可以让观众成为制作者，并拥有许多选择，如是选择 3D 回放还是选择视频回放，选择引入什么类型的音频，以及选择摄像机角度。挑战在于，转播商将不得不放弃部分编辑控制权。转播商需要重新审视他们所谓讲故事的独家手段。在互联网连接的世界中，人们希望从片段中创造属于自己的故事，或把故事讲给他们的朋友听，会讲故事可能将变得没什么价值。"

——罗布·摩尔（Rob Moore），Trendy 娱乐（Trendy Entertainment）首席技术官，艺电体育（EA Sports）前首席技术官

我们很难在不涉及第二屏的情况下，对电视节目制作进行讨论。第二屏是指某种类型的计算机设备（计算机、平板电脑或智能手机），用于访问在电视上所看到内容的相关附加信息。第二屏有时被认为可以增强观看体验。随着它不断被整合到标准电视中，新的技术正在被创造出来，以不同的方式吸引观众。

在全美电视节目专业协会 / 美国电子消费协会（NATPE/CEA）研究中接受调查的制片人和创作者发现："第二屏在很多方面增强了观看体验，即在观众中建立社交资本，使观众感到特别，使观众对主要内容进行更深度的体验；在粉丝之间创造共享的观看体验和社群感，即使节目没有播出，也能为观众提供一个平台继续互动和谈论节目，保持与节目的关联性。"

第二屏应该包括什么？

第二屏的种类有很多，不同类型的第二屏有不同的功能。以下是许多优秀的第二屏提供的功能。

1. 导航必须对用户非常友好，具有优质的人机界面。

2. 必须具备强大的搜索能力。

3. 与看电视相比，应能获得更多的信息。其中包括比赛内部统计数据、比赛背景支持信息、分数、分析，甚至可能包括球员追踪系统。

4. 视频直播和视频点播（VOD）。

5. 通过社交媒体聊天至关重要。然而，它需要整合和进行关联。它好比一位知识渊博的客人，可

以实时回答你的在线提出或在社交媒体上提出的问题。这种方式还将想要分享共同经历的粉丝们联系在一起。

6. 通过认可及奖励机制提升观众的参与度。

7. 观众可以对各种主题进行投票，例如谁是最佳球员及比赛日程安排。这些投票让观众感觉到他们在做出贡献，并会让他们感觉到，自己对网站拥有一定的所有权。

8. 必须包含整合社交媒体的能力。

9. 最好的社交媒体允许并授权球迷们选择比赛节目内容和想看到的效果。球迷们不太喜欢被动接受。第二屏的创作者必须倾听观众的声音。方式可能包括放置"喜欢"区域，让观众告诉你他们喜欢什么，不喜欢什么。

10. 可自定义第二屏。

11. 包含文本提醒。用户可能希望接收到他们喜欢的球队和运动的相关比赛的得分提醒。

社交媒体

"我们真的想让粉丝们与节目进行互动。我们希望能够更简单和更快捷地把粉丝们想要表达的融入节目。通过使用社交媒体平台，我们从观众中寻找趋势，然后将其整合到节目中。社交媒体对吸引并将观众留在电视上的影响力越来越大。"

——迈克尔·康奈利（Michael Connelly），福克斯体育网制作总监

媒介变革对电视的影响

这些变化会对电视的许多方面产生影响。一旦将内容发布到线上平台，通常就不再局限于本地区或本国的观众了，它将变得全球化。这种额外的关注可以为一项运动带来新的利益，并可能可以增加收入。这种全球化产生了一些重要的问题，如语言差异。然而，正在开发的新技术可以通过话外音或字幕的方式将声音内容翻译成不同语言。

电视格式

在提高分发效率的同时，我们必须突破可能性的界限。这对我们来说是至关重要的平衡。

——山野胜纪（Katsunori Yamanouchi），索尼美洲专业系统集团副总裁

你打算在什么媒介上记录节目？随着技术的发展，不断改进图像压缩技术变得越来越难以回答。有点讽刺的是，广播公司在将画质从高清提高与改变到4K、8K，甚至是VR的同时，也在想办法不断压缩画质，使观众能方便、快捷地通过在线或流媒体直播观看。如今的电视已不仅仅是考虑图像的质量，当我们在进行抉择时，往往会选择将图像上传到网络的成本最低的途径。

观众在观看电视网播出的高清节目时，画面会切换到记者在另一个现场用 Skype 或者移动电话进行的突发新闻报道，这样的情况时有发生。如今的电视广播正把我们带向两个方向。正如在前面的章节中所提到的那样，我们不再只是为电视创作，而是为多种设备创作内容。与此同时，广播公司也面临着需要降低运营成本的压力。这是一个非常尴尬的处境。

世界上大部分国家已经从标准清晰度（SD）过渡到了高清晰度（HD），在4K和更高清晰度的方向也得到了显著的发展。本章的目的是探索这些新的媒体，帮助你了解它们之间存在的区别。本章内容不是工程方面的解释，而是探索电视媒介的某些发展趋势。

高清晰度电视

高清晰度电视（高清电视），又称 HD/HDTV，是世界上最流行的电视格式之一。和更高标准的电视相比，高清电视的优势在于大多数家庭都有高清电视机，很容易获得播放设备，而且传输高清图像的成本更低，因为它和其他格式相比需要占用更少的带宽（见图 3.5 和图 3.6）。

高清、4K和8K的比较

	高清	4K	8K
分辨率（像素）	1920宽×1080高	3840宽×2160高	7680宽×4320高
总像素	200万	800万	3300万
帧率	50帧/秒或60帧/秒	50帧/秒或60帧/秒	120帧/秒
音频通道	5.1声道	5.1声道	22.2声道

图 3.5　媒介参数信息比较

图 3.6　此分辨率对比图显示了各种媒介之间的差异

4K 电视

4K，又称超高清晰度（Ultra High Definition）/ 超高清（Ultra HD）/SHV-1，定义为水平方向至少为 3840 像素，垂直方向至少为 2160 像素，画面宽高比至少为 16：9。4K 可能会是下一代家庭电视格式。生产厂商正在大力推广这种分辨率格式，如此发展下去，4K 的发展前景将是惊人的。但转播商转向 4K 的成本很高，因此许多电视信号还保持使用高清格式。

除了常规制作外，转播商使用 4K 的其他原因具体如下。

1. 广播公司通过用 4K 格式拍摄活动，使其制作"面向未来"，可以以高质量的格式存档，以便随着技术的进步在未来使用。如今的 4K 制作通常会转换为高清，在当今流行的系统上使用。

2. 4K 目前被一些电视网用作"超级变焦（Super Zoom）"。许多体育电视网将4K 摄像机（及 8K 摄像机）连接到一个系统，该系统允许在 4K 图像中移动，在导演想要的任何地方进行放大，然后将图像的这一特定部分以高清格式提取出来。超级变焦可以将 4K 图像放大到原来 9 倍，获得的仍然是 720p 质量的图像（见图 3.7）。

图 3.7　使用 4K 即时回放服务器系统，广播公司可以将 4K 图像的其中一部分放大，并且仍然拥有高清格式的图像

英国广播公司（BBC）的技术主管安迪·奎斯特（Andy Quested）认为："4K 充其量只是通往 8K 的过渡。"

HDR（高动态范围）电视

HDR 电视通过增加暗部和亮部的像素级及在每个像素内增加更多色彩信息提升画质，使色彩变化的可能性从数百万升至数十亿。HDR 可通过 1080p 和 4K 的分辨率来实现，提供更加逼真的图像。

8K 电视

目前完全没有必要或理由相信 8K 适用于家庭电视。对于 4K，我们已经达到了在家庭电视环境中可以合理观看到的显示分辨率的极限。

——尼斯·B. 诺达尔（Tore B. Nordahl），电视顾问

超级高清电视（Super Hi-Vision），也被称为 SHV-2 或 8K 电视，是由日本的广播公司 NHK（日本广播协会）发明的。8K 的细节是 HD 的 16 倍，像素为 3300 万，而高清像素为 200 万。它的设计理念是具有比人眼更高的质量，因此画面像素是肉眼不可见的。它还具有每秒 120 帧的帧速率，因此画面运动非常流畅和逼真。Recombu（注：英国移动设备资讯网站）的数字编辑亚历克斯·莱恩（Alex Lane）说："8K 带来了我见过的最好的移动视频体验。（画面拥有）丰富的细节层次，平滑度、锐度和色彩都非常逼真，在这种情况下创造了几乎 3D 的图像。也将暗光下的场景呈现得非常好，而环绕声跟随着环绕屏幕的运动而变化，会让你有一种想要回头看看发生了什么的冲动。"

8K 电视拥有 3D 22.2 环绕声，三层垂直前置音箱，两层环绕音箱和两个用于重放低音的超低音音箱。

很多转播商面对 8K 的发展情况犹豫不决。分辨率如此之高，为了看到这样高的质量，屏幕的最小尺寸被认为是 84 英寸左右。在理想情况下，家庭电视应该拥有 100～200 英寸的屏幕，观众坐在离电视 3～6 英尺（1 英尺 ≈ 0.3048 米）远的地方。这样可以确保观众的周边视觉充满 8K 图像。虽然它

8K VR 直播（见图 3.8）

英国电信体育频道（BT Sport）利用在温布利举行的 2019 年足总杯决赛，来测试一种可将信号分发至手机移动端的新的 8K VR 直播技术。

通过使用两个摄像机支架，它们可以提供高质量的 360° 观看体验。8K 技术还可以让观众锁定、放大及移动图像。英国电信首席运营官杰米·欣德霍（Jamie Hindhaugh）说："这种技术（为用户的观看）增添了个性化，让你感觉自己就在体育场内。"这些图像是用实时拼接软件渲染出来的。

图 3.8　BT Sport 的 8K VR 摄像机阵列

伦敦奥运会的 8K 应用

在 2012 年伦敦奥运会期间，NHK、BBC 和奥林匹克转播服务公司联合进行 8K 电视的测试和演示（见图 3.9）。

NHK 科学技术研究实验室主任久保真一博士说："目前所有的超高清设备都足够可靠，可在日常环境中使用，这都是在 10 年间实现的。而与之对应的，高清电视的开发花费了 36 年的时间。"

因合作各方致力于为观众构建沉浸式的观看体验，因此传输的信号不带评论声，也几乎没有图文字幕。

图 3.9　NHK 在奥运会期间的 8K 控制室

为影院提供了令人难以置信的高画面分辨率,但我们认为只有很少的家庭会拥有 8K 电视。

OBS 和 NHK 计划用 8K 制作 2020 年奥运会的大部分比赛转播,但不在电视网络上以 8K 进行播放。

虚拟现实(VR)

虽然哥伦比亚广播公司 (CBS) 的体育节目制片人肯·阿加德 (Ken Aagaard) 表示,VR 令人兴奋,"像是加强版的 3D",但他不确定它的发展方向。制片人们发现,观众在观看 VR 几分钟后就离开了。

福克斯体育 (Fox Sports) 的现场运营高级副总裁迈克·戴维斯 (Mike Davies) 说,VR 没有为观众提供"在家中最好的观赛座位"。戴维斯接着说:"仅仅在那里放置一台摄像机是不够的。"相反,福克斯发现,这是"与广播电视配套的有趣制作",但没有足够的故事来吸引观众。阿加德对此表示赞同:"我认为我们将继续在第二屏上看到很多这些东西。"VR 是对传统广播电视的补充。

VR 所需要的制作设备比许多格式所需要的制作设备要便宜得多。然而,消费电子产品并没有达到观众所期望的水平。戴维斯认为,随着消费类技术和设备的改进,VR 的需求将会越来越多。

如图 3.8 和图 3.10 所示,电视网络将继续体验 VR,以了解如何用它来提升体育节目观看的体验。

4-8K 3D

NHK 将 8K 视为 2D 电视的最终格式,没有必要进一步增加像素密度,因为没有人能够看出差别。NHK 执行董事、总工程师久保田敬一(Keiichi Kubota)博士说,接下来看到的是"不戴眼镜的 4K 或 8K 的 3D 电视"。

全息影像(hologram)?

Fox Sports 主席兼首席执行官大卫·希尔(David Hill)有一个略不相同的观点。电视制作的最终结局是全息影像。"你可以把自己放到赛场上任何你想要去的地方,"他说,"这是行业的发展方向。"

一份题为《2012 年伦敦奥运会:体育与科技展望》的报告旨在帮助 IOC 和国际残疾人奥林匹克委员会(IPC)对未来的奥运会中技术的影响做好准备并从中受益。

案例分析: ESPN 的首次 VR 直播制作

2017 年 7 月的 ESPN 极限运动会决定对精选赛事进行 VR 直播制作。VR 赛事包括滑板大 U 型池、街道小轮车和街道滑板业余爱好者的比赛,向 48 个国家进行流媒体直播。

在每场 VR 赛事中,均部署了 6 个摄像机单元,每个单元均有 7 个摄像机传感器。所有信号通过光纤传输到转播车,导播在那里为观众实时切换不同的摄像机角度。

从滑板 U 型池的上方,到场内飞过碗池的蜘蛛摄像机底部,VR 摄像机被放置在各处。作为一项完全由 ESPN 运营的赛事,摄像机位置的优先性是其优势之一。这为制作团队提供了自由,可以将摄像机放在任何他们想要放置的地方。

从观众的角度来看,ESPN 发布的是单一的经过完整制作的流,而不是让用户可以选择自己感兴趣的摄像机角度。从制作理念的角度来看,ESPN 认为在这种情况下得到的是一个更好的产品。在最终呈现中提供了完整的具有 ESPN 风格的图形字幕、回放、解说和更多内容。它的目标是对赛事呈现全面和完整的转播,而不仅仅是用 VR 对传统直播进行补充。

图 3.10　第一张照片显示的是放置在碗池上方的一台 VR 摄像机，第二张照片显示导播正看着 VR 监视墙（图片来源：SVG）

该报告的成果之一是，随着全息技术的不断发展，赛事的全息影像在 2024 年奥运会上可以从一个体育场投射到另一个体育场。源讯 (ATOS) 公司的新加坡发言人格雷戈伊尔·吉林厄姆（Gregoire Gillingham）告诉 CIO 杂志（澳大利亚版），从技术角度来看，全息投影技术正在快速发展。"我们预测在未来的 5 ～ 15 年，有可能在体育场内应用（全息影像），将'直播'赛事通过全息影像投射到其他坐满观众的体育场中将成为可以实现的预言。"

总结

如今电视制片人可以使用各种媒介，制片人和导播继续重新定义赛事转播的艺术。媒体制片人必须记住，最终赢得观众的不是技术。BBC 的迈克尔·格拉德 (Michael Grade) 认为，"那些通过用心倾听观众（的声音）、真正了解观众（的需求），并为他们提供吸引人且令人愉悦的内容的媒体将会成功。"

第 4 章

制作设施

> 移动制作单元是体育节目制作的中枢。一切都会汇聚于此，使我们可以有效地传播比赛情况。
>
> ——丹·麦克莱伦（Dan MacLellan），技术经理，曾参与5届奥运会转播

传统的移动制作单元指的是转播车（OB）。然而，随着近年来技术设备逐渐变得平价化和小型化，更广泛多样的多机位制作系统已经出现。

两种明显不同的体育比赛转播方式已经出现，即利用场馆内的转播车的传统方式和远程制作（通常又被称为IP制作）的新方式。远程制作的移动制作单元（又称制作点）是位于场外的。只需要将摄像机和话筒放在场馆内，就可以在电视网、电视台甚至在家中完成转播。这些制作方式都有优缺点，没有所谓的

"正确的方式"。在决定哪种方式最适合你的节目制作时，要考虑预算、地点、可用的设备和个人选择。

在本章中，我们将研究在这些节目制作方式中都会用到的设备。虽然在转播技术上这两种方式很不相同，但在基本的电视节目制作流程上，两者是非常相似的。两种模式依然需要有人来进行导播、制作、切换、创建字幕、混音和重放。区别在于使用什么设备及人员如何操作设备。这两种系统如图4.1和图4.2所示。

图4.1　传统的体育节目制作模式需要将所有摄像机、话筒及移动制作单元（通常是一辆转播车）全部放在场馆内。这种方式通常需要派出一个大型团队，并且租用一辆转播车

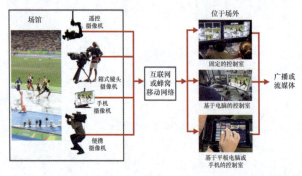

图4.2　远程制作模式［又称IP制作或"在家（at home）"制作］只有摄像机和话筒在场馆内。使视频和音频传回位于场外的一个控制点，这个控制点可以是一个控制室、一个基于计算机的系统，或者是基于平板电脑/手机的系统。［Vmix照片由拉蒙·维克（Ramone Vick）和SwitcherStudio拍摄］

我们将从一场体育比赛的基础转播所需要的通用组成部分说起。大部分案例都来自于在现场使用的转播车。虽然看起来不一样，设置方式也不一样，但是你会在控制室及远程制作软件中发现相同的部分。我们将会在本章中对它们进行区分。以下是基本的通用组成部分。

视频切换：

每个多机位制作单元都有一个视频切换台。视频切换台，又被称作视频混合器，是在节目制作过程中用来将一个视频图像切换到另一个视频图像的设备。它被认为是一种实时编辑（见图 4.3）。

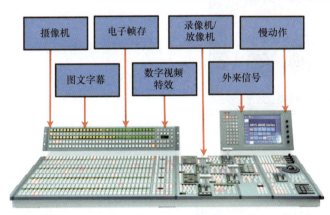

图 4.3　视频切换台拥有多个视频信号源。请注意，蓝色标出的每个区域可以表示一个或多个源，例如摄像机。这是在转播车或演播室控制室中可以找到的切换台的类型。其他类型的切换台将在后文中进行介绍（图片来源：索尼）

调音台：

调音台（混音器），用于选择、组合和调整音频信号的电平和动态范围（见图 4.4）。音频混音区还包含每个多机位系统中都需要的内部通话系统。

图 4.4　调音台用于选择、组合和调整音频信号的电平和动态范围

记录设备：

如果节目制作需要进行录制，必须要有一个采集视频和音频的设备。它可以是硬盘、服务器或云记录系统（见图 4.5）。

图 4.5　数字硬盘录像机（DDR），例如这个 EVS 单元，可同时在硬盘上进行记录和回放

图像质量控制：

虽然低端的系统可能没有这个部分，但专业的系统会使用某种类型的摄像控制单元（CCU），让视频工程师可以调整摄像机，来确保它们在色彩平衡、配准、光圈和其他技术参数上相匹配（见图 4.6）。

图4.6 视频工程师调整摄像机，使它们在色彩平衡、配准、光圈和其他技术参数上相匹配

虽然每一个移动制作单元都包含上述通用设备

组成部分，但每个部分都存在不同的级别。例如，一个简单的便携视频切换台可能支持4路摄像机输入，而大型切换台可能会有超过40路摄像机输入。有些视频切换台拥有图4.3所示的按钮，而其他视频切换台可能会采用笔记本电脑或平板电脑的触摸屏。选择什么设备取决于你所要完成的任务。我们来看看各种不同级别的移动制作单元。

移动制作单元/转播车

移动制作单元通常又被称为转播车（见图4.7），是被用于较大型的赛事活动最常见的单元。这些移动电视控制室装备有视频切换台、内部通话、图文字幕、音频、回放/录像设备，以及保证信号质量所需要的技术设备。

图4.7 转播车（图片来源：TV Skyline 和 SVG）

未来的转播车

随着功能与角色的不断调整，转播车正在发生明显的变化。例如，德国 TV Skyline 设计了一辆适应能力很强的转播车。它拥有两个控制室，可以为同一个活动制作多个节目，例如将一个控制室用于传统的电视广播，将另一个控制室用于网络播出节目制作。这辆转播车的切换台可以与位于支持车的第三控制室协同工作。调音台拥有81个输出通道，支持立体声和5.1杜比环绕声制作，以及硬盘分轨录制。这辆转播车还兼容4K制作。

转播车有不同的尺寸，车上装备也各有不同。很多转播车甚至不是卡车。虽然被称为"Trucks"，但转播车可以是拖车、巴士、房车、厢式货车或其他货车。大型转播车的典型尺寸是 52 英尺长、8.5 英尺宽（约 15.8 米 ×2.6 米）。然而，为了给制作团队提供更多的工作空间，一些转播车会利用一个巨大的侧拉空间将空间扩展到底盘之外，可将宽度扩展到超过 19 英尺（约 5.8 米，见图 4.8 和图 4.9）。制作规模越大，所需要的移动制作单元也越大，图 4.10 展示了典型的大型转播车内部布局。

图 4.9　上图展示的是一辆非常大型的转播车的外观，下图展示的是大型转播车的内部

较大型的节目制作可能需要用到多个移动制作单元 / 转播车。

主转播车被命名为"A"车，而副转播车则被称为"B"车。"B"车装备的设备通常和"A"车不同，它们为录像、图文字幕和存储 / 维护提供了额外的空间。在面对非常大型的活动时，可能还需要另外一辆车，那就是技术支持车（ESU），如图 4.11 所示。

图 4.8　上图展示的是一辆小型转播车的外部。下图展示的是该车的内部 [图片来源：吉姆·欧文斯（Jim Owens）]

较小的转播车拥有和大型转播车相似的设备，但是设备的质量、数量和性能会有很大差别。大型转播车可能需要支持 20 路带摄像控制单元的摄像机，而小型转播车可能只能处理 2 ～ 3 路被设置为自动控制的摄像机。除此之外，有些转播车拥有多个慢动作回放设备，而其他转播车可能就没有这个功能了。转播车的大小和准备的设备取决于它的最终用途。

转播车内部

转播车的 4 个主要区域是制作控制区、音频控制区、录像 / 回放区和视频控制 / 传输区。虽然这些区域的布局和大小因转播车的不同而有所区别，但每个转播车都包含这些区域（见图 4.10）。

转播车制作控制区

制作控制区是进行实际的制作决策和进行节目产生的地方。这个区域的工作人员和设备为导播、制作人和他们的助理，技术导播和切换台，有时还有

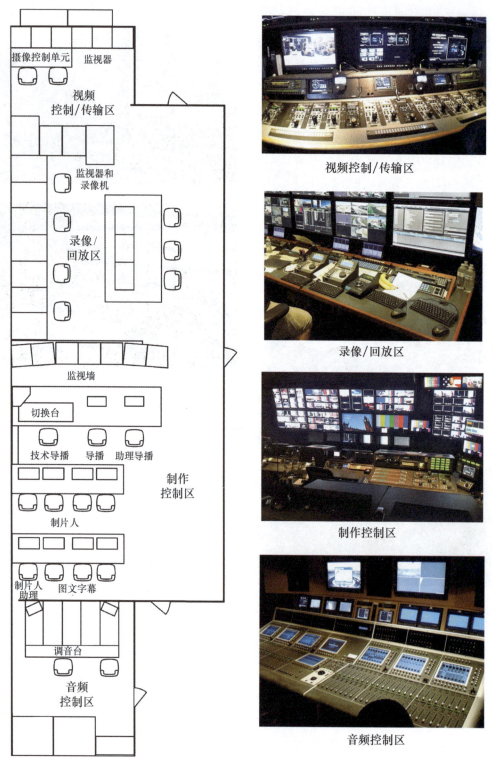

图4.10　转播车的4个主要区域

字幕协调员、图文字幕操作员和为图文字幕制作设备提供的相应的空间。制作控制区最关键的部分之一是监视墙（见图4.10）。监视墙包含下列监视器。

·预览监视器（让导播和技术导播在节目播出前

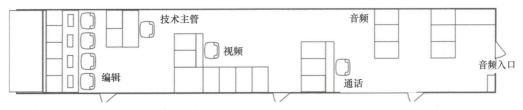

图 4.11　技术支持车包含用于进行技术支持的空间（提示：更多的转播车布局、照片和信息可查看附录 1）

预览视频图像的非播出监视器）。

·直播或播出监视器（显示正在播出或录制的图像）。

·摄像机监视器（每个摄像机对应一个）。

·记录 / 回放监视器（显示录像机正在记录或者即将回放的图像）。

·图文字幕监视器（显示准备就绪可以播出的图文字幕）。

·静帧存储监视器（显示可用的视频静帧）。

·矩阵监视器（任何信号都可以经过矩阵被指派到这些监视器上）。

大部分监视墙是可自定义的，因此可以将任意视频设备指派到任意监视器处，导播可以根据自己的喜好来自由地设定监视墙（见图 4.12）。

图 4.12　常见监视墙

音频控制区

音频区包括以下设备。

·调音台面板；

·跳线面板；

·视频监视、音频监听；

·音频源（如 CD 播放器）；

话筒和跳线的存储区：

内部通话通常也在这个区域。音频师通常在这个区域工作。

录像 / 回放区

录像 / 回放区包括：

·录像机、放像机及其遥控单元；

·路由切换器，将不同的视频信号指派到录像机；

·数字硬盘录像机（DDR）（见图 4.5），有时被称为 Elvis（EVS 的俚语，最早的数字硬盘录像机生产厂商之一），可以让操作员同时通过硬盘进行记录和回放，通过随机访问提供即时回放的功能。实际上，有些数字硬盘录像机可以同时记录和回放多路信号。

视频控制 / 传输区

视频控制 / 传输区为视频技术、摄像控制单元和测试设备提供空间。在此工作的视频技术工作人员的目标就是确保摄像机提供它能达到的最高质量图像。传输设备有时也在这个区域中。

IT 架构

转播车正在由传统的基于视频的架构更多地转为基于 IT 的架构。由于设备之间采取了新的连接方式，车内的信号流越来越多是基于 IP 的。视频图像可以在转播车内各设备间流转，也可以来自或送往远端的演播室或制作设施。转播车内需要大型网络来满足服务器、图文字幕、电子邮件、Wi-Fi、流媒体、社交媒体及第二屏的需要。安装在转播车内的大部分设备，例如切换台、图文字幕系统、编辑设备和音频设备，都已经是基于计算机的设备了。

转播车外

转播车的外部提供一个较大的存储区域，可以用来存放摄像机、三脚架和其他各种各样的制作设备。这一存储空间也被用于存放用于进入转播车各区域的梯子。

转播车外部的另一个主要区域是输入／输出（I/O）面板。这个面板用于对转播车的视频和音频的输入和输出进行转接。它通常拥有多种不同类型的接口（见图4.13）。

图 4.13　左图是转播车下方用来存储设备的空间；右图是转播车的输入／输出（I/O）面板

转播综合区

几年前我们刚开始的时候，网络端和电视端的节目制作是完全分开的。现在我们将它视为一个整体的制作。当把它们分开时，很难做到了解节目制作的进展并且团结协作。我们看到在两者之间出现大量的"异花授粉"[1]的现象。这些团队共同合作为将内容从小屏移植到大屏创造了很多机会。

——汤姆·萨哈拉（Tom Sahara），特纳体育（Turner Sports）运营和技术副总裁

1　译者注：指相互得益的交流

大型转播车清单

大型转播车通常会包括以下部分（见图4.14）：

· 视频切换台［有超过96路输入，带有多个混合／特效（M/E）母线］；

· 数字视频特效（DVE）设备；

· 帧存系统；

· 图文字幕系统；

· 摄像机［通常至少需要8台箱式镜头摄像机和4台小型便携摄像机（包含整套三脚架和镜头）］；

· 6～8套录像／回放单元及慢动作控制器；

· 调音台（大约有120个输入）；

· 杜比环绕声制作设备；

· 足够数量的话筒（枪式、领夹、手持）；

· 体育评论员耳机和接口盒；

· 音频回放系统；

· 压限器；

· 12通道内部通话设备；

· 12通道中断返送（IFB）系统；

· 多路电话线路耦合器和电话；

· 8～12个双向无线对讲设备；

· 12～28路帧同步器；

· 20～40路分配转换器；

· 8～12个外置监视器；

· 多组4灯套件；

· 摄像机线缆；

· 音频线缆。

图 4.14 从转播车卸载的用于大型体育比赛转播的设备［图片来源：克里斯·詹森（Chris Jensen）］

传统意义上，转播综合区是用来停放电视转播车的地方。如今，转播综合区在面积上显著增加，以应对流媒体、第二屏、App 和其他新媒体所需要的额外的设备和人员。每家新媒体都需要一个能容纳完整制作团队的空间，这意味着多个制作团队会在同一个场地进行工作。有些制作公司不会将他们的新媒体人员派到现场，而是让他们留在办公室里工作。

对于较小型的节目制作，转播车可以在小型赛事中单独存在，或作为转播综合区中的一个单元（见图 4.15）。

图 4.15 转播综合区通常由多辆节目制作车辆和工程、餐饮及办公管理等支持设施组成

转播综合区用来描述在大型活动中电视节目制作／技术区域。转播综合区可包括下列任意一项：

· 1 辆或更多移动制作单元／转播车；

· 同时用于传统电视节目制作和新媒体节目制作的图文字幕车；

· 用于处理新媒体的编码集群；

· 技术管理和运行，可能包含一个流动商店，提供在路途中维修设备所用到的工具；

· 支持服务办公室，包含安排餐饮、设备运输、住宿及相关服务所需的人员，可能还会包括在天气恶劣的情况下提供饮食和避雨的空间；

· 传输设施和人员，例如卫星上行车或微波单元；

· 节目制作和技术人员的临时办公室和会议室；

· 可以放置节目后期制作设备、外置的图文字幕设备和／或录像机的临时拖车；

· 传统电视和新媒体工作人员的办公室；

· 安保；

· 主用或备用电源供应发电机；

· 卫生间。

飞行箱（The Flypack）

另一种类型的移动制作单元叫"飞行箱"。它们包含的设备大部分和转播车相同，但将设备机架安装在运输箱中，可以像积木一样组装并连接在一起，形成移动制作单元。这些单元可以通过标准空运进行运输，从而成为转播车的一个廉价替代方案。相比转播车而言，飞行箱的主要优势之一是在场馆中占据的空间非常小。在考虑使用飞行箱进行节目制作时，要注意的是，它们可能需要更多的时间进行现场组装，有时租金会更贵。这些单元有时也被称为飞行套件（Flyaway kits）、即拿即走箱（Grab-and-Go packs）和航空箱（Air packs）（见图4.16和图4.17）。

图4.16　加拿大广播公司使用的一套非常简易的飞行箱电视制作系统。它包含了一个小型视频切换台、一些小型视频监视器和一个调音台

图4.17　一套飞行箱，大部分的系统组件依然在运输箱中

飞行箱通常会包含以下设备：

·小型视频切换台；

·字幕机＊；

·数字视频特效（DVE）设备＊；

·静帧存储＊；

·1～6台摄像机（包含演播室套件、云台、三脚架和镜头）；

·波形示波器；

·监视器；

·分配放大器；

·一定数量的话筒（枪式、领夹式、手持）；

·音频播放器；

·1～4通道内部通话设备（包含腰包和耳机）；

·帧同步器＊；

·扫描转换器＊。

＊这些项目可能不在标准配置中提供。

一体化移动制作单元

一体化移动制作单元可以有多种不同的形式和配置。简单的一体化移动制作单元通常被称为音视频（A/V）切换台，只能应对非常小型的节目制作。更复杂的系统可以接入更多摄像机，正在越来越多地被用于大型体育比赛。有些系统甚至包含了内置存储和社交媒体的集成，以及本地媒体更新的图文字幕。大型转播车通常停放在场馆，而大部分的一体化移动制作单元既可以在场馆使用，也可以作为IP制作单元使用。

简单的一体化制作单元

简单的一体化制作单元可以有很多不同的形式。有些系统是一个独立设备（见图4.18），包含一个4路输入的切换台，非常简单的图文字幕，一个可以显示4台摄像机加上预览、播出画面的内置多画面监视器，以及有4～6路音频输入的调音台。这种单元通常用时基校正器来同步所有的摄像机，因此不需要摄像控制单元。

图4.18　这是中央广播电视总台（CCTV）用于一场小型体育比赛的简单的一体化制作单元。他们还增加了录像机来进行节目的回放和录制［图片来源：克里斯·詹森（Chris Jensen）］

这些单元非常适合小型节目制作，但主要缺点如下。

·图文字幕通常非常简单，在节目制作过程中可能难以调用；

·没有摄像机控制，需要将摄像机设置为自动曝光，因此不一定总能提供最佳的图像质量；

·小型的系统要求整个节目制作由 1 ～ 2 人来完成，工作人员需要具有多任务处理能力；

·这些系统通常还需要增加内部通话，通常需要用到有线通话系统或无线对讲。

复杂的一体化制作单元

复杂的一体化制作单元通常通过一个独立的基于计算机的机箱进行操作，并且机箱可以根据需要添加外围设备（见图 4.19）。这种高质量的系统比简单的系统支持使用更多的摄像机，并且包含更多通道的音频混合、用于质量控制的测试设备和切换特效，并且支持多个监视器。这种系统可以由一个人或一个团队的人来操作。

图 4.19　将这类复杂的一体化制作单元设计在一个运输箱里，可以运输到场馆。这套系统同样也可以用于 IP 制作 [图片来源：吉姆·欧文斯（Jim Owens）]

▍基于软件的制作单元

多机位控制软件在过去的 5 年中不断成熟。软件可以加载到计算机、平板电脑或甚至是智能手机中，让计算机成为一个虚拟的控制室。这些系统可以非常简单（见图 4.20），也可以非常复杂，被世界各地的转播商所使用（见图 4.21）。

图 4.20　SwitcherStudio 开发了可以运行在 iPad、iPod 或 iPhone 上并可被用作控制点的软件。如果控制点在场馆内，它可以支持多达 14 路 Wi-Fi 连接的视频输入。它也可以作为一个 IP 制作单元运行，支持多达 5 个手机摄像头或网络摄像头 [图片来源：SwitcherStudio 的乔·斯特林格（Joe Stringer）]

图 4.21　Riot Games 使用一个名为 vMix 的复杂软件制作系统通过 IP 制作的方式来进行电竞比赛节目制作（图片来源：SVG）

▍远程制作

有了 IP 制作，我们不再受到视频输入、摄像机位或线缆的限制。现在，我们可以捕获任何视频源，并且可以更自由地部署摄像机。IP 工作流程为讲故事提供了更多的工具。

——马 特·阿 拉 德（Matt Allard），维 斯（Vizrt）集团

远程制作正在改变新媒体和传统媒体在电视节目制作领域的竞争格局。由于不断上升的制作成本，越来越多的电视制片人们已转向某种类型的远程制作。远程制作还有许多其他名称，包括 IP 制作（互联网协议）、虚拟制作 (VP)、云制作和"居家"制作。虽然不同的名字对不同的人来说内涵略有不同，但它们基本上都是 IP 制作。

通过远程制作转播一场直播体育赛事，只需要将一辆装有所需要的摄像机、话筒和用于支持设备的多用途货车派到现场。然后，使用某种类型的互联网、光纤和／或蜂窝系统将视频和音频信号传回控制室。这样做减少了现场所需的设备和人员的数量，并将许多现场制作活动（如导播、制作、回放和图文字幕）转移到转播商的集中控制室中进行，而不是在现场完成。仍然需要位于控制室的所有类型的设备……它们只是被远程使用。本地制作人员负责架设和操作摄像机、话筒和通信设备。远程制作为制片人提供了使用专业摄像机甚至使用手机、相机从世界各地方拍摄和流媒体传输节目的能力，并且始终可以保持很高的质量水平，在位于世界任何地方的"控制室"制作节目内容（见图4.22）。

图4.22　用于将摄像机和话筒连接到互联网或蜂窝网络，将信号传回控制室的 NBC 远程制作转播车

纳斯卡赛车比赛的远程制作

2019 年 1 月，纳斯卡赛车制作公司开始对一些赛车比赛节目进行所谓的"在家制作"。纳斯卡赛车制作公司的运营和制作技术副总裁史蒂夫·斯图姆（Steve Stum）表示："NEP 公司为我们建造了一辆包括 12 台摄像机、1 个矩阵、内部通话系统、小型音频控制面板和办公空间的远程制作转播车。"他们的现场工作团队包括摄像师、技术人员和出镜人员，其他所有人，包括维修站制片人、助理导播、图文字幕操作员、统计员（统计比赛比分数据）及调音师，都在位于夏洛特的控制室内工作。由于比赛持续 24 小时，让团队的大部分成员在北卡罗来纳州夏洛特的大本营进行操作，在降低成本和防止疲劳方面都有明显的优势。

在一起工作

"当我们第一次开始节目云制作的时候，我们认为每个人会在自家的地下室里进行节目制作。这是有可能的。但事实证明，大家在一间办公室工作会有与技术无关的好处。这是我们仍在探索和研究的问题。就像所有事情一样，我们认为完成不同的工作需要使用不同的工具，这是一种平衡。"

——尼克·加文（Nick Garvin），移动电视集团（Mobile TV Group）首席执行官

传统"控制室人员"通常所在的控制点可以位于任何地方，例如电视台、电视网或其他制作单位的控制室，也可以像计算机、平板电脑或手机上的软件一样简单。软件现在可以是免费获得的，用于仅使用几台摄像机的节目制作，价格也可以为数千美元，用于更大型的节目制作。这完全取决于预算和成果所需要达到的质量水平。

此外，一些制作公司还使用从摄像机（甚至手机）到基于云端的制作控制点的无线连接，来取代物理连接的摄像机和话筒。导播可以利用无线摄像机的能力来转播用传统电视摄像机无法转播的活动（见图4.23）。例如，带着高质量移动电话的摄像师可以在

线缆无法到达的区域游走，并将视频和音频信号传回控制点。此外，看台上的粉丝摄像机现在可以被当作额外的视频源参与制作。

与使用传统的转播车和需要大量工作人员参与相比，IP 制作有助于以更低的成本，满足观众对直播赛事内容的大量需求。导播也在寻找新的方式来转播赛事和展示某项运动，并为观众提供更好的观看体验。例如，世界钓鱼联盟正在从水上转播它们的锦标赛，他们使用连接到船载蜂窝移动热点的摄像机，将信号传回控制点。

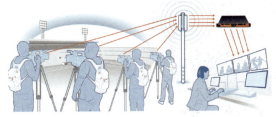

图 4.23　某些节目制作全部使用无线摄像机将音视频信号传回场外的控制室（图片来源：Live U）

以下因素推动了越来越多人采用高性价比的远程制作。

1. 互联网和蜂窝网络的接入性和鲁棒性都得到了显著提升。在体育设施中，5G 蜂窝网络的性能提升为无线摄像机提供了更多的可能性。SRT（安全可靠传输）等开源协议，解决了在质量差的互联网线路上传输高质量的媒体内容的许多问题。

2. 只把摄像机和话筒派到现场，将控制室留在"家中"，这样减少了人员和设备的移动，也减少了现场的设置工作，并使节目制作团队的工作效率最大化。现在，在一天内用同一个控制室制作在不同的地点拍摄的多个节目成为可能。

3. 通过减去控制室工作团队的旅行和住宿费用，以及卫星、光纤和电信的成本开销，整体成本得以降低。由于设备是固定的，不会在路途中损坏，控制室设备的维护成本也降低了。ESPN 远程运营部的拉里·威尔逊（Larry Wilson）表示，他们正在使用IP 方式，"利用技术来提高效率"。

新冠疫情的影响为"在家"转播赋予了新的含义。世界各地的电视台、电视网和制作公司迅速地适应远程制作技术，以便能够创造新的内容。这增加了利用新的远程制作技术的可用性，并降低了一些制作成本。在新冠疫情期间，"在家"转播也意味着许多节目制作团队成员，如导播、制片人、慢动作操作员、音频人员、制作助理等，确实是在他们的家里进行工作。制作软件的不断进步更大程度地推动了这一想法的实现。

美国职业棒球大联盟电视网（MBL Network）的远程制作

在世界系列赛中，我们的转播车上没有技术导播，没有 EVS 操作员，也没有图文字幕操作员，只有几个音频工程师和一个视频工程师。10 台摄像机的信号直接回传到锡考克斯（Secaucus，美国职业棒球大联盟电视网总部所在地）。技术导播和导播也回到了我们的控制室，在锡考克斯制作节目。

——苏珊·斯通（Susan Stone），美国职业棒球大联盟电视网运营副总裁

1936 年奥运会转播（见图 4.24）

1936 年的柏林奥运会是第一次奥运会电视转播。德国电视广播（Deutscher Fernseh-Rundfunk）用了 3 台电视摄像机来转播这次奥运会，电视体育节目转播仅限于田径、游泳、体操和马球项目。当时使用了各种各样的摄像机，但也产生了许多问题。奥运会主体育场的一台法恩斯沃思摄像机（Farnsworth Camera）需要 6 个人操作。此外，还有 2 台光电摄像管摄像机，其中 1 台是在奥运会开幕前 3 天制造出来的原型机。

当时只有 1 台电视直播摄像机，而且只能在明亮的阳光下工作。另外 2 台摄像机使用的是胶片中间片系统，即在图像被拍摄到胶片大约 1 分钟后进行延迟播放。这些摄像机对摄制组成员来说是非常难移动的。

解说员的工作也并不轻松。他们必须在看不到显示器的情况下描述比赛内容。这意味着导播必须及时调度摄像机拍摄解说员所描述的内容,这与现在的体育比赛转播正好相反。

据《奥运会中的电视:新时代》记载:操作主摄像机的是 PAL 制电视的发明者布鲁赫(Bruch)先生本人。由于被拍摄者对摄像机感到厌烦,巨大的摄像机不得不被移到较低的地沟中,结果就呈现出了令人无法接受的鱼眼效果,这引起了极大的困窘。布鲁赫会向解说员伍尔夫·布莱(Wulf Bley)的腰部踢一脚,这是当时摄像师和解说员之间唯一的沟通方式。

图 4.24　奥托·舍恩斯坦(Otto Schnstein)图像存档(图片来源:德国历史博物馆)

采访:马特·霍根坎普(Matt Hogencamp),技术经理(见图 4.25)

◎你的具体工作内容是什么?

我负责为节目制作团队提供技术设备(转播车、摄像机和所有的设备),以便他们能够以自己想要的方式来制作节目。我还要组建一个技术团队,来满足导播和制片人的工作需求。

◎你喜欢你工作的哪些方面?

我的工作是多变的,但我热爱这份工作,并且很感激能拥有这份工作。我最喜欢的部分是技术方面,但这只是我工作的一部分,每个项目都不一样。我很享受把一场节目所需要的所有东西拼接在一起所带来的挑战,并与一群很棒的人一起工作。

图 4.25　马特·霍根坎普

◎你工作中最困难的部分是什么?

作为一名技术经理,管理方面的工作对我来说是最困难的部分,尤其是被迫的人员变动。管理人员是一项具有挑战性的工作,但同时我也喜欢与同事建立关系。

◎你对那些有志于从事电视体育转播工作的人有什么建议?

我认为你必须和自己进行一次坦诚的对话。在刚开始进入这个领域的时候,有很多事情需要考虑清楚,例如你的家人是否支持……因为这个工作对家庭来说会是困难的。当你刚毕业的时候,如果你想做一件事,那就全力以赴吧。无论他们分配给你什么工作都不要拒绝,这是你赢得信誉的方式。人们会注意到你,因为电视体育是一个很小的世界。你永远不知道谁正在看着你。

马特·霍根坎普是 NBC 体育集团负责纳斯卡赛车比赛项目的技术经理。

第 5 章

制作规划

> 电视的发展经历过许多变化，不变的是电视节目制作需要充分的准备。一个优秀的导播或制片人会在进行充分准备之后才进入导播间。
>
> ——鲁恩·阿利奇（Roone Arledge），电视体育先锋人物，美国广播公司（ABC）体育部前总裁

准备的过程通常比节目的实际制作过程要消耗更多的时间。事实上，有人说制片人99%的工作时间都花在了规划和前期制作阶段，剩下的1%的时间用于实际节目制作过程。

尽管节目制作过程是整个业务中最具魅力的部分，但是大多数决策都是在规划阶段进行的。进行规划的目的在于检视各种可能的选项，并准备一个为比赛提供电视转播的最佳方案。这个方案必须包括技术和制作两部分。规划一场小型地方比赛可能只需要几天，而规划一个奥运会规模的比赛转播或许要花上4年的时间。

在规划过程中，建立节目制作目标是很重要的一步。一旦确定了目标，就有了一个可以用来衡量电视节目制作是否成功的基准。ESPN建立了以下一系列电视体育转播的目标，堪称典范。

准确：在提供丰富信息的同时，绝不牺牲信息的真实性。

公平：转播要做到公平，了解问题的两面性，要保证客观。

分析：说明事情发生的原因和过程，在揭示事件情况的过程中提供不同的视角。

记录：捕捉比赛的特色、场面和现场激动的情绪，帮助观众体验比赛。利用音视频创新手段，丰富赛事观看视角。

创造：发展节目的故事情节。带领观众超越显而易见的内容。使用各种方法（图文字幕等）娱乐受众和传播信息。

一致：在整个赛季中保持一贯的雄心。不要自满，不要成为削弱创新能力的模式化的受害者。

为体育转播做好准备

如何为体育转播做准备，具体内容如下：

- 了解运动规则；
- 了解参与者；
- 了解场馆/比赛场地；

需要确定的方面，具体内容如下：

- 摄像机/镜头；
- 图文字幕；
- 承托设备——摄像平台；
- 灯光；
- 音频；
- 颁奖仪式；
- 开始和结束规程（赛前赛后流程）；

如何制定制作方案，具体内容如下：

- 与参与制作节目的团队举行制作规划会议；
- 与节目制作团队成员举行制作会议；
- 与国际单项体育联合会举行会议；
- 充分了解场馆的竞赛项目和进行项目测试（测试灯光、图文字幕等）；
- 赛前彩排。

改编自佩德罗·罗萨斯（Pedro Rozas），转播制作负责人，曾参与多届奥运会。

奥运会转播制作目标

- 坚决地对每一位奥运会选手进行公正和平等地转播报道；
- 通过适当的镜头选择和回放选项，讲述有观点、有信息量的节目故事；
- 在直播和回放中，通过富于表现力的近景，并结合运动员的多个运动角度，展现每个运动员的比赛表现；

灵活：遵循既定模式，但将每一场比赛当作一场新的比赛来对待。

（源自 ESPN/Catsis 的体育转播手册）

协调会

协调会对节目制作规划阶段至关重要。这些会议为参与节目制作的各方提供了一个讨论的平台，可以分享想法、交流问题、确保所有细节符合节目制作要求。协调会将涉及体育组织、场馆管理人员、电视节目制作人员和其他任何参与节目制作的人员及组织。通过组织这些赛前会议，每个小组都开始了解到彼此的角色定位和各自面临的问题。这些会议让各小组能够为实现外场转播的最佳效果共同合作。这些会议可以让不同小组间形成好的关系，良好的团队关系对在比赛中遇到问题时很有帮助。

国际业余田径联合会为田径赛事的电视转播制订了一系列准则。其中一条明确指出协调会的重要性："在比赛开始前召开一次协调会是绝对必要的。所有可能在会议中发挥积极作用的参与方（所有电视节目制作相关部门、组织者、实施者）都应出席。所有需求和愿望都应该在早期阶段被表达、讨论和解决。规划会议的长篇报告让所有参与方都能了解所作的决定。然而，即使对比赛的转播进行了最仔细的准备，也不能保证节目不出问题。如果摄像机出现故障、计算机出现故障，必须准备好采取行动或作出反应，因为节目必须进行下去。"

外场转播勘察

当讨论场馆勘察时，我想起了一则老的商业广告："你可以现在付钱给我，也可以以后付。"意思是虽然当时看起来很贵，但如果你不买的话，从长远来看你会付出更多。这就是勘察的本质。有时它们成本很高，看起来像是毫无意义的工作。但实际上，这是能够充分确认你的利益和成本的唯一途径。与一个月的电子邮件往来和电话通话相比，你可以在一个

· 突出展现奥林匹克运动内在的音效细节；

· 清晰而翔实的图文字幕呈现；

· 对颁奖仪式进行精心转播；

· 提升观众对运动员的努力和奥运会比赛中固有的戏剧性状况的欣赏水平。

（转播信息手册，悉尼奥林匹克转播服务公司）。

1956 年墨尔本奥运会转播

奥运会期间，我们每天通常要进行 3 次设置。其中一个问题是缺少摄像机电缆。因此，我们有一组人跟在后面拔电缆并跳转到下一个站点。因为电缆的限制，制订制作计划是一个重要的问题，既要有理想的摄像机放置位置，又要有合适的连接点将信号传回演播室。在操作上，转播车里挤满了节目制作人员和技术人员。通常，转播车内有 7 个工作人员，包含 3 个摄像控制单元（CCU）操作员，1 个音频操作员，1 个技术导播，1 个制片人和 1 个制作助理。除此之外，在奥运会期间，其他工作人员——识别运动员的体育界人士——通常站在后方提供指导。

——巴里·兰伯特（Barry Lambert），当时的转播车技术员

创建内容

"我们所做的最重要的事情是努力了解观众想要什么。他们想要真实的内容、丰富的个性及有代表性的品牌。"

——提姆·里德（Tim Reed），ESPN 副总裁，极限运动会（X Games）负责人

协作

"我在极限运动领域已工作了很长的时间，这是我们做过的最具协作性的赛事。非常棒，因为电视是一个需要协作的行业。打电话的次数比之前更多，但老实说，这样很好。它使我们能够参与到赛事中，在我们想要完成的事情及如何实现目标方面达成一致。"

——休·阿里安（Hugh Arian），Echo 娱乐总裁

小时内了解更多关于项目地点和组织安排的信息。

——乔·西多利（Joe Sidoli），多届奥运会的制作资源总监

制作团队通常会对比赛如何进行转播产生好的想法。但是，只有在勘察组到访场馆后，才能做出最终的决定。勘察组对场馆进行实地评估，以决定谁来做、在哪做、做什么、如何做、做多少和花费多少等问题。这些问题的答案将会为制作规划提供基础。

外场转播勘察或场馆勘察工作通常在赛事开始前很早完成，特别是对于大型赛事。对于奥运会，外场转播勘察可能要提前4年进行。小型地方赛事的勘察工作可能只需要提前一周进行。然而，除非工程师对设施完全熟悉，否则必须完成详细的勘察（见图5.1和图5.2）。

图5.1　场馆勘察组检查设施以确定是否存在潜在的转播问题

图 5.2　实地勘察可能会包括穿上滑雪板在赛场上滑雪。图中的制片人和导播在勘察一个山地场馆以确定最佳的摄像机放置位置

因为没有检查电源或没有在一天中的正确时间查看场馆而造成的惨剧比比皆是。外场转播勘察的目的是为了确定以下方面：

· 制作的地点；

· 所有制作设备和人员的位置；

· 这个地方是否可以满足所有的节目制作需求。

莱尼·里芬斯塔尔（Leni Riefenstahl）拍摄1936年奥运会

在与不同的负责人沟通数月后，里芬斯塔尔最终获得了在体育场内场建造两座铁塔的许可。这使得摄像师可以拍摄出更好的全方位镜头，以及用长焦镜头拍摄里芬斯塔尔想要的大特写镜头。但无论将摄像机放在哪，它们似乎都会挡住某些人的视线，而遭到新的反对意见。最终，她被允许在跳高场地的周围和100米短跑跑道末端挖一些地坑。摄像师可以从那里获得参赛运动员的低角度画面而不干扰任何人。事实证明，100米跑道末端的地坑太近了，在一场小组赛影片的最后，可以看到杰西·欧文斯（Jessie Owens）几乎冲进地坑里。官员们大发雷霆，让制作团队清除了跑道周围所有的摄影坑。

从那时起，里芬斯塔尔用的拍摄技巧从此成为了电视体育转播的标准。

——奥林匹亚，转播奥运会

许多人也许会参与到外场转播的勘察中，包括制片人、导播，转播车公司的技术人员、现场联系人，最好还有灯光设计师和音频工程师。重要的是，要在和比赛计划相同的时间段到访场馆，这样可以让工作人员评估光照，听那个时候的声音，发现其他可能存在的干扰。

▌联系人

在规划阶段早期确定谁是赛事／场馆的联系人，以及在紧急情况下如何联系到他们，这一点至关重

要。团队人员可能随时需要使用额外的电源或进入限制区域。在这种情况下，必须能够立即联系到相关工作人员，防止节目制作完全中断。

另外，确定一个备用联系人也是十分重要的。应该建立一个联系人列表，确定尽可能多的联系方式，包括办公电话、传真、移动电话、家庭电话和电子邮件等（见图 5.3）。

同样重要的是确定赛事所有参与方的对应联系人，比如比赛场馆工作人员、酒店工作人员、证件负责人、餐饮负责人、特种设备负责人、移动制作单元（转播车）负责人、电工联系人、发电机公司负责人、安保负责人、交通负责人、光纤或卫星提供商、通话负责人、卫星上行车负责人，甚至可能是赛事的主办单位的工作人员。联系人列表可能会变得很长，但却是必要的，应该分发给参与制作的每个人。

外场转播勘察表

客户：＿＿＿＿＿＿＿＿＿＿＿＿＿＿＿＿＿＿＿　勘察日期＿＿＿＿＿＿＿＿＿＿＿＿＿＿

拍摄日期＿＿＿＿＿＿＿＿＿＿＿＿＿＿＿＿＿＿　拍摄时间＿＿＿＿＿＿＿＿＿＿＿＿＿＿

节目名称＿＿＿＿＿＿＿＿＿＿＿＿＿＿＿＿＿＿　播出时间＿＿＿＿＿＿＿＿＿＿＿＿＿＿

地点＿＿＿＿＿＿＿＿＿＿＿＿＿＿＿＿＿＿＿＿＿＿＿＿＿＿＿＿＿＿＿＿＿＿＿＿＿＿＿

导播＿＿＿＿＿＿＿＿＿＿＿＿　制片人＿＿＿＿＿＿＿＿＿＿　技术导播＿＿＿＿＿＿＿＿＿

现场联系人：

主联系人＿＿＿＿＿＿＿＿＿＿＿＿＿＿＿＿＿＿＿　电话＿＿＿＿＿＿＿＿＿＿＿＿＿＿＿

第二联系人＿＿＿＿＿＿＿＿＿＿＿＿＿＿＿＿＿＿　电话＿＿＿＿＿＿＿＿＿＿＿＿＿＿＿

所需许可联系人＿＿＿＿＿＿＿＿＿＿＿＿＿＿＿＿　电话＿＿＿＿＿＿＿＿＿＿＿＿＿＿＿

转播车位置＿＿＿＿＿＿＿＿＿＿＿＿＿＿＿＿＿＿＿＿＿＿＿＿＿＿＿＿＿＿＿＿＿＿＿＿

其他车辆停放位置＿＿＿＿＿＿＿＿＿＿＿＿＿＿＿＿＿＿＿＿＿＿＿＿＿＿＿＿＿＿＿＿＿

证件负责人＿＿＿＿＿＿＿＿＿＿＿＿＿＿＿＿＿＿＿＿＿＿＿＿＿＿＿＿＿＿＿＿＿＿＿＿

摄像机（添加赛事摄像机放置位置的示意图）

摄像机	放置位置/地点	镜头	线缆路径
1.			
2.			
3.			
4.			
5.			
6.			

收音（添加赛事话筒放置位置的示意图）：

话筒类型	放置位置		话筒类型	位置
1		6		
2		7		
3		8		
4		9		
5		10		

照明（如果需要，添加灯位图）：

可用照明＿＿＿＿＿＿＿＿＿＿＿＿＿＿＿＿＿＿＿＿＿＿＿＿＿＿＿＿＿＿＿＿＿＿＿＿＿

出镜人员照明＿＿＿＿＿＿＿＿＿＿＿＿＿＿＿＿＿＿＿＿＿＿＿＿＿＿＿＿＿＿＿＿＿＿＿

特殊说明＿＿＿＿＿＿＿＿＿＿＿＿＿＿＿＿＿＿＿＿＿＿＿＿＿＿＿＿＿＿＿＿＿＿＿＿＿

图 5.3　小型赛事的外场转播勘察表范例

电力：

现场电工联系人＿＿＿＿＿＿＿＿＿＿＿＿＿＿＿＿＿＿＿＿＿＿＿＿＿＿＿＿

节目需求＿＿＿＿＿＿＿＿＿＿＿＿＿＿＿＿＿＿＿＿＿＿＿＿＿＿＿＿＿＿＿

交流电源插座

位置	电压	接口类型	位置	电压	接口类型
1			4		
2			5		
3			6		

通话：

	类型/样式		位置
摄像机耳机			
内部通话			
业务电话			
无线通话			

位置示意图（应包括重要尺寸，建筑物、转播车、电源和转播期间太阳的位置）：

图 5.3　小型赛事的外场转播勘察表范例（续）

场馆权限

如果没有节目制作场馆的通行权限，节目制作会陷入停滞。团队人员需要进入场馆才能在比赛前、比赛期间和比赛结束后完成他们的工作。在规划阶段，应提出以下通行权限问题。

· 团队人员需要何时进入场馆？他们是否很早到达、并待到很晚？是否必须完成某种工作，比如需要特殊的通行证，才能让他们在特定的时间进出？他们是否拥有足够的停车位？他们是否能在比赛过程中方便地到达他们的岗位位置？在比赛的实际节目制作中，摄像人员是否能够进出机位？

· 工程师是否有通行布线路径的权限？

· 确保转播车可以开到现场，特别是尺寸在 50 英尺（约 15 米）以上的车型。是否有小型桥梁、低矮的立交桥，或者狭窄的道路，可能导致大型车辆无法通行？通行的道路能否承受重量超过 40 吨的转播车？

· 如何停放转播车可以更接近电源？并且在摄像机线缆的长度之内，还不会阻碍交通。

现场成本

每个现场都有不同的成本，在进行节目制作前确定这些成本是很重要的，具体内容如下。

· 工作人员停车会产生费用吗？

· 是否需要租用工作空间以满足节目制作运行的需要？

· 现场是否需要进行任何设施的新建或改造？

· 是否有任何可能会影响节目制作的地方条例？如果条例限制了节目制作时间或通行权限，预算可能随额外增加的工作天数而增加。

· 针对工作所在城市或现场设施是否需要购买额外的保险？

· 是否需要市、县或场地设施的许可？场地设施管理人员应该知道需要什么许可。然而，可能要与当地警察部门或消防部门核实，以确保获得在公共场所或公共街道上停车的必要许可。有时候需要几天或几周的时间来处理这种许可。

· 市、县或场地设施是否需要安全保证金？

· 这个地方的住宿成本是多少？

电源

勘察现场的电源是必要的。重要的是找出当地是否有能满足你所有设备正常工作的电力和是否有人计划和你共用一个电力源。工程师不应该把所有的事情都视为理所应当，必须确定所有的电源插座都能正常工作（见图 5.4）。在电力测量过程中，确定以下因素非常重要。

· 电闸在哪里？工作人员如何到达那里？

· 需要多长的延长电缆？

· 需不需要一个便携的发电机？如果有岸电（现场的电源）可用，是否需要备用发电机（见图 5.5）？

勘察需要考虑的其他方面

转播奥运会就像连续 17 天每天制作几个超级碗节目。这对后勤而言是一个巨大的挑战，我们只有一次机会来做好。

——NBA 体育频道（NBC Sports）前运营总裁约翰·弗里舍（John Fritsche）

食品 / 餐饮：谁来提供食品，需要多少份餐，以及他们打算在哪里备餐？

住宿：需要多少个房间，住宿地点离场馆有多远？

停车：是否有充足的出租车和电瓶车停车位？停车场应标注在位置示意图上。

安保：哪些地方需要安排安保？是否需要特殊停车位？在天气恶劣的情况下他们应该在哪里工作？

传送：谁来提供传送服务，他们的设备放在场馆的什么位置？有何特殊需求？

建造：有没有需要建造的东西？如果有，是否为施工团队建造所需要的东西分配了空间？建造有什么特殊需求？

视频和音频信号：谁需要外接转播车视频和音频信号？是否需要使用额外的线缆来满足需求？

网络和电话：需要多少线路？将这些线路安装在哪？需要多少移动电话？是否需要专线？

医疗：场馆是否有医疗设施？附近是否有医院？附近是否有急救箱用于处理轻伤？是否需要附近有救护车？如果需要，救护车应该停放在哪？

图 5.4 转播车的运行需要使用大量的电力。基于安全考虑，只有电力工程师可以插拔这种类型的电缆

图 5.5 大型转播车通常需要用到发电车，因为某些场馆无法提供所需要的电力

节目传送

了解如何传送最终的节目对进行规划和场馆勘察有着重大影响。视距传输可能需要占用空间，卫星天线需要进行安装，或是需要特殊的网络访问。如今，有很多方法可以将视频图像传送到分发点。

· 同轴电缆：可用于相对较短的传送距离，但容易受到外界的干扰。

· 光纤：光纤已经成为视频和音频的主要传送方

鲁恩·阿利奇（Roone Arledge），制作创新（见图 5.6）

1960 年，美国全国广播公司体育频道（ABC Sports）的前总裁鲁恩·阿利奇（1932—2003）写了一个关于他认为橄榄球比赛应如何进行电视转播的节目制作方案。他的创新方案包括前所未闻的建议，比如使用指向性话筒、手持摄像机、独立摄像机、比赛情况分析、分屏，还有预先录制的访谈和故事。他的想法引起了电视网络节目编导和体育导播的兴趣，他们允许他尝试执行这些想法。从那时起，阿利奇就被认为是改变体育转播发展的功臣。他提出了"即时回放、慢动作、特殊字幕，以及将新闻价值和运动员的个性化引入体育转播"。阿利奇的门生，后来成为 NBC 体育频道总裁的迪克·埃伯索尔（Dick Ebersol）说："在鲁恩·阿利奇之前的体育转播中没有回放，没有慢动作的机器，任何电视网绝对没有黄金时段的体育节目。他鼓励人们去体育节目里看没有剧本的戏剧。"

图 5.6　鲁恩·阿利奇

当被问到如何确定何时在体育转播中使用"电子魔法"时，阿利奇的回答是："答案很简单——你必须依靠摄像机和话筒呈现接近大脑感知的图像，而不仅仅是眼睛看到的。只有这样才能营造现实的幻觉。"他举了一个赛车的例子，虽然汽车的行驶速度超过 200 英里／时（约为 322 千米／时），但如果用远景镜头，速度感将会消失。然而，当将一台主观视角（POV）摄像机放置在比观众通常被允许的观看距离更近的赛道上时，近距离摄像机和话筒可以为电视观众带来速度感，以及呈现现场观众坐在看台上所能感受到的呼啸声。"这样的话，我们不是创造某些虚假的东西。这是一种幻觉，对现实的幻觉。"

哥伦比亚广播公司体育频道（CBS Sports）的总裁肖恩·麦克马纳斯（Sean McManus）说："鲁恩的最伟大的成就是他讲故事的能力。他意识到，要让人对体操、田径、赛车甚至是奥运会感兴趣，观众关心的不仅是比赛分数，或许更重要的是运动员本身。鲁恩敏锐的故事感，以及他让不知名运动员变得迷人和引人注目的能力，使他能从在他之前的所有体育制片人中脱颖而出。"

（源自 ABCNews 网和 Sportsline 网）

法。在一根有抗干扰能力的光纤线缆上，视频信号可以传输约 10 英里（约 16 千米）的距离。光纤具有较高的信息传输容量。此外，它不会泄露信息，能承受温度变化。这种线缆体积小、重量轻、成本低，而且非常可靠。

·微波链路：微波传输使用的无线频率通常在超高频（SHF）频段而且必须要在视距内；雪和雨会降低通过微波传输的视频信号强度。微波发射机发射高指向性信号，最大的传输距离约为 75 英里（120 千米）。然而，可以建设一系列中继站来绕过传输障碍传输信号或者增加传输距离。微波发射机可以是手持的，体积小到可以被安装在摄像机顶部用于进行短距离传输（见图 5.7）。对于长距离传输来说，发射机通常被安装在车辆或建筑物上（见图 5.8）。体育转播有时需要使用移动交通工具（直升机、船、摩托车）来传输实时视频图像（见图 5.9）。由于很难或不可能保证发射机和接收机的正常对准，这些车辆配备了特殊的全向发射机，可以传输到经过改进的天线，该天线可以在广域范围内接收信号。如今的发

图 5.7　NBC 的这台摄像机装备了微波发射机

射机／接收机经过编程，可以进行自动校准，以达到最高质量。

图 5.8　发射机被安装在车辆上

图 5.9　EMG 法国分公司为环法自行车赛提供了先进的无线微波技术传输。摩托车提供了近距离看比赛动作的角度。（图片来源：SVG）

·卫星链路：在外场站点工作时，卫星链路是最佳的传输方法，因为它们解决了传输距离和视距问题。发射机将信号上行传输至卫星。卫星接收信号，进行放大，然后将其下行传输至接收器。多机位体育节目制作的卫星发射器通常被安装在卫星车上（见图5.10）。卫星信号通过各种尺寸的卫星下行天线接收（见图5.11）。

图 5.10　卫星上行车

图 5.11　卫星下行天线

·互联网／网络广播：是一种快速增长的、在网页上通过流媒体技术传输音频和视频的传送方法。当前已经将技术提升到可以达到广播级质量的程度（见图5.12）。

图 5.12　为 NBC 网提供体育赛事网络直播

·4G/5G 上行链路：是一项在不断发展的技术，有人认为它是卫星的一种更廉价的替代技术。它的系统可以小到能够被安装在单个摄像机的背后。这种系统可以从大部分地方直播具有专业级质量的影像。

也可以同时使用采用上述方法进行任意组合传输的多个视频和音频源。例如，某人可能在一个地点使用互联网传输，在另一个地点使用微波单元，在比赛场地使用有线摄像机（见图5.13）。

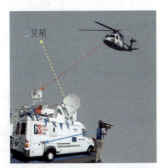

图 5.13　可以同时使用多种方式传输视频和音频源。在这种情况下，直升机用微波传输空中视角画面，摄像师用有线摄像机。（用转播车中的小型切换器混合）这两个视频信号，用卫星上行天线进行传输，然后中继回传至节目制作设施

2020 年美国职业橄榄球大联盟（NFL）选秀：超过 600 个实时信号（见图 5.14）

作者：杰森·达克曼（Jason Dachman），SVG

由于新冠疫情，线下的 NFL 选秀被取消，NFL 与 ESPN 合作，为球迷提供独特的体验。在短短几周内，NFL 媒体公司开发了定制的手机制作套件，分发到全美约 200 个潜力新秀、球队教练、球队总经理和球队老板的家中。此外，来自 300 多名球迷的视频信号被纳入了 UFL 选秀的电视节目转播，另有 100 多名球迷在慈善活动"NFL Draft–A–Thon"社交媒体节目中亮相。最终节目的播出汇集了来自各方的总共超过 600 个视频信号。"不要忘记，一切都是直播，"负责节目制作业务的 NFL 媒体公司的副总裁戴夫·肖（Dave Shaw）说。

每个制作套件都由一个带有外置悬挂式话筒和三脚架的手机、降噪耳机和灯光套件组成。球员们实际上拥有两部手机——一部是运行原生应用程序（FaceTime、WebRTC）的"采访"摄像机，以及运行与总裁进行祝贺的"虚拟拥抱"，另一部是运行 Larix Broadcaster 应用程序的"持续在线"的摄像机，通过亚马逊网络服务（Amazon Web Service）呈现等待被选中的球员及他们被叫到名字后的反应。

NFL 没有在选秀的"领奖台"环节上冒险。总裁罗杰·古德尔 (Roger Goodell) 在家中宣布每一个球员选择时，通过移动卫星上行链路进行连线。一台广播级摄像机被用来拍摄古德尔的选秀结果公告，另一台采访摄像机被用来让他与选秀球员进行交谈 (如果主摄像机坏了，它也可以作为备用)。

"在新冠疫情开始时，"肖说，"我们几乎关闭了所有的控制室或演播室，所以我们必须找到可以让我们自己的电视网和节目恢复直播的工作方式。我认为我们整个团队都值得被称赞，因为他们找到了创造性的方法恢复直播。"

图 5.14　NFL 选秀的定制 iPhone 11 制作套件被发送给球员、球队教练和球队总经理，以及一些球队老板。下图是 NFL 的工作人员在家中进行转播（图片来源：SVG）

美国职业篮球联赛（NBA）智能手机 5G 转播（见图 5.15）

作者：杰森·达克曼（Jason Dachman），SVG（改编）

2019 年 7 月，NBA 使用 6 部智能手机借助 5G 网络制作了一场 NBA 夏季联赛转播节目。亚特兰大老鹰队和华盛顿奇才队的比赛在 ESPN 应用程序、国际 NBA 联盟通服务（International NBA League Pass）和 NBA TV 加拿大台播出。NBA 娱乐公司的史蒂夫·赫尔穆斯（Steve Hellmuth）说："我们相信这是首次仅用智能手机拍摄的大型体育直播节目，并且被广泛分发给球迷。该计划旨在用球迷日常使用的摄像机来捕捉他们生活中的特殊时刻，为球迷提供一种独特的转播体验。"转播的内容包括与球迷的互动、采访、来自场边的视角、定制的字幕和其他场内元素。

专业摄像师是进行这项尝试的关键部分，因为他们可以预测动作，他们了解比赛的流程。每个篮筐下都有一台摄像机，球场一边的底线和另一边的罚球线上各有一台摄像机。比赛也是横向拍摄的。

定制的字幕包括一个形状像手机的记分框和一个看起来像手机电池消耗指示器的 24 秒时钟。

虽然 NBA 并不打算将智能手机用于常规赛季的比赛节目制作，但他们确实将其视为非专业场馆或后台甚至场外需求的相关节目制作的绝佳应用。

图 5.15　NBA 用 5G 手机转播比赛。上图是摄像师在拍摄比赛，下图是转播节目的屏幕截图，显示了定制的字幕（图片来源：SVG）

> 302 个分项 /38 个大项 + 数字转播车 ×18 台摄像机 + 转播设备的高昂成本 – 史上最好的电视转播 +400 亿观众 × 全球经济低迷 +40 个场馆 /3500 名员工 – 共用的团队人员 / 场馆 / 设备 + 后勤开销 ×3700 小时直播传输 × 少即是多 + 质量 = 雅典奥运会的预算
>
> ——雅典奥运会转播公司副制片人安娜·克雷苏（Anna Chrysou）

对勘察有重大影响的其他方面

对于外场转播勘察和制作规划，有许多方面需要考虑。接下来的几章将涉及这些领域，包括摄像机、灯光、音频和图文字幕。所有这些都需要在完成最终节目制作方案之前考虑清楚。

位置示意图

位置示意图用于帮助工作人员识别摄像机、话筒、线缆、团队人员车位和转播车 / 办公室的位置。顾名思义，位置示意图不是精细绘图，而是一个外场电视转播现场的粗略地图。室内转播制作的位置示意图应该包括如下内容：

· 房间尺寸；

· 家具位置；

· 建筑物；

· 出镜人员位置；

· 窗户位置；

· 电源。

户外转播制作的位置示意图应该包括如下内容：

· 建筑物位置；

· 出镜人员位置；

· 转播综合区位置；

· 电源位置；

· 转播进行时的太阳方位。

备份方案

制订全面的备份或冗余计划，防止节目制作出现问题是很有必要的。大多数节目制作公司都会确保拥有备用的设备、发电机、图文字幕设备，甚至是备用的音频信号。在制定备份方案时，确定备份方案将如何影响工作空间需求是非常重要的。例如，额外的发电车将停放在哪里。

电视导播乔·马尔（Joe Maar）说："有时候，为你的备份方案准备一个备份甚至会很重要。例如，有些电视网络在一场体育赛事直播中用一个主系统和两个备份系统来获取比赛时钟。主系统是使用线缆直接连接到场馆的记分时钟，第二个系统是一个视觉识别系统，与记分时钟同时改变字幕时钟，由一台专用摄像机拍摄记分牌，以提供给识别软件。"

用备份传送设备在不同的系统上传送相同的节目，被认为是"最佳实践"，也是标准做法。这样，如果你的主发射机发生故障，仍然可以将制作的节目送达预定的分发源。虽然准备备份计划可能看起来是一笔不必要的开支，不过一旦现场出现问题，你将会节省因制作事故而付出的额外开销。

采访：汤姆·卡瓦诺（Tom Cavanough），纳斯卡赛车前制作副总裁

◎请简要定义你的工作。

我负责所有 NASCAR on SPEED 节目的内容。

◎你喜欢你的工作的哪些方面？

创造并参与一个协作的工作环境，促进创造力、团队沟通，并认可与我共事的人的出色的才能和丰富的经验。专注于失败后恢复的能力，而不是谨慎行事或避免错误，往往会带来非常成功的运作。在广播行业，

最终目标是将成功的运作以引人注目的形式呈现在屏幕上。

◎你面临的挑战有哪些？

习惯是最难打破的，当人们并没有意识到他们已经养成习惯时，习惯甚至会变得更难被改变。所以，改变可能是一个很大的挑战，但如果你善于给予反馈，并且构建一个协作的工作环境，实质性的改变会自然发生。

◎你如何为节目制作进行准备？

重要的是确保显而易见的问题都已被提出，典型假设都已被解决。退后一步，确定画面讲故事的几大元素，具体内容如下。

- ·节目的故事情节是什么？
- ·出镜的明星是谁？
- ·谁不被看好？
- ·节目的粉丝的兴趣源自哪里？

制作其实真的很简单，因为好的故事通常都是非常简单的，但是我们可能会过于"深入"，而忘记讲述故事的基本方面。

◎对于对类似岗位感兴趣的人有什么建议或意见？

追随你的热情，发挥你的能力，因为当你激发出"你的天赋"时，你通常会惊讶于自己拥有的潜能。当你找到时就会知道，你应当永不停止地去寻找。

第 6 章

摄像机

有的人认为，设置的摄像机数量越多，所呈现的比赛就会更精彩，这种想法是危险并且错误的。仅靠设置多个摄像机并不能保证转播的高质量完成。近景／特写镜头很有意思，它能展现运动员的面部、动作细节和瞬间反应，但是体育迷们也会想看到比赛如何进展。摄像机的位置和它们的总数一样重要，原则应该是就算只用一台摄像机也能展现一场比赛的全部。

——国际业余田径联合会电视制作指南

在体育电视节目制作中，会使用多种类型的摄像机和具有独特视角的镜头，特别是长焦镜头，以及不同种类的摄像机承托设备。然而，在一个不熟练的摄像师手中，再好的设备也会变得毫无价值。成为一名优秀摄像师的关键之一是听从导播调度，熟悉体育运动及具有预判动作走向和导播所需镜头的能力。这一章概述了各种类型的摄像机、摄像机的运动轨迹、常用的拍摄构图，以及摄像机的基本保护。

外场勘察的一个主要作用是决定将摄像机摆放在场馆何处。需要尽早决定机位，因为许多其他的决策都基于此决定，比如线缆的布置走向，或者场馆内是否已经布置了线缆，搭建所需的天数，转播计划，以及所需要的其他设备。

以下是关于摄像机及其相关设备需要探讨的一些问题。

·设置多少台摄像机可以满足赛事转播需求？

·每个位置应该使用什么类型的摄像机（箱式镜头摄像机、肩扛摄像机、轨道摄像机等）？

·摄像机线缆可以在哪里走线？是否可以保护线缆免受人、车、天气等因素的影响？

·需要哪种摄像机承托设备，是否需要平台或脚架（见图6.1和图6.2）？

·移动摄像机如果需要用到轨道车，需要的是哪种类型的轨道车？放置轨道车的地面／楼层是什么样的？地面是否水平（见图6.3）？

·是否需要使用特殊镜头？比如广角镜头或长焦镜头（见图6.4）。

·如果需要使用升降臂或摇臂，放在哪里能够拥有最大活动半径？

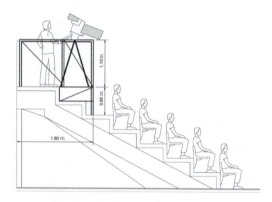

图6.1　摄像机应该被放置在即使观众起来或者走动也不会被挡到的平台上

图6.2　脚架常用于提供高角度的摄像机画面

图6.3　摄像机轨道车有时用于比赛的边线来辅助捕捉动作。在轨道车上增加升降臂可以提供动作的独特视角［图片来源：查普曼·伦纳德（Chapman-Leonard）］

图 6.4 外场勘察可能会发现需要使用特殊镜头，比如长焦镜头

▌摄像机位置

转播一场体育赛事，一台摄像机足矣。所有其他摄像机（斯坦尼康、慢动作摄像机等）的存在都是为了增添气氛。

——佩德罗·罗萨斯（Pedro Rozas），曾任多届奥运会节目制作总监

当摆放摄像机时要考虑许多因素。比如，所有的摄像机都要被放在比赛场地的同一侧。通常来说，唯一要将摄像机放在对侧的例外是用于慢动作重放的独立（ISO）摄像机。

当决定摄像机位置时应该提出的其他问题具体如下。

·将摄像机摆放在哪里能同时为比赛动作和独立拍摄提供最佳转播效果？要确保能够提供必要的全景镜头。

·将摄像机放置在哪些位置能获得最好的光线？

·在户外比赛中，太阳在哪个方位上？太阳光线的角度是决定从哪个角度捕捉比赛画面的因素之一。应将摄像机摆放在背光的位置。

·在镜头画面的背景里是否有让人分心的标语或者广告牌？在赛事当天是否会有任何可能对比赛产生干扰的变动？

·摄像机是否会阻挡现场观众的视线？

·哪些可放置摄像机的位置不会出现在其他摄像机的视野里？

·有障碍物会挡住导播所要求的镜头吗？如果有，有什么解决的办法？

关于决定摄像机的放置位置，经验丰富的体育导播李·亨利（Lee Henry）给出了这样的建议："在计划一场比赛中摄像机的摆放位置时，很重要的一点是摄像机在哪可以拍摄到最基本的比赛内容，你需要考虑将摄像机放置在合适的位置上。有经验的制片人会选择更能展现他想要的故事情节的摄像机角度。除此之外，有经验的导播还想要将摄像机摆放到能够提供更多的选择／视角的位置，以获得更高的使用率。你需要考虑这两方面的问题，得到一个均衡的方案。这里提供一个用来决定摄像机摆放位置的公式：均衡的方案 =（故事情节的需要）×（镜头使用的时间占比）。"（注：附录 2 中有各种摄像机位图）。

▌摄像机类型

各种各样的摄像机被用于进行外场体育节目制作。然而一些摄像机只被用于进行最高级别的体育节目制作，在下面的列表中给出了一些可供选择的摄像机类型的概述。

固定或箱式镜头摄像机（Fixed or Hard Camera）：一种安装在固定位置的底座上的摄像机（见图 6.5）。这些摄像机通常都很大、很沉，可以装备长焦镜头，需要建造得极其稳固来防止画面抖动。更大的摄像机为摄像师提供更大的的监视器，同时也在机头提供更多的控制。这种摄像机的底座可以是固定不动的，也可以是带脚轮的。

便携摄像机（Handheld Camera）：指手持摄像机或肩扛摄像机（见图 6.6 和图 6.7）。这些摄像机比箱式镜头摄像机小得多，因此更加便携，更容易移动位置。可以将它们用作多机位节目制作的一部分，或者作为摄录一体机用于 ENG。这种摄像机可以装备无线发射器（见图 6.8）。

ENG 摄像机：ENG 摄像机是一种不与移动制作单元（转播车）连接的轻量级摄录一体机。这些摄像机可以用于新闻报道或短篇报道的制作。ENG 摄像机通常用于即时的后期制作和编辑，但可以将画面从现场实时传送出去（见图6.9）。

图 6.8　肩扛摄像机的部件

图 6.5　箱式镜头摄像机和固定摄像机的部件（图片来源：JVC）

图 6.9　ENG 摄像机是一种不与移动制作单元（转播车）连接的轻量级摄录一体机

轨道摄像机：一种跟随被摄物体一起运动的摄像机。这种摄像机可以自动或手动控制。将它们安装在轨道上或将它们安装在其他能让它们和被摄主体同步移动的设备上。因为轨道不会移动，所以使用轨道摄像机更容易精确地重复摄制镜头。这种摄像机非常平稳、无声，并且无论在慢速状态还是快速状态下都可以安全地移动。轨道可以是弯的也可以是直的。它们也可以被安装在高处（用于拍摄拳击等运动）或地面上（用于拍摄滑冰等运动）（见图6.10）。

图 6.6　连接到转播车的肩扛摄像机

图 6.10　这台轨道摄像机围绕着椭圆形赛场跟随滑冰选手运动，可将滑冰选手的速度感带给观众

图 6.7　这位无线肩扛摄像师穿着一身白色服装，这是为了尽可能地融入环境，以避免分散观众对比赛的注意

图 6.10　这台轨道摄像机围绕着椭圆形赛场跟随滑冰选手运动，可将滑冰选手的速度感带给观众（续）

MobyCam 摄像机：这是一种水下遥控轨道摄像机，可以在水下沿着泳道的方向移动（见图 6.11）。

图 6.11　MobyCam 摄像机是一种水下遥控轨道摄像机，可以从泳池底部捕捉游泳运动［图片来源：雅典奥林匹克转播公司（AOB）］

摇臂／升降臂摄像机（Camera Jib/Crane）：摇臂／升降臂摄像机用于将摄像机（有时也将摄像师一起）送到高位、中位和低位进行拍摄。通常来说，升降臂与摇臂相比，区别在于包含了一位和摄像机一起搭乘升降臂的摄像师（见图 6.12），而通常在标准摇臂的臂头上只有摄像机，摄像师在臂尾

进行操作（见图 6.13）。摇臂／升降臂的运动就是摄像机的上升、下降或从一边移动到另一边。摇臂／升降臂摄像机十分受欢迎，因为能够以可接受的价格为电视节目制作提供特殊的有利于进行拍摄位置。也可以将摇臂／升降臂拆卸成部件装进箱子里，再进行运输。

国际奥林匹克委员会（IOC）转播准则

在任何比赛场所或体育场中，必须要为提供国际广播电视信号（ITVR）的电子摄像机留出必要的安装空间。摄像机的使用数量和放置位置取决于能否为观众提供最佳的奥运会比赛观看效果。不能有任何固定或移动的障碍干扰到摄像机画面。

——国际奥林匹克委员会（IOC）转播准则

图 6.12　升降臂通常是使摄像师连同摄像机一起运动

图 6.13　摇臂通常是由摄像师在臂尾进行操作

预测和预判能力或许是摄像师能够获得的最大的才能。这意味着（摄像师）要保持高度专注，不仅仅要看到在（摄像机）画框内发生的事，还要看到即将发生的事。

——托德·格罗斯曼（Todd Grossman），《极限运动拍摄》

微型主观视角摄像机（Mini Point-of-View Camera）：这类摄像机用于作业空间有限或没有必要使用摄像师的场合。据 ESPN 的协调制片人菲尔·奥林斯（Phil Orlins）介绍："微型无线摄像机正在飞速改变观众看比赛的方式。"这些摄像机"在体育转播中带给观众难以置信的近距离观看体验，让观众沉浸于运动之中，并将他们带到（比赛）现场的任何地方。"主观视角摄像机往往被安装在非常规的位置，带来一种令观众置身于运动和比赛中的效果。这些摄像机可以被安装在固定位置或者通过云台对这些摄像机进行遥控。主观视角摄像机为观众提供了一个独特且有利的观看比赛的位置，比如将摄像机安装在足球球门内，或是装在水下用于拍摄游泳比赛。通常这些摄像机的价格并不昂贵（因为经常被安装在危险的地方，面临着被损坏的风险，且结实、小巧，拥有一致的技术规格。鉴于外形和尺寸特殊，微型主观视角摄像机有时被称为"口红"摄像机（见图 6.14 ～图 6.16）。

微型主观视角摄像机有多种形式、外形和尺寸。其中一种新形式是将摄像机制作成一副眼镜的一部分。市面上有许多制造商，但最受欢迎的是 Pivothead 智能眼镜和谷歌眼镜（Google Glass）。这些眼镜还没有被广泛地使用，由于无法进行现场直播，一些电视网络只能以很受限的方式来使用它们。

图 6.14　左图展示了一台微型主观视角摄像机，它被安装在一个箭靶的靶心里，用来拍摄迎面射入的箭。右图展示的是将一台微型主观视角摄像机连接到裁判员的头盔上

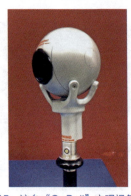

图 6.15　这台"Q-Ball"主观视角摄像机可以 360° 旋转，内含变焦镜头，具备防水功能，拥有 4 路嵌入音频

图 6.16　左图展示的是用于安装在冰球网上的主观视角摄像机，右图展示的是球网上的主观视角摄像机拍摄到的实际比赛场景

慢动作／超级慢动作摄像机（Slow Motion/ Super Slow Motion Cam）：这类电视摄像机拥有捕捉高质量慢动作画面并减少画面模糊的特殊能力。"标准"慢动作是每秒记录 25 帧。"超级"慢动作则为每秒记录 75 帧或更多帧，进一步放慢了动作的运动速度并且保持画面不模糊。

斯坦尼康（Steadicam）：一种用来稳定摄像机的设备。将摄像机安装到摄像师穿着的特殊背心和稳定臂上。熟练地使用斯坦尼康的摄像师可以自由地行走或者奔跑的同时记录下流畅的摄制画面。在大型赛事中，通常会将斯坦尼康连接至一个无线发射机，可进行完全无线的操作。"斯坦尼康"是最受欢迎的摄像机承托设备的品牌（见图 6.17 和图 6.18），除此之外，还有其他品牌可供选择。

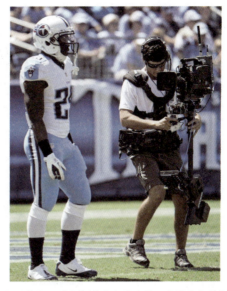

图 6.17　斯坦尼康通过背心和稳定臂，在移动中创作流畅的画面［图片来源：托尼·雷耶斯（Tony Reyes）］

图 6.18　斯坦尼康经常被应用到其他交通工具上为摄像机提供稳定。左图展示的是被应用在平衡车上的斯坦尼康，右图展示的是在雪地摩托上使用斯坦尼康的场景［图片来源：雪上摩托车的图片由克里斯·詹森（Chris Jensen）提供］

空中摄像机／索道摄像机／蜘蛛摄像机（Skycam/ Cablecam/Spidercam）：这是制造商为那些依靠索道系统悬挂在赛场上空的摄像机所取的名字。通过遥控这类摄像机，使它们运行到赛场内的不同位置进行拍摄（见图 6.19）。对摄像机的控制还包括遥控平摇和俯仰。

鱼竿摄像机（Pole Camera）（见图 6.20）：一种安装在长杆上的小型摄像机。可以将长杆安装在摄像机支架或摄像师的腰带／肩带上。这种摄像机的优点是拥有非常轻便的摇臂，可以获取较高角度或较低角度的镜头，并且迅速移动至别处。它也可以用来拍摄水面及水下的镜头。

图 6.19　左图显示的是摄像机可沿着索道的路径前后移动。右图显示的是摄像机被悬挂在来自多个方向的钢索上，使摄像机可以移动到在赛场的任何位置

图 6.20　鱼竿摄像机

稳定器摄像机（Stabilized Camera）：已装备稳定系统（如陀螺仪、光学稳定器、数字稳定器，或某种类型的平衡装置）的摄像机。这些摄像机可

以是手持的或被安装在某种类型的交通工具上，例如直升机、摩托车、船、汽车或其他交通工具（见图 6.21～图 6.24）。稳定器摄像机常被安装在直升机、船上，或与其他移动的摄像机承托设备一起使用。

图 6.21　手持稳定器摄像机利用数字稳定器来提供稳定的画面。如果需要，可以无线传输信号

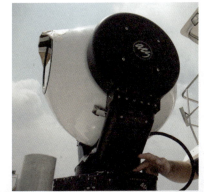

图 6.22　第一张图显示的是陀螺仪摄像机的近景 / 特写。如第二张图所示，两台陀螺仪摄像机被安装在汽车上用来转播某些奥运会赛事。这辆车装备了特别为奥运会赛事设计的稳定器摄像机和无线发射机，并使用了陀螺仪摄像机

图 6.23　这个"船载摄像机"装备了稳定器摄像机和无线发射机［图片来源：林恩·欧文斯（Lynn Owens）］

个熟练的操作员。其他问题如安全性、电池寿命、承重，以及飞行时间都是必须考虑的。因为导航系统存在失效的可能性，在一个人群密集的地方操控无人机存在一定的危险。

图 6.24　这辆直升机装备了稳定遥控摄像机。这是世界赛车锦标赛的转播工作照［图片来源：体育视频集团（SVG）］

图 6.25　摄像无人机正越来越多地被当作一种获得航拍镜头的较便宜的方法。上图是赛事中使用的无人机，下图是福克斯电视台（Fox）的无人机飞手在戴托纳 500 英里大赛（Daytona500）现场

装载了摄像机的小型遥控无人机已得到了大量应用（见图 6.25）。然而，在一些地区有相关法律限制了它们在节目制作中的使用。虽然使用无人机比使用标准尺寸的直升机花费更少，但它确实需要一

专用摄像机

　　许多公司已经研发出了多种可以被安装在独特位置上的摄像机，用来展示完全不同的比赛视角。如图 6.26 所示，左图展示的是"地鼠摄像机"（"GopherCam"），是一种安装在赛车道内的摄像机。右图是一个"钻石摄像机"（"DeamondCam"），在棒球比赛中提供跑垒者的垒位视角。它被用于美国职业棒球大联盟（MLB）的比赛。这些摄像机由 Inertia Unlimited 公司研发。该公司的总裁杰夫·西尔弗曼（Jeff Silverman）说："使

用'地鼠摄像机'拍摄效果出色的原因在于它极不寻常的拍摄视角。在现实生活中，你平常不会看到一辆汽车以200英里/时（约322千米/时）的速度向你冲来并直接越过你的头顶。在我看来，这是一个具有冲击力的镜头，它为赛车比赛提供了真正令人印象深刻的观看视角。"

图6.26　被安装在特定位置的摄像机（照片由 Inertia Unlimited 公司的杰夫·西尔弗曼提供）

为何使用主观视角／遥控摄像机？

前文提到的很多摄像机都是遥控的。这些摄像机在体育赛事的节目制作中变得越来越受欢迎。它们在这些情况下使用：

· 某个场地无法同时容纳摄像机和摄像师；

· 可能无法保证现场摄像师的人身安全——比如在马术比赛中，位于跳跃的马下方的主观视角摄像机；

· 提供独特的视角增强观众对比赛的全面理解——比如，放置在冰球门网内的主观视角摄像机。

采访：设计专用摄像机

麦克·汉普顿（Mike Hampton）已经为包括奥运会在内的很多体育比赛研发了专用摄像机。我们就其中一些被用于奥运会的独特摄像机的设计过程，对他进行了采访。

◎你为冬奥会设计了哪些有意思的摄像机呢？

我需要设计一款背靠背双向（Come-and-Go）门架摄像机（位于一根横杆上的两台摄像机），需要将其安装于高山滑雪世界杯的官方门架（直径为34毫米）内部。另一个挑战将摄像机、供电设备和视频传输设备安装到一个用于速度滑冰的橙色锥桶（23厘米高）内部。

◎在设计摄像机的过程中，你首先会考虑什么？

该摄像机的功能是什么？它将被放在哪里？一定要将它放在赛场中吗？该摄像机是否一定是特殊的尺寸？需要对摄像机进行保护吗？需要拍摄什么样的镜头（全景、近景或特写）？所有这些事情都要在你着手这个项目时考虑到。

◎在设计锥桶摄像机时有哪些限制？

要将采集画面和信号回传转播车所需的所有东西都装在锥桶里。我们要做到让任何看到这个锥桶的人都不知道里面还有一台摄像机。它不能分散运动员的注意力，并且需要被相应的主管机构批准使用。这个摄像机需要能够适应严寒天气并且需要足够耐用，以防在偶尔被运动员撞到时出现损坏。

◎你如何知道从哪里开始及从哪里获取零件？

我们尽量不要重新"发明"一切，关键是要保持简单。我们试着将一些已经存在的东西改造为我们所用，这样可以节省时间和金钱。我通常会浏览汽车用品目录和价格低廉的商店。在开幕式和闭幕式期间，为了获得导播想要的镜头，我使用了一个汽车的前照灯升降器来将摄像机升起。

◎你是如何选择摄像机的？

摄像机必须足够小，才能被装进锥桶内部，它必须拥有可调节的设置。我会选择在满足所需要的物理尺寸的摄像机中分辨率最高的摄像机。

◎通常要经历哪些设计阶段？

第 1 步，你需要集齐摄像机的所有部件。以锥桶摄像机为例，我们拿已被滑冰权威机构指定的锥桶作为设计锥桶摄像机的开始。第 2 步，我们开发一个产品原型，然后对它进行测试。通常来说，我们需要开发多个产品原型，直到获得符合预期的那一个。接着对设计进行改进，改进包括"简化"锥桶摄像机的外观和设计，甚至包括为其增加一个附加的小型排风扇等。第 3 步，画设计图。

◎你需要面对哪些困难？

我们最初用铝来制造锥桶摄像机的内部，但是发现它太重了并且会传导热量，融化了一部分冰面。我只能重新用硬质泡沫塑料来进行设计。泡沫塑料为冰面隔离了热量并有助于进行缓冲，在被滑冰选手踢到时保护摄像机和视频传输装置不被损坏（见图 6.27）。

图 6.27　第 1 张图片展示的是锥桶摄像机的内部，包括摄像机、电池和信号发射器。第 2 张图片展示的是放在冰面上的锥桶摄像机。第 3 张图片展示的是该摄像机拍摄到的画面

自由落体摄像机（Divecam）

自由落体摄像机由加拉特·布朗（Garratt Brown）发明，能跟随跳水的翻腾、旋转动作。摄像机跟随跳水运动员以相同的速度下落，然后随运动员入水。自由落体摄像机是一种被安装在玻璃管道（在图 6.28 中是跳台中间一直向下延伸的那条黑线）中的高质量摄像机，将它安装于管道内部的轨道上，并通过 6 个轮子移动。这条管道从水上的运动中心的屋顶一直延伸到水下 2.5 米，被安装在带有平台和配重的地面上。

图 6.28　自由落体摄像机

自由落体摄像机在空中和水下拍摄的画面，都是透过贯穿整个管道的 10 厘米宽的烟色玻璃窗拍摄的。摄像机和线缆相连，由一名在监视器上观察跳水运动的技术人员负责释放。单向滑轮使摄像机以重力加速度下落——同样的加速度也作用在跳水运动员身上。另一名技术人员——导向员负责转动摄像机使它跟随运动员跳水的方向。水下拍摄的画面依然清晰，是因为管道使摄像机的表面免受水面的撞击。

一条为摄像机提供信号和电力的绳索跟随摄像机顺着管道下落，并在摄像机回到起始位置的时候也回到其原始位置。在跳水进行的短短几秒钟内，通过操纵杆遥控摄像机的俯仰来跟随跳水动作。

自由落体摄像机为观众提供了与众不同的观看比赛的角度，展示了跳水运动每一个复杂的元素。除此之外，慢动作镜头的使用进一步增强了运动员技巧评判的真实性。当摄像机和跳水运动员以相同的速度下落时，观众可以感受到跳水运动员的复杂动作在一瞬间的准确度和精确度。

——美国全国广播公司（NBC）对第26届奥运会的报道

摄像机架设的检查单

·架设三脚架或其他摄像机承托设备（见图6.29）；

图6.29 由于其具有便于携带和架设的特点，三脚架是最常见的摄像机承托设备

·检查水平/俯仰云台是否与底座稳固连接；

·调平三脚架和水平/俯仰云台，确保水平/俯仰云台锁紧；

·将摄像机安装到云台上；

·调整摄像机在三脚架上的重心；

·检查水平和俯仰的阻尼，将它们设置为最合适的级别；

·确保已将镜头牢固地安装在了摄像机头上；

·将变焦控制设定为合适的速度；

·测试聚焦控制，确保其可正常工作；

·将CCU光缆连接到摄像机上并打开摄像机电源；

·检查监视器，调整对比度和亮度；

·检查后焦，确保画面在将远景镜头推至特写镜头的过程中始终保持聚焦；

·连接内部通话耳机并进行测试，确保它能正常工作；

·如果你这边的一切设备都在正常工作，请等待来自移动制作单元（转播车）的进一步指示。

摄像机镜头景别

摄像机镜头景别与拍摄的内容相关，并且必须由导播来决定。摄像机镜头景别的定义很宽泛。在体育场里的导播所认为的远景可能对演播室导播来说是中景。常规画面景别划分如图6.30～图6.33所示。

全景镜头（LS）用于交代场景。这类镜头为观众和导播展示动作发生的总体环境。摄像机与被摄主体间的距离与拍摄的内容有关。例如，以某个人物为主体的全景镜头应展示从头到脚的整个人。比赛场地的全景镜头则展示的是整个赛场的全貌。

远景镜头（XLS或ELS）与全景镜头相比，摄影机与被摄主体间的距离更远。用介绍全景镜头所举的例子来说，以某个人物为主体的远景镜头展示的是人物和周围环境。比赛场地的远景镜头可能是在飞艇上捕捉到的整个体育场的画面。

中景镜头（MS）通常用来讲故事。这是用来展示被摄主体和部分环境的主要镜头。以人物为主体的中景镜头拍摄的是人物腰部以上的部分。体育场的中景镜头可能包含了人物全身甚至几个人。

近景/特写镜头（CU）为节目添加戏剧性。这是一种近距离镜头，拍摄的是在节目中提及的主体或人物的面部。在大型体育场中，近景/特写镜头可能拍摄的是一个人腰部以上的部分。

大特写镜头（XCU或ECU）通过向观众展示

被摄对象的细节或是捕捉人物面部表情来增强戏剧性。大特写镜头戏剧化地增强了节目与观众之间的情感交流。

图 6.30 远景镜头通过展示比赛场地及其周围环境来交代场景定位

图 6.31 全景镜头用于建立运动员之间的联系

图 6.32 中景镜头展示一个或多个运动员，并且提供与运动员相关的情境信息

图 6.33 近景 / 特写镜头近到让你可以看到运动员脸上的表情，但依然包含周边情境信息

寻找不同的角度

导播们寻找那些能够展示比赛不同视角的镜头（见图 6.26）。这些拥有独特视角的镜头能够吸引观众的注意力（见图 6.34）。

图 6.34 高角度的镜头展示运动员不得不面对的地形（上图）。低角度的镜头让运动员看起来非常有力量感（下图）（图片来源：SVG）

摄像机的运动

在前文中，我们已经讨论过许多种类的移动摄像机及辅助设备，例如轨道摄像机、船载摄像机、直升机载摄像机及斯坦尼康和摇臂。导播有权决定是否使用及何时使用这些特种摄像机及辅助设备。通常来说，如果有助于观众理解比赛，就会用到特种摄像机。以下是在一场比赛中，需要使用移动摄像机的主要原因。

· 提供其他拍摄方式无法展现的独特视角。比如，在直升机或飞艇上拍摄的镜头提供了比赛场地的地理环境视角。安装在摩托车上的摄像机让导播在马拉松比赛全程都能够跟随领跑者的奔跑。

· 为观众呈现了运动的速度感。轨道摄像机可以和短跑运动员并排移动，增强观众对运动员跑步时步调节奏的感知；自由落体摄像机可以和跳水运动员一起下落，捕捉到跳水运动员入水时的冲击力和下落时的高速。

·移动摄像机拍摄的镜头可以使观众仿佛置身于比赛现场。安装在升降臂上的摄像机可以连续运动，拍摄从展现观众的全景镜头到发生在赛场上的运动员动作近景／特写镜头。斯坦尼康摄像机跟随运动员从更衣室来到比赛场地，为观众提供近距离的运动员视角。

摄像机镜头的移动

摄像师利用摄像机镜头的各种移动来捕捉期望的转播画面。

变焦：焦距可变的镜头拥有从广角镜头持续变换到近景／特写镜头的能力。导播有时会用"紧"来表示推镜头，用"松"来表示拉镜头至赛场全景（扩展观众视野范围）（见图6.35）。

图6.35　从马（被摄主体）拉出镜头以展现整个场馆。摄像师需要在拉出镜头的同时向右摇［图片来源：乔什·泰伯（Josh Taber）］

横摇：指绕摄像机承托设备的轴左右转动摄像机。例如右摇、左摇（见图6.36）。

纵摇：指绕摄像机承托设备的轴上下转动摄像机。例如上摇、下摇（见图6.37）。

环绕拍摄：指摄像机的曲线路径运动。环绕拍摄可以使用移动轨道摄像机、肩扛摄像机或者斯坦尼康摄像机。例如左环绕、右环绕（见图6.38）。

轨道或推车拍摄：摄像机和底座向左或向右的运动。例如推左、推右（见图6.39）。

移动车拍摄：摄像机借助移动摄像车进行的自身运动［前进（Dolly-in）或后退（Dolly-out）］。前进指摄像机和移动车向前移动，后退指摄像机和移动车向后移动（见图6.40）。

升降：指摄像机借助摇臂、升降臂或升降云台的升降运动。摇臂在体育比赛转播中已经普遍接受甚至被认为是必备的设备。摇臂能够从低处到高位连续运动，为比赛提供一个完全不同的视角（见图6.41）。

图6.36　无论摄像机绕承托设备的轴向右转还是向左转，都被称为摇镜头。导播对摄像师下达的指令一般是"左摇"或"右摇"

图6.37　纵摇指绕摄像机承托设备的轴上下移动。导播可能会要求摄像师"上摇"或"下摇"

图6.38　当摄像师以曲线路径围绕着拍摄对象运动，这种摄像机运动被称为环绕拍摄。导播可能会要求摄像师"左环绕"或"右环绕"

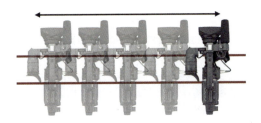

图 6.39　轨道拍摄或轨道车拍摄，指向左或向右移动摄像机的拍摄。导播可能会要求摄像师"推左"或"推右"

图 6.41　当导播需要上升或下降摇臂时，他们可能会要求"摇臂升"或"摇臂降"

图 6.40　移动车拍摄指摄像机靠近或远离拍摄对象

▎体育拍摄

这些场内摄像机只能通过由前部的线框和后部的窥视孔所组成的瞄准具来"看"比赛。镜头聚焦由控制车通过遥控调节，摄像师无法控制。我不得不承认，在这简陋的体育图像中看到的比赛现场，是相当不准确的。

——阿特·史密斯（Art Smith），体育摄像师，1939 年

4D Replay（见图 6.42）

图 6.42　4D Replay 系统包含了一个由 90 台微型摄像机所组成的阵列，可提供高尔夫比赛中高尔夫球手挥杆的 180° 环绕视角

哥伦比亚广播公司体育频道（CBS Sports）用 4D Replay 系统转播高尔夫比赛。该系统包括 90 台微型摄像机，将这些摄像机排列在一个阵列中，提供高尔夫球手挥杆的 180° 环绕视角。这 90 台摄像机都是同步的，将信号送到转播车，将图像处理为 3D 环境，用于重放。

外场技术运营副总裁杰森·科恩（Jason Cohen）表示："有了 4D Replay 技术，我们不仅可以从高尔夫球手前面开始，还可以绕到他的一侧。它使我们能够向观众展示以前无法提供的比赛视角。这有助于帮助观众更好地理解这些职业球员的进攻战术。"

第54届超级碗（见图6.43）

福克斯体育频道（Fox Sports）在 2020 年的超级碗转播中使用了如下设备。

移动制作单元（转播车）：13 个（辆）。

线缆：34 英里（约 54.7 千米）。

摄像机（含遥控摄像机）：70 台。

特种摄像机 [塔柱（Pylon）摄像机、空中摄像机、飞行摄像机（Flycam）、斯坦尼康及 Movi 云台稳定摄像机]：超过 20 台。

4K 摄像机：8 台。

8K 摄像机：3 台。

超级慢动作摄像机：22 台。

锁定位置摄像机和 POV 摄像机：超过 30 台。

图 6.43　左图是福克斯体育频道的转播综合区。右图展示的是超级碗转播节目的录制场景，其中包含了一台摇臂摄像机

正如前文所提到的，导播将摄像团队分配到指定的机位，并且规定摄像师必须要拍摄的镜头类型。摄像机寻像器显示的画面可能和导播在转播车里看到的画面不完全一样。摄像师在他们的摄像机里看到的在画面居中的事物在转播车上的画面里可能并不居中，这种情况并不少见。导播会在构图上对摄像师进行指示。即使在摄像机上看起来画面有一点偏差，摄像师也应该听从导播的指示。

摄像机的景别越大，跟拍运动员的动作就越容易。然而，景别越大，画面的冲击力就越小。在许多情况下，导播会要求摄像师从小景别（大特写）开始，然后随着运动员动作的进行放大景别。记住构图不能太紧，因为这样会无法跟上比赛。

使用全景镜头的另一个优点是更容易拍摄稳定的游机画面。长焦镜头放大了摄像机的运动，在拍摄全景镜头时摄像机运动比较不容易察觉。游机摄像师应尽可能地接近动作主体，并且用广角端拍摄。当然，在体育比赛中，摄像师要靠近动作主体通常不大可能。因此，摄像机要装备长焦镜头，并且总是将镜头安装在重型三脚架上以确保稳定。

三脚架的使用大大提升了摄像机的稳定性，并且为摄像机的远程控制提供了更多可能，即使在 ENG 摄像机上也可以实现。如果没有三脚架，很难同时进行聚焦、变焦、纵摇和横摇（见图 6.29）。

对初学者来说，保持拍摄主体始终在焦点内是极为困难的。然而，在有了经验之后，这就形成了习惯。体育转播通常使用两种主要的聚焦方法，即跟焦和区域聚焦。

跟焦：也叫临界聚焦或跟踪聚焦，意味着摄像师需要持续调整焦距，保证能始终对拍摄对象保持聚焦状态。这在使用长焦镜头时尤为重要。

区域聚焦：区域聚焦意味着摄像师对比赛场地进行预聚焦，这样会聚焦于任何进入特定区域的事物。区域聚焦的效果取决于很多变量。如果在晴朗的天气条件下使用广角镜头，聚焦的区域，或者说景深，大约是 1.2 米到无穷远。镜头焦距越长，景深越浅。但是在许多情况下，摄像机的数量不够多，难以确保每台摄像机只聚焦了一个区域。

构图

预判是体育比赛摄像镜头构图的关键。摄像师必须预判运动员下一步的动向才能捕捉到对观众有意义的镜头。虽然镜头构图的好坏相对比较主观，但还是会有一些镜头构图的基本准则。好的镜头构图让观众能更好地理解赛场上正在发生的事情，使观赏体验更加愉快，也可以显著提升总体节目制作质量。

运动镜头的构图

· 确保有充足的头顶空间。

· 始终将拍摄主体放在画框内（当拍摄运动员快速移动的动作时，有时会极其困难）。

· 使运动员保持在画框中心。然而，当运动员或队伍在运动时，保持在进行拍摄的同时留出"引导空间"（见图 6.44）。

图 6.44　当你的拍摄对象向左右看或者移动的时候，始终留有"引导空间"。为他们提供一个可以看的地方或移动的空间 [照片来源：吉姆·欧文斯（Jim Owens）]

· 注意背景。确保为镜头增加环境关系。

· 确保所有摄像机的拍摄水平线都是水平的。这对于肩扛摄像机来说尤为重要。

采访镜头的构图

· 确保有充分的头顶空间。

· 如有需要时，在进行镜头构图时考虑图文字幕的位置。图文字幕可能需要插入出镜人员头部的下方或侧边（见图 6.45）。

· 始终留意人物背景。留意出镜人员头部抢眼的背景元素（旗帜、树等）。

· 只要有可能，则采访应在相关环境中拍摄。所选择的背景应该能为采访补充某些相关信息。应该为观众提供有关被访者或正在报道的比赛的某些相关信息（见图 6.46）。

· 不要展示太多人物侧脸。

· 确保留有"引导空间"，即出镜人员目光看向的空间。

图 6.45　在拍摄时要记得图文字幕。如果你认为画面下方约 1/3 部分会用到字幕，在进行镜头构图时要考虑到它

图 6.46　在进行镜头构图时带上环境背景。在图中的这种情况下，在采访赛车手时以赛道为背景

▌保护摄像机

摄像机非常容易受损，因此有必要非常小心地对它进行保护。在外场工作时，摄像师和助理必须特别注意以下可能对设备造成损害的情况。

天气：需要在酷热、降雨和降雪的天气对摄像机进行保护。

高温：摄像机在酷热的环境中运行时容易过热，使用遮阳伞可以为摄像机提供高温防护（见图6.47）。

寒冷天气：极端低温会减少设备和电池的使用寿命。在将设备从低温环境向温暖的室内环境移动时会形成冷凝结露，使设备失效。使用摄像机保温外套可以在低温环境下对摄像机提供有限的保护。

雨雪：摄像机"雨衣"可以用来保护摄像机不受雨雪的水汽带来的影响（见图6.48）。

图6.47 需要在不同的特殊天气对摄像机进行各种保护。使用遮阳伞可以保护摄像机免受雨淋和暴晒，也可以对摄像师和监视器起到遮挡的作用，便于查看画面

图6.48 摄像机"雨衣"可以保护摄像机免受严寒、降雪和降雨的影响

水：不可以在没有防水组件的情况下将摄像机放入水中。如果摄像机真的在没有防水组件的情况下入水，一般来说会产生不可挽回的损失。

灰尘/沙子：尘土飞扬的环境对设备，尤其会对录制/回放磁头造成严重破坏。如果磁头变脏，录制和回放将无法进行。修复掉入沙中的镜头或摄像机是十分困难和昂贵的。

掉落/振动：在运输时必须小心地将设备包装在减震材料（泡沫或带衬垫的箱子）中。飞机、汽车和其他类型的交通工具大都会对摄像机造成震动影响，通常会使设备的电路板和螺丝松动。摄像机无法承受掉落产生的震动，可能会造成视频/音频接口和成像器件偏离原始位置。

第 7 章

灯光

一位著名的建筑师曾经说过："没有光就没有建筑。"对电视，我们也可以说同样的话："没有光就没有图像。"用灯光在赛场的任何位置上营造出观众对动作的自然的3D视觉感受是一个挑战。当画面看起来很棒却没人提及灯光时，我知道我的工作任务完成了。

——大卫·刘易斯（David Lewis），体育电视灯光导演

正如在第6章中所提到的，灯光是确定摄像机放置位置时主要的考虑因素之一。摄像机的运行需要保证基本的光线条件。此外，创造性地用光可以将运动员从比赛场地中凸显出来，并且有助于为节目制作设定基调。

LED灯光的使用改变了体育比赛的照明方式。它们不但可以减少能源消耗，还可以更好地控制比赛场地在电视上的呈现效果。

例如，弗所照明（Ephesus Lighting）的首席技术官乔·卡斯珀（Joe Casper）表示："转播商现在可以轻松调整比赛的'氛围'，这是观众不会有意去注意却至关重要的东西。"美国职业篮球联赛（NBA）喜欢为比赛营造暖色温的氛围，而北美职业冰球联赛（NHL）则喜欢为比赛营造色温偏冷一点的氛围。

必须确保灯光不会对摄像机造成不必要的眩光。还必须确保灯光不会让场馆内的观众感到不舒服。

以下总结的是在室内场馆和户外场馆进行比赛分别需要考虑的一些问题。

室内场馆

·室内场馆是否有足够的照明或是否需要增加额外的灯光？

·场馆的空调系统是否可以应付照明设备产生的热量？

户外场馆

·赛事是在白天拍摄还是在夜晚拍摄（见图7.1）？

·现场有哪些有效光照？

·在赛事转播过程中，太阳会在什么位置？

·是否需要增加照明来照亮比赛场地的阴影区？为了正确评估现场光线条件，在拍摄比赛当天勘察比赛场地是很重要的。

·灯光是否会对附近居民区或商业造成干扰或产生负面影响？

图7.1　有时灯光用于增强现场较弱的可用光

其他灯光问题

·电力系统可以承载额外增加的灯光设备吗？如果在晚上打开场馆的灯光，电力系统能否承受移动制作单元（转播车）增加的负载？还有其他的设备使用你的电路吗？

·需要为出镜人员增加特殊的灯光吗？如果需要，应将出镜人员需要的特殊灯光放置在哪（评论席、场地、混合采访区等）？

·是否可以将灯光设备吊挂在现有的建筑结构上？

·可否通过遮挡窗户或滤光来阻挡日光干扰和减少眩光？

·大多数专业的体育场馆都有特殊的照明规范。比如，国际奥林匹克委员会转播指南中的照明规定如下。

一般来说，在主要机位的拍摄方向上测量的照

明亮度不应该低于 1400 勒克斯。在混合使用人造光和日光的场馆内必须特别注意色温的匹配。此外，在室内场馆中，窗户和半透明屋顶可能造成日光干扰，必须解决这一问题，以防止产生负面影响。

许多体育组织或联合会都有针对比赛场馆的具体转播照明标准。美国全国大学体育协会（NCAA）也不例外。NCAA 的照明标准因体育比赛场馆的大小和所转播的具体体育比赛项目的不同而异。以下是部分指南的简化版内容。

篮球：灯光的色温为 3600K，最小显色指数（CRI）为 65。可以容纳约 1 万名观众的比赛场馆的光照需要 125 英尺烛光（1 英尺烛光 =10.76 勒克斯）。可以容纳 1.5 万至 2 万名观众的 NBA 赛场，需要 200 英尺烛光。而拥有多达 7 万个座位的穹顶体育场则需要 250 英尺烛光。

橄榄球：地区性比赛转播的光照需要 75 英尺烛光，全国性比赛转播的光照必须达到 100 英尺烛光，锦标赛需要 125 英尺烛光的光照。

冰球：标准电视转播的大学冰球联赛需要的光照应达到 100 英尺烛光。一级联赛的冰封四强赛和低级别联赛的锦标赛转播必须达到 125 英尺烛光的光照。

棍网球和足球：地区性比赛转播的光照需要达到 75 英尺烛光，全国性比赛转播必须达到 100 英尺烛光的光照，锦标赛需要达到 125 英尺烛光的光照。

棒球和垒球：对于地区性比赛和全国性比赛转播，跑垒区域的光照需要达到 100 英尺烛光，外野草地的光照需要达到 70 英尺烛光。在决赛轮，内野区域的光照需要达到 125 英尺烛光，外野区域的光照需要达到 100 英尺烛光。

摔跤、拳击和排球：所有地区性比赛转播即标准转播的光照需要达到 80 英尺烛光，全国性比赛转播的光照需要达到 100 英尺烛光，锦标赛的光照需要达到 125 英尺烛光。

游泳和水球：地区性比赛转播的光照需要达到 75 英尺烛光，全国性比赛转播的光照需要达到 100 英尺烛光，锦标赛的光照需要达到 125 英尺烛光。

田径：对于地区性比赛转播，场内所有区域的光照都要达到 75 英尺烛光。全国性比赛转播的光照需要达到 100 英尺烛光，锦标赛的光照需要达到 125 英尺烛光。

网球：地区性比赛转播的光照需要达到 75 英尺烛光，全国性比赛转播的光照需要达到 100 英尺烛光，锦标赛的光照需要达到 125 英尺烛光。

比赛场地光照需求（悉尼奥运会比赛场馆）

· 照度：比赛场地（FOP）的照明亮度应达到 1400 勒克斯（或光照达到 130 英尺烛光）。有些比赛项目，特别是武术，需要至少 2000 勒克斯（光照达到 185 英尺烛光的照明亮度）。

· 一致性：照明必须一致，确保比赛场地的光照平衡且均匀。

· 造型：照明设备必须确保具有良好的造型和适配自然的场景。

· 摇摄：需要对灯光进行设计，以确保在摇摄过程中光照均匀。

· 回放：考虑到电视节目制作中回放使用次数的不断增加，比赛场地区域将成为精彩比赛集锦和回放的焦点区域。对这些区域的照明质量需要设定明确的定量公差。

· 观众：为了画面构图和捕捉观众情绪，也对前景和背景的反差有详细的要求。

· 眩光：通过设定严格的指导方针来控制眩光和溢散光，在保持运动员对光照感到舒适的同时确保最小的镜头眩光。

· 超级慢动作：超级慢动作的拍摄区域需要更多的光照。已有制定好的方案，来减少在慢动作摄像机拍摄时交流供电的照明设备产生的闪烁效应。

——奥运会转播节目制作的指导方针

体育比赛场馆的照明（见图7.2）

图7.2　体育比赛场馆的照明

布置大型体育比赛场馆的照明是非常耗时的，以下是具体步骤。

灯光总监必须与导播和制片人一起确定主要机位的位置。例如，在游泳比赛中，高达70%的转播画面通常由沿泳池边移动的轨道摄像机提供。由于这个轨道摄像机是游泳比赛电视节目制作的关键机位，灯光团队在确定光的照度和减少反射和眩光的时候需要特别注意这些机位。在关键机位的拍摄区域被尽可能地照亮后，再据此调整其他机位的拍摄区域的照明。

制定好详细的规范后，还需要向场馆管理部门、体育联合会和与灯光布置有关的各种管理人员进行阐释，并说服他们。这不是一个容易完成的任务，因为不是所有人都明白电视节目制作的流程和要求。在规范获得批准后，需要制定一个满足规范要求的场馆灯光方案。因为每个特定机位的视角不同，所以每一个灯位都是至关重要的。

在安装完灯具后，应确认灯光是否符合规范要求，这一点至关重要。每个机位都需要在比赛时的规定位置拍摄相应画面，并需要导播在监视器上检查这些画面。然后对灯光进行微调，最大限度地提高画面的质量。

户外场馆存在其特有的问题，例如，要知道赛事期间太阳在什么位置、阴影将出现在哪里，以及会产生哪些反射，这些都很重要。

如何利用光照在场地上为比赛营造出自然、立体的视觉效果，这是一个挑战。

夜间照明：对大卫·刘易斯（David Lewis）（见图7.3）的采访

灯光总监大卫·刘易斯为世界杯、奥运会及世界各地的其他体育赛事制定过灯光方案。我们和他聊了聊关于夜间照明的挑战。

◎对于夜间照明而言，户外场馆与室内场馆有何不同？

图7.3　大卫·刘易斯

在室内场馆内，更容易得到整体一致的灯光。光线在天花板和墙壁上反射，有了这些反射，灯光变得更加均匀。在室内，通过建筑物的内表面，相对更容易控制灯光的对比度。而控制户外场馆的照明则更困难，周边没有可以反射光线的东西，这意味着需要处理更多的阴影。户外场馆的夜间照明的另一个问题是，我们不希望在画面中，除了比赛场地被照亮，周围的一切都是漆黑的，对比反差会很强烈。这意味着我们需要通过照亮背景环境和人物来创造更强的比赛氛围感。除了通常的运动照明，还需要处理更多的景观照明或装饰性照明，也要特别留意放置灯具的位置。我们不希望运动员或摄像机在比赛中被"强光刺眼"，这意味着灯具的放置位置至关重要（见图7.4）。

◎布置照明的挑战有哪些?

过去的比赛转播常常需要保证场馆内有大量的灯光,然而最新型的摄像机对光更加敏感,最大的不同是对整个场馆更均匀的照明需求。完成当前工作的困难之一是,摄像机所拥有的电影级成像质量对环境的需求是苛刻的,灯光的任何一点变化都会被呈现出来,这意味着在照明上不能有任何妥协(见图7.5)。

布置奥运会比赛场馆的照明已经够困难了,户外场馆的夜间照明则让大卫强调他的座右铭:"不是(需要)更多的光,而是(需要)更好的光。"

图 7.4　灯具需要被安装在较高的位置上,为整个比赛场地提供更均匀的照明

图 7.5　灯光必须避开运动员的眼睛和摄像机镜头

评论席照明(见图7.6)

布置评论员转播工作区的照明需要完成大量的工作。美国照明设计集团(Lighting Design Group,LDG)已经参加过6届奥运会的转播工作,为美国全国广播公司(NBC)体育频道的评论席提供照明。灯光设计师史蒂文·布里尔(Steven Brill)将布置照明的流程分为5个阶段,即前期制作、前期执行、悬挂和调焦、彩排和最终制作。在整个过程中,LDG 的工作人员与 NBC 的制片人、导播、管理人员、后期制作人员、出镜人员、化妆师/发型师、视频工程师一起工作。每个人都从各自

图 7.6　评论席照明

的独特角度参与到这个过程中。

第 1 个阶段是前期制作阶段。前期制作阶段包括照明方案规划和灯光设计。照明方案规划包括确定有多少个点位，这些点位所处的地理位置，每个点位有多少出镜人员在使用，背景是什么，可用的电源在哪里，以及使用的时间段。点位在室内还是在室外也是一个很重要的问题。

在前期制作阶段中，大部分工作实际上为灯光设计。LDG 与 NBC 的制作设计师和 NBC 的制作团队进行密切合作，以确定最终需要呈现的效果。目标是用质感和色彩创建一个和比赛氛围契合的灯光效果。知道每个点位有哪些出镜人员也同样重要，因为不同的人需要不同的灯光。

第 2 个阶段是前期执行阶段。在这个阶段中，LDG 的工作是准备所有需要用到的设备，包括照明灯具、紧固装置、易损件、图案片和备用灯。LDG 使用的是剧场用灯（成像灯、柔光灯和聚光灯），因为它们可以突出背景的纹理质感。户外场馆主要使用镝灯（HMI），因为它们更亮、光照更均衡。NBC 在进行布景时用的是灯箱（风景照片背景）。LED 和光纤灯也可用于玻璃和家具的边缘照明。光纤灯可用于增强布景，作为微小的点状光源呈现星光效果。

第 3 个阶段是悬挂和调焦。在这个阶段中，所有的灯具都会按照灯位图被挂在灯架上。色纸和图案片也应放置到位。

第 4 个阶段是彩排。此时已经将灯具挂到相应位置，导播会查看灯光在摄像机镜头里的实际呈现效果。随着对每个机位拍摄镜头的检查，会不断对灯光进行调整，以改善镜头画面。在导播对灯光效果满意之后，出镜人员会到场以确保他们在灯光下获得好的拍摄效果。同样的，在这个过程中也需要不断地对灯光进行调整，例如评论员区也会增加照明（见图 7.7）。

第 5 个阶段是最终制作阶段。在这一阶段中，灯光团队和摄像师、放置话筒的人员及人员众多的团队协同工作，最终节目正式播出。

图 7.7　考虑到站立出镜，灯光也可能会放置在评论员区，使出镜人员获得的照明效果与比赛场地的照明效果一致
[图片来源：照片吉姆·欧文斯（Jim Owens）和乔什·泰伯（Josh Taber）]

采访照明

　　有些时候，摄像师必须在光照良好的区域内拍摄记者，或拍摄对运动员、教练员、人群中的某个人所进行的采访。通常，摄像师会携带一个专业的摄像机机头灯（见图 7.8）。不过，在没有专业的机头灯时，手机灯也能发挥作用（见图 7.9）。

图 7.8　摄像机机头灯

图 7.9　手机灯也能发挥作用

场馆照明

　　在为一个场馆进行灯光设计时，需要对场馆、比赛场地和观众区进行详细分析。通常会设计场馆灯位图（见图 7.10），并生成照度分布图（见图 7.11），以确保每个需要灯光的区域都被正确照亮。（图片来源：TGS 体育）

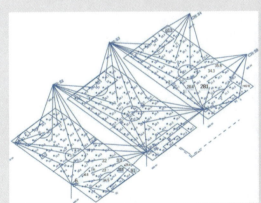

图 7.10　场馆灯位图

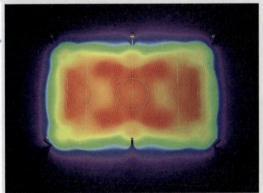

图 7.11　照度分布图

第 8 章

音频制作

> 我们的目标是捕捉比赛中的情绪。你可能无法听清比赛的所有内容，但你确实可以从声音中感受到现场的情绪，这就是音频对于体育运动（比赛节目制作）的意义。
>
> ——凯文·克利里（Kevin Cleary），ESPN 外场制作部高级音频制作人

音频是电视节目中最不受重视但却最为重要的因素之一。音频可以成就一次节目制作，也可以毁掉一次节目制作。当为拾取高质量的声音进行准备时，有一些问题需要考虑，具体如下。

· 观众需要听到什么声音？为了让观众能听到必要的声音，哪些人需要使用话筒，或需要在哪些地方设置话筒？

· 声源是否是移动的？

· 话筒能否出现在镜头中？

· 转播音频是否必须与在赛事中使用的扩声系统相协调？如果是，你将如何处理？

· 需要多少根话筒线？需要多长的话筒线？

· 需要有线话筒还是无线话筒？

· 自然声会成为干扰吗？

· 可能存在的音频干扰源是什么？要认识到它们会随时间的不同发生很大变化。现有的声学环境是否存在问题？

话筒类型与话筒设置方式的最终确定通常由音频师决定。这并不总是很容易决定的，因为有各种各样的话筒类型和话筒摆放技巧。除了话筒摆放，音频师还必须确保可以将信号传回转播车。音频助理负责话筒在比赛场地中的实际摆放。

立体声电视音频

立体声对于听众来说是很自然的，因为观众就是通过双耳听到立体的声音。立体声可以帮助观众辨别声音的方向并判断声源的位置。使用立体声定位声音方向的方式为观众提供了临场感，即一种对视觉图像和声音的空间感知能力。

大多数人已经习惯了与画面方向一致的左右声道。然而，一些体育赛事并不适合这类型的转播，例如，在体操、棒球和田径的转播拍摄中，往往是正面拍摄运动员，还有过肩镜头和全景镜头。在这种情况下，立体声通常由开放的、非特定的环境声，出现在屏幕左右两侧的声音，以及在场地前面和中间的运动员的声音组成。对于网球、篮球和足球比赛，可以简单地采用左右声像。

游机上的立体声话筒已经成为电视立体声的最大改进之一。它们提供近距离、清晰可辨的赛场上的运动声音，同时还能提供空间定位。

常规 5.1 环绕声

在正确进行混音时，环绕声可以为观众提供一种包围感，为观众带来一种身临其境的感觉。5.1 通道混音 / 制作的基本要求是需要一个包含 6 个独立输出总线的调音台，分别为左前、右前（有时被称为立体声左和立体声右）、中置、一个用于低音效果（LFE）的超低音、左后和右后（有时被称为左环绕和右环绕）音箱。环绕声是通过音频师在 5 个主声道间进行声像调节并被路由到低频通道（见图 8.1）而得到的。这一设置为环绕声场中的声音定位提供了极大的灵活性。音频师通常将环绕声混合到以下音箱中。

· 解说的声音在左前、中置和右前音箱。

· 效果声通常在左前和右前音箱。

· 氛围 / 环境声被路由至左后和右后音箱。

· 音乐声通常被路由至左前、右前和左后、右后音箱。

· 低音（LFE）轨道通常用于来自效果轨道的低频声。

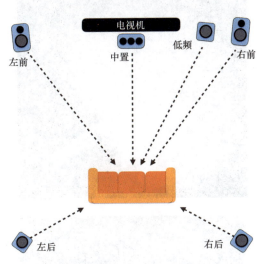

图 8.1　环绕声音箱摆放位置

以上是最常用的环绕声通道音频分配方式。然而，关于如何改变不同的环绕声通道也存在着很多争议。音频师丹尼斯·巴克斯特（Dennis Baxter）建议在体育赛事节目的环绕声制作中，应该对现有的音频通道使用方式进行彻底的改变。他认为："体育电视节目的音频制作不需要将低频通道和中置通道用于对白——在立体声时代，你可以很好地听到评论员的声音。"

他认为将这两个额外的通道设置成一对位于观众上方的音箱组，或将体育比赛的运动声音设计为前、中、后通道和音箱组合，本质上是 3 对立体声。多想想有创意的可能性吧！

他认为可以用元数据和"智能音箱"来实现他的想法。

关于如何录制环绕声存在许多不同的看法。一些专业人士倾向于使用独立的话筒，一些人选择只使用一只环绕声话筒。NFL 和 NBA 的调音师乔纳森·弗里德（Jonathan Freed）选择使用单个环绕声话筒："我觉得这项技术提供了最真实的空间声像，

以获得在比赛场馆中某个虚拟位置的声像定位。此外，这种拾音方式很简单，只需要一个话筒，一个安装点，它的所有接口都可用。非常节省时间。"

福克斯体育频道的音频顾问、高级调音师弗雷德·奥尔德斯（Fred Aldous）认为，与独立的多个话筒相比，单点的话筒让他在控制输出电平、声音空间定位或声音效果方面拥有更多的灵活性。Holophone 公司的创意总监瑞安·菲茨吉本（Ryan Fitzgibbon）认为："我们的话筒并不是要取代单独的声音元素，而是为它们增加环境氛围。用这种话筒获取场馆的整体环境声音，然后在此基础之上混入单独的声音元素。归根结底，这取决于个人品位。"

用于沉浸式音频的体育运动话筒阵列（见图 8.2）

森海塞尔（Sennheiser）开发了一个由 31 支枪式话筒组成的体育运动话筒阵列，目标是捕捉足够干净和具有分离度的体育比赛声音效果，以满足基于对象的沉浸式音频广播格式的需求。

体育运动话筒阵列使用软件，通过自动打开离球最近的现场话筒对应通道上的推子，让音频"跟随"足球、篮球甚至冰球在赛场上的运动轨迹。

图 8.2　森海塞尔的沉浸式体育运动话筒阵列（图片来源：SVG）

音频电平

音频电平通常以分贝（dB）的形式表示，"0"分贝被确立为标准。然而，VU 表上的"0"是一

个相对值。它常被用作一些标准电平的参考值，如 +4dBm 或 +8dBm。最常用的是 +4dBm。

音频信号一般被分为两类——线路（line）电平和话筒（mic）电平。在 VU 表上为"0"的线路电平，是 +4dBm 或 +8dBm。大部分设备的音频输出都是线路电平。

将第二类音频信号称为话筒电平，专业话筒的话筒电平范围为 -60dB ～ -50dB。大多数话筒都在这个范围内。低于 -70dB 的音频通常被视为本底噪声。

这两种不同的音频电平是不兼容的。在线路电平中无法听到话筒电平，线路电平会使话筒电平的输入严重失真。

话筒拾音指向性

有两种主要的音频拾音指向性，具体如下。

全指向性模式

全指向性话筒对来自所有方向（正面、侧面、背面）的声音都很敏感。全指向性话筒比单指向性话筒能更好地抵抗风噪和机械 / 触摸噪声（见图 8.3）。

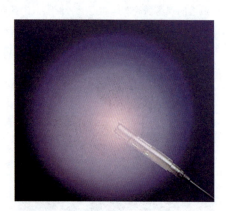

图 8.3 全指向性话筒拾音模式 [图片来源：铁三角（Audio-Technica）]

单指向性或心形模式

单指向性或心形话筒主要拾取一个主要方向上的声音。单指向性模式有两种基本的类型——心形话筒是一种相对较短的枪式话筒，超心形话筒则是一种相对较长的枪式话筒，超心形话筒的声音拾取范

围比心形话筒更窄。单指向性话筒因为其具有强指向性、一般不易拾取到来自摄像机本身的噪声的特性，被用作摄像机机载话筒（见图 8.4）。

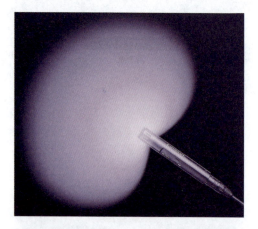

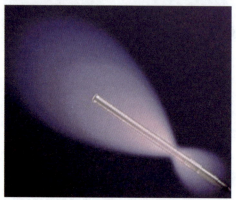

图 8.4 心形和超心形话筒拾音模式 [图片来源：铁三角（Audio-Technica）]

"从比赛场地拾取声音能够为观众带来更多的声音内容，他们听到了以前从未听到过的声音。雪橇中的声音就像你在纳斯卡赛车比赛中处于车内第一视角所听到的声音，它比现场的最佳座位还要好：你就像是一名运动员。"

——卡尔·马龙（Karl Malone），NBC 体育频道和 NBC 奥运频道声音设计总监

话筒发声元件

在体育外场节目制作的拾音中，一般有两种声 - 电转换机制话筒——动圈话筒与电容话筒。

动圈：动圈话筒是目前最耐用的话筒之一。它们能够承受较高的声音电平，而不会发生失真或者损坏，它们通常是 ENG/EFP 制作人员的首选话筒。只需要偶尔对动圈话筒进行定期维护，甚至完全不需要对其进行维护。然而，动圈话筒在声音质量上不如接下来将会提到的电容话筒。

电容：当遇到恶劣的天气条件或发生物理磕碰时，电容话筒是非常敏感的。电容话筒必须由电源供电，电源可以是内置的电池组，也可以是幻象供电的音频电路板。电子电容话筒采用极化电压，该电压在制造过程中被加到振膜或背板中。电荷在话筒的使用寿命内保持不变。电容话筒，即使是被放置在距离声源较远的位置时，与动圈话筒相比，通常也能拾取到质量更高的声音。

电容话筒之所以能够成为体育比赛转播中的理想选择，还有其他两个设计优势——它的重量远小于动圈话筒，尺寸也更小。这些特性让电容话筒成为枪式话筒、领夹式话筒和各种类型的微型话筒中的最合理的话筒选择。

话筒的类型

音频就像是一支画笔，你必须要学习工具的使用方法，然后在头脑中通过想象听到并知道如何去获取这些声音。

——鲍勃·迪克森（Bob Dixon），NBC 体育频道前声音设计总监

枪式话筒：或被称为线性话筒，通常是电容话筒，由于它能够从远处拾取高质量的声音，可能是体育比赛转播中最常用的话筒。尤其适用于拾取比赛场地的声音和观众的声音。枪式话筒非常灵敏，在一般情况下，必须将它安装在防震架上，以避免拾取到手持话筒时发出的无关声音。这种话筒对于风声也非常敏感，因此在户外使用枪式话筒时必须使用防风罩（见图 8.5）。

图 8.5　枪式话筒被用于从远处采集声音。上图显示将话筒安装在"Blimp（防风罩和防震架系统，俗称猪笼）"里，"Blimp"的设计目的是降低噪声。它还覆盖着塑料薄膜，以减少水汽和噪声进入话筒。下图展示了用枪式话筒拾取声音的方法——将话筒对准群体中正在说话的人

手持话筒：手持话筒主要用于出镜人员在比赛场地进行报道或进行采访。它也可以配合抛物面反射碟使用。大多数的手持话筒都被设计为适合在距离嘴 6～12 英寸（15～30 厘米）的位置使用。出镜人员应在话筒上方说话，而不是正对着话筒说话，手持话筒与嘴的角度应为 45° 左右。有些手持话筒需要更近的使用距离，在嘈杂的环境中，出镜人员直接对着话筒说话可以让人声盖过嘈杂的背景声（见图 8.6）。

图 8.6　手持话筒 [话筒图片来源：铁三角 (Audio-Technica)]

头戴式话筒：头戴式话筒用于需要解放双手的体育解说员。头戴式话筒能够保证话筒和解说员的嘴之间的距离时刻保持不变，使解说员有更多的自由活动空间，并且确保拾取的音频质量稳定。这种话筒可以让解说员空出双手来处理笔记（见图8.7）。

图8.7　各种各样的头戴式话筒 [上图来源：乔什·塔博尔（Josh Tabor）]

领夹式（lav）话筒或"迷你"话筒：通常用于出镜人员，它也经常用在抛物面反射碟中。将领夹式话筒夹在位于出镜人员下巴下方约6英寸（约15厘米）处的衣服上，通常作为无线话筒使用。这种话筒非常受欢迎，因为它可以和出镜人员的嘴保持一个恒定的距离，但又不像头戴式话筒那样笨重。在使用领夹式话筒时，隐藏话筒线以避免被电视观众看到是非常重要的。领夹式话筒的尺寸最小约为3毫米。

也将领夹式话筒用于在话筒不能被看到的情况下拾取声音。例如，它常被用在篮球的篮板上，来拾取球碰撞或穿过篮筐的声音（见图8.8）。

图8.8　领夹式话筒。下图展示了一个连接在篮球篮板上的领夹式话筒，用来拾取球撞击篮板、篮筐和球网的声音 [话筒图片来源：铁三角（Audio-Technica）]

夹式话筒：夹式话筒被用于近距离拾音的情况，此时必须将话筒放置在一个靠近声源且隐蔽、不显眼的位置上。当话筒与运动员的之间距离较近时，既可以为观众提供近距离的运动员个人收音，也可以避免枪式话筒出现在赛场可见区域内。使用这种小型话筒的案例包括将其夹在体操器械、排球网上或乒乓球桌下（见图8.9）。

接触式话筒：接触式话筒接收的是震动，而不是声学声音。这类话筒可以被埋在沙滩排球、田径这类运动项目所使用的沙子里。它能够提供一种完全不同的冲击声音，需要巧妙地将这种声音混合到节目之中。这种话筒所拾取的声音必须与其他声音组合使用，它无法单独出现。埋在沙子里的接触式话筒通常需要先被安装在有机玻璃上，再将其埋入沙坑中（见图 8.10）。接触式话筒也可以被固定在木制表面上，例如篮球场地，或者被固定在体操器械上，亦或在录制速度滑冰时将其冻在冰里。

图 8.9　夹式话筒可以被安装在看不见的地方，例如这张乒乓球桌。夹式话筒可以在不被观众注意到的情况下采集声音 [右图来源：亚历克斯·格瓦西（Alex Gervasi）]

图 8.10　跳远比赛中被埋在沙子里的接触式话筒。话筒拾取运动员落地时的震动 [照片来源：丹尼斯·巴克斯特（Dennis Baxter）和安德鲁·温格特（Andrew Wingert）]

特纳体育球场音频

　　NBA 官方球衣有一个口袋是用来装话筒和发射器的（见图 8.11）。加拿大公司 Quantum5X 的首席执行官保罗·约翰逊（Paul Johnson）说："目前，在运动员身上佩戴话筒已经成为主流，在 NBA 比赛中使用它的时候大家都很期待它的效果。"该公司开发了运动员话筒（PlayerMic），NBA 从 2011 年开始将其用于比赛转播。

　　在比赛开始前，音频助理技术人员在更衣室里将话筒和发射器装到运动员的球衣里。有时每支球队多达 8 人，总共 16 件球衣。可以遥控发射机，因此音频师可以关掉任何没有在使用的发射机。

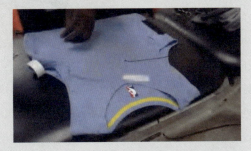

图 8.11　NBA 官方球衣有一个口袋用来装 Quantum5X 开发的运动员话筒发射器（图片来源：SVG）

环绕声话筒：大的话筒外壳内部是一个话筒阵列，该阵列能够录制高达 7.1 声道的离散环绕声音频且无须进行额外处理。一个这样的环绕声话筒通过 8 个 XLR 音频缆端口输出（左、右、中置、低频、左环绕、右环绕、上和中后）（见图 8.12）。

图 8.12　Holophone 公司的环绕声话筒（右图来源：Holophone 公司）

在后文中提供了使用 Holophone 公司环绕声话筒的一些建议，具体如下。

·将话筒放在房间中的最佳位置处，以便让它发挥作用。

·使用话筒来为你的混音提供"基础"环境环绕声。

·当对环绕声话筒轨道和其他音频轨道（包括画外音或体育解说员等出镜人员的声音）进行混合，以用于体育比赛转播时，可以尝试不要只把对白混到中央声道中，可将对白的一小部分混合到左右声道中，甚至在某些情况下还可以将对白混合到环绕声道上，以增强空间真实感。

·对于大多数场地的赛事转播，以及体育场等固定安装的情况，最好将环绕声话筒放置在靠近场地中心的位置，或是场地一侧靠近主机位的位置上，这样能使环绕声话筒与主机位的视角相匹配。如果将话筒安装在体育场或冰场中与主机位角度相反的一侧的位置上则会让声音变得反向且不自然。

·对于赛道运动，包括赛车运动或跑步运动在内，会在弯道、山坡或跳台处设置多个机位，你可以使用多个环绕声话筒，通过一个音频切换器逐一进行切换。将这一配置与摄像机切换台配合使用，可以使声音匹配摄像机视角的变化。

数字处理话筒：数字处理话筒使用模拟话筒的话筒头，并对声音信号进行数字化处理。这种话筒可以剔除特定的频率，只拾取特定的声音，比如脚踢球的声音、拳击手套撞击的声音、铅球落地的声音等（见图 8.13）。

图 8.13　数字处理话筒可以切除特定频率 [图片来源：丹尼斯·巴克斯特（Dennis Baxter）]

界面式／压力区域（PZM）话筒：虽然拾音原理并不相同，但这两种话筒的用法非常类似。这种类型的话筒尤其适用于既不能引人注意又需要拾取高质量环境声的情况。可以将这种话筒安装在坚硬的表面，这样可以在一定程度上增加拾取距离（见图 8.14）。

图 8.14　界面式话筒

评论员降噪铝带话筒／唇式话筒：由英国广播公司工程师在 20 世纪 50 年代中期设计，在嘈杂的环境中，"评论员降噪铝带话筒"通过消除较高的背景噪声来获取高质量的评论员声音。虽然这可能是可以拾取最高质量声音的评论员话筒，但它必须手持，不像头戴式话筒那样方便，评论员在使用头戴式话筒时可以用双手来处理稿件。另一个缺点是这种话筒会挡住评论员的嘴，这对电视节目视觉效果来说不够友好（见图 8.15）。

图 8.15　评论员降噪铝带话筒

特种话筒：就像特种摄像机被设计用来拍摄特定体育比赛项目一样，特种话筒也是为有独特音频需求的体育赛事而设计的。可以对现有的话筒进行调整或改造，以采集无法用其他方式拾取的声音。图 8.16 展示了由铁三角公司专门设计的特种话筒，用来采集奥运会帆船比赛项目的声音。使用方法为将这种无线防水话筒安装在水中的浮标上。

图 8.16　专为采集帆船比赛项目的声音而设计的特种话筒

游泳场馆音频制作规划

- 观效话筒
- 4 个设置在比赛中央泳道出发台上的话筒
- 4 个设置在比赛中央泳道转身处的话筒
- 根据需要设置拾取溅水声的话筒
- 根据需要设置水下话筒
- 移动摄像机上的效果话筒
- 发令员话筒
- 教练使用的两支无线话筒
- 在终点区带有可中断式返送（IFB）系统的采访话筒

——友好运动会制作手册

幻象供电

所有类型的电容话筒都可以采用"幻象"供电的方式。采用幻象供电的话筒需要通过调音台、录音机或摄像机来提供电压。有两种不同的类型——P 型和 T 型。P 型，幻象／单工供电标准，需要平衡的 48V 电压供电。T 型，通常被称为 A-B 型供电，需要非平衡的 12V 电压供电。这两种类型的话筒是不能够互换供电方式的，如果为话筒施加错误的电压，话筒将无法工作。事实上，如果使用错误，话筒元件可能会被损坏。T 型标准主要是为电视节目制作发明的，有了它，无法提供平衡的 48V 电压的摄像机机头就能够为话筒供电了。一些生产厂家商会把 T 型或 P 型作为话筒型号的一部分，以方便识别。

话筒附件

无线：可以将无线话筒看作话筒的一种类型，我们之前提到过的大部分话筒都可以是无线的。领夹式话筒可能是最常用的无线话筒之一，因为它能够让出镜人员在说话时不受限制地活动。无线领夹话筒非常适合在比赛过程中拾取运动员的说话或呼吸声，以及拾取教练或裁判的喊叫声。无线话筒的工作方式为"频率可规划"的射频（RF），可以让收音人员在特定位置选择最佳的传输频率。有些无线话筒的传输距离可以达到300英尺（约91.4米）。然而，收音人员需要在使用无线话筒的各个地点进行测试，从而检查是否存在音频传输不佳甚至被阻断的收音死角。无线接收器偶尔也有可能会接收到来自其他传输设备的声音，如警用无线电，有时也会受到其他无线话筒的干扰。由于这些话筒使用电池供电，在每次进行节目制作前为话筒安装新电池很重要，且在节目制作过程中，工作人员必须准备好备用电池。

减震架：使用减震架能够减少通过安装件或物理接触传递到话筒的机械噪声（见图8.17）。

抛物面反射碟：抛物面反射碟使用直接对准天线焦点的全指向性话筒，提供极窄的指向性（见图8.18）。

图8.17　话筒减震架（图片来源：铁三角公司）

图8.18　抛物面反射碟

它可以很好地屏蔽场馆内的背景环境声，使收音人员能够拾取运动员在比赛期间发出的声音。手持或领夹话筒都可以与抛物面反射碟配合使用。由于可能需要在比赛场地上下移动碟形天线，无线话筒就显得尤其必要。尽管其音频质量并不是最高的，但它对于屏蔽场馆内的背景声或环境声来说却非常有效。但对于评论员来说，抛物面反射碟不是一个好的选择。用抛物面反射碟获得良好声音的关键如下。

·找到一个能够直接指向比赛场地的位置。话筒必须直接对准比赛场地，因为抛物面反射碟无法穿过人群拾取声音。

·保持警觉，将精力集中在比赛场地中。

·仔细听话筒拾取到的声音，以便进行微调（对准声音发出方向）。当将"波束"对准正确的位置时，声音会非常清晰。

防风罩：使用防风罩能够保护话筒的发声元件免受风噪或出镜人员的嘴所产生的气流的影响。在室外工作时，防风罩对于所有类型的话筒来说都是必不可少的。虽然防风罩不能为话筒阻挡全部的风噪，但它仍然能显著地减少拾取不必要的噪声。防风罩的形式有很多种，包括海绵橡胶和被称为"毛衣"的蓬松长毛罩（见图8.19）。

图8.19　连接着摄像机的话筒套着"毛衣"（防风罩）

▌话筒布置

我的节目制作理念是，如果你看到某个东西，

也应该听到它的声音。

——高级音频工程师彼得里斯·萨尔坦（*Peteris Saltans*）

选择话筒摆放位置的关键是找到能够让你拾取到想要的声音的位置。需要考虑的因素包括要从声音的角度分析运动的轨迹、话筒的类型、声源和话筒是否会被摄像机拍到、是否存在不想获得的声音。在确定话筒摆放位置时，使话筒尽可能地靠近声源，以确保得到最高质量的声音。话筒和声源之间的距离越远，所获得声音的质量就越差，就越有可能拾取到不想要的声音。舒尔音频的高级音频工程师克里斯托弗·莱昂斯（Christopher Lyons）建议使用尽可能少的话筒，"人们有时有过度使用话筒的倾向，在使用一两个话筒收音就足够时却使用三个甚至四个话筒。使用过多的话筒意味着会拾取到更多的背景噪声，出现反馈啸叫或"铁皮罐头"声的概率更大，混音师需要跟踪更多通道的电平。使用更多话筒不仅无法让声音听起来更好，它们还有可能让声音听起来更糟。"

安装在摄像机上的话筒：安装在摄像机上的话筒通常是连接到摄像机上的枪式话筒，指向性拾音使观众听到的声音和他们从摄像机中看到的画面保持一致（见图 8.19）。

出镜人员话筒：出镜人员是指出现在摄像机画面中的所有人，他们在不同的情况下会使用特定的话筒。

在直播间中，评论员通常使用头戴式话筒，以空出他们的双手来翻看稿件。使用头戴式话筒还能够让话筒和他们的嘴保持一定的距离。

领夹式话筒通常用于进行采访，或给出镜人员佩戴。领夹式话筒的主要优势在于其体积小且不引人注目。

手持指向性话筒在比赛场地所进行的采访中尤其受欢迎，采访者可以通过将话筒指向被访者来掌控采访。使用手持话筒是有意义的，因为当现场有很

大的背景噪声时，可以将手持话筒放到离嘴很近的位置。它们可以拾取到评论员所说的内容，并减少拾取背景噪声。

固定话筒：用于拾取特定声音的各种固定话筒（见图 8.20）。

在拾取比赛场地的特定声音时，可以使用枪式话筒。

手持话筒通常用来拾取环境声。避免把话筒放置在会拾取到特定的人声或扩声系统声音的地方。

由于领夹式话筒的体积小，它有时会用于需要将话筒隐藏起来的情况。例如，如果音频师想要采集体操比赛过程中的运动员的手握在体操环上的声音，就可以将领夹式话筒安装在固定吊环的链子上。

无线话筒：裁判员可使用无线话筒，用于抛物面反射碟及任何其他音频线缆会碍事或不容易走线的情况。

（注：话筒布局图的样例参见附录 3。）

图 8.20 将固定话筒放置在场馆内事先选定的位置上，用来拾取特定的声音（下图来源：Dennis Baxter）

立体声

在篮球比赛中，摄像机拍摄通常从全景镜头开始，展现从赛场一边到另一边的运动过程。这种视角在左右方向上提供了良好的画面和声音定位。立体声观效话筒、安装在肩扛摄像机上的立体声话筒和两个安装在篮筐下的微型话筒会为在家中观看比赛的观众带来更宽的声音维度。音频师可以调整立体声的宽度范围，增加画面深度。要将立体声话筒吊装在离观众不同距离的位置上，它们能为运动和环境氛围提供一个完整的立体声像。将3个立体声话筒沿着看台摆放可以获得大型体育场整体空间的声音，而使用由一对短枪式话筒组成的XY制式立体声话筒可以获得更准确的声音（见图8.21）。

——雅典奥运会音频制作规划

图 8.21　XY 制式立体声话筒

篮球比赛的立体声话筒摆放

篮球比赛的声音转播和大多数球场运动（如手球、曲棍球）一样，在电视屏幕上都是左右移动的。混音必须遵循比赛场地中运动员的运动情况，将摄像机话筒、固定话筒、枪式话筒结合起来。立体声话筒会被安装在肩扛摄像机上，拾取近距离的运动员声音，同时增强画面景深和提供空间定位。除了摄像机话筒和观效话筒外，多个固定话筒会被安装在赛场边，来拾取球员从场地一边跑到另一边时的声音。话筒的摆放位置应该确保能够提供清晰的、可辨识的体现比赛场地和运动员运动的声音。在比赛过程中有时需要话筒操作员的辅助。在节目画面中经常会出现穿过比赛场地拍摄的教练的镜头，但往往听不到相应的声音。可以在教练附近放置额外的话筒，来收集场下区域的声音。运动鞋与地板摩擦的刺耳声普遍存在，因此有必要对地板的声音进行均衡处理，尝试减少这种刺耳声。

赛时音频

我的目标是用声音"绘制出一幅画"，而不是仅仅反映运动项目的声音。在心灵的剧场中，闭上双眼，感受拳击手每一拳的痛苦。体验当你以200英里／时（322千米／时）的速度驾驶一级方程式赛车时发出的雷鸣般的声音。好的声音应凸显出生动的原声。

——丹尼斯·巴克斯特（Dennis Baxter），4次艾美奖获奖声音设计师

在音频制作规划阶段确定好需要使用的话筒类型与话筒摆放位置，并在系统搭建阶段进行布线与安装。因此在音频制作阶段，音频师或高级音频工作人员应该准备好进行比赛音频的混音。音频输入来自各种不同的音源，可能包括但不限于以下音源。

· 多个出镜人员。

· 扩声系统。

· 比赛场地话筒（包括安装在摄像机上的话筒）。

· 环境声话筒。

· 观效话筒。

· 音频播放器 / 录音机。

· 球员 / 教练 / 裁判员的无线话筒。

· 多种类型的视频播放器。

音频师负责将所有这些音频信号混合成能够清晰反映比赛中的实际情况的声音（见图 8.22 和图 8.23）。

图 8.22　音频师负责将所有这些音频信号混合成能够清晰反映比赛中的实际情况的声音

图 8.23　音频师必须管理进入调音台的各种不同的音频信号

音频师必须专注于导播的调机，还要知道接下来哪个出镜人员将会说话。然后，他 / 她能够"推起"相应的话筒通道，以便为观众提供恰当的声音。

在音频制作过程中，音频助理的职责包括举话筒杆、确保无线话筒的电量状态良好、确保话筒上的标志正确并排除所有有关话筒和线缆的问题。在转播中有时可能需要更换话筒或线缆。

内部通话系统

话筒信号流向用于播出节目的转播车，而制片人、摄像师及其他电视工程师之间的交流是通过由另一组传输信号组成的内部通话系统进行的。这个内部通话系统使用的是类似于电话功能的设备。音频师负责外场制作团队的内部通话系统并将不同的频道路由至合适的人员。

要实现制作人员、工程人员与现场操作人员之间的交流，需要将头戴式耳机接入内部通话盒，并连接到转播车的线缆。此线缆连通内部通话频道，使操作员可以和转播车进行对话。

内部通话系统可能包括许多不同类型的通话系统和子系统，3 种基本系统的分类为共线（party line）系统、矩阵系统和无线系统，以及这 3 种类型系统的任意组合。这些信息根据《内部通话系统工程手册》改编。

有线共线系统将多个参与者加入同一对话中。每个人都可以在一个"公共"对话中与他人进行对话。这一系统可被称为共线（PL）、双线（TW），指的是需要两根线，或用于多人会议，它表示对话中发生的活动类型。

有线矩阵系统是一种内部通话系统，在这个系统中，大量个人用户可以同时建立从 A 点到 B 点的私人对话。矩阵系统不限于简单的点对点通话，同电话系统一样，它们也具有其他的功能，包括会议、呼叫等待和忙音。这种类型的系统也被称为交叉点通话、点到点通话系统、专用线路或一些不同品牌的名称，如 McCurdy、Adam™、Zeus™ 等。

无线系统的类型多种多样，包括最基本的对讲机、移动电话，以及专用专业对讲机。无线通信系统最基本的特点是它们不受线缆的束缚。无线对讲系统的使用也存在与其自由性相抵消的局限性，例如存在干扰、电池寿命短、覆盖范围小和安全性不足等。

无线通话系统可以在共线或矩阵方案中设计、安装、配置和运行，有时也可以被连接到硬件的共线或矩阵通话系统中。它们的配置可以从简单的一对相互对话的单元，到一个有24个或更多个不同便携单元的、在对话之间进行动态切换的系统。

内部通话用户站基本上有两种类型：腰包和主站。

腰包：这种便携的单通道或双通道的通话耳机盒是为佩戴在用户的腰带上而设计的，但通常它们被固定在控制台的底部，被贴在用户附近的一个物体上，或被安装在设备部件上。将通话耳机插入腰包，就可以实现与通话系统的其他部分的连接（见图8.24）。

图8.24　内部通话腰包和耳机（图片来源：RTS）

基站：基站可以让导播访问多个频道，可以监控、呼叫不同的团队并同步信息。主站包括一个通话用户站和组合在一个包中的内部通话电源。

线缆应该是有方向的，这样内部通话信号可沿着公接头的方向传输。这就是线缆与设备连接的普遍逻辑，话筒信号流向转播车或摄像机，内部通话信号从转播车流出。

大多数移动制作单元/转播车都有12～24通道的内部通话系统，另外还有12通道的IFB系统，用于和出镜人员的沟通。在大多数情况下只有制片人、导播，可能还有现场导演需要与直播出镜人员进行沟通。

制片人将决定哪些团队成员需要互相交谈，以及他们是否应该共用一个内部通话通道或双向对讲系统。大部分时间，制片人会与导播、助理导播、字幕协调、技术导播、录像操作员和无线摄像师进行通话。进行内部通话需要进行设置，让制片人可以与他们所有人或个别人进行通话。此外，制片人会有一个"呼叫全体"开关，可以让他在IFB上与每个人进行通话。

导播主要是和摄像师、字幕员和录像操作员进行通话。技术导播主要听导播的口令，并与摄像师、录像操作员和音频师进行通话。

音频术语

二线（2-Wire）：一种双向（说/听）的双线音频通话电路。

四线（4-Wire）：一对线用于说，一对线用于听的四线音频通话电路。

衰减（Attenuation）：音频或视频信号从A点传输到B点或通过一个设备的损耗量。

转接头（Barrel）：也被称为"公母转换器"，是一种公接头对公接头或母接头对母接头的适配器，可以将相同接头的线缆连接在一起。

桥接（Bridging）：一种在源端没有可测量信号电平损耗的情况下，并联目标元件的高阻抗连接方法。

干线对（Dry Pair）：一对不带任何电压的电线。

阻抗（Impedance）：表示电路中电阻和电抗总和的向量（标明方向）。

PL：用于内部通话系统的所有类型的通话电路的缩写。

分线盒（Punch Block）：用于连接或分割音频 / 电话线缆的面板。

电阻（Resistance）：电路中对信号流向的阻碍（减少）。

湿线对（Wet Pair）：一条带有约 70V 电压双绞线的标准电话线。

现场排除音频故障

高效的故障排除是一种有条理的方法，尽量消除每一个潜在的故障因素。

电视体育节目制作由于其本身特性会引入一些变量，这些变量将不可避免地干扰音频设备的工作。潮湿的天气是最常见的干扰之一，许多电视转播的比赛项目是在户外且会在雨中持续进行。此时，各种问题就会出现，你会发现自己陷于不断寻找设备为何无法正常工作的境地。电子元件非常可靠，电视设备也制造得非常耐用。大多数问题都存在于接口处，特别是在一段线缆上和 / 或接口处。以下是一些最常见的现场音频问题。

风噪：户外运动的一个常见干扰是风。风吹过话筒的振膜会引起振动并产生一种低频的振颤声音，在节目声音中听起来会是周期性的隆隆失真。使用泡沫橡胶和特殊设计的话筒外壳就是用来减少这种噪声的。记得每次都使用防风罩，但一定要小心使用，因为它们很脆弱且更换起来很昂贵。

每个话筒的隔离 / 绝缘：话筒会产生微小的交流电（AC）电压。交流电具有与普通民用电压相同的特性。如果你抓住掉在地上的电线，你就会触电，因为你接通了通向地面的自然电路。而当鸟站在一根电线上时它们不会触电，因为到地面的电路或路径并不完整。如果话筒外壳或接口和地面接通，就会产生嗡嗡声。类似地，如果话筒接触到金属栅栏或安装柱，在话筒和地面之间可能会出现接地，就会产生接地的嗡嗡声。

防水：不要将音频接口留在地面上或暴露在空气中，因为当金属外壳接触地面或水气传导到地面时，会出现接地的嗡嗡声。应始终使用塑料套管包裹音频接口，并将其用胶带粘在线缆的外皮上。套管的连接应该是无缝的，以确保无水渗入。

排除话筒线缆故障

·检查明显的地方。是否所有的连接口都正确地插入相应的设备并确保线缆与目的地连通。

·检查线缆。电视音频使用两种截然不同类型的线缆——屏蔽和非屏蔽。使用高质量的屏蔽音频线可最大限度地减少话筒线缆的外部电磁干扰。线缆越长，被干扰的可能性就越大。

·检查线缆的两端。产生稳定的嗡嗡声或断断续续的噼啪声通常表明连接口的周围存在问题。检查接口是焊接还是被拧紧在接线板或接线柱上的，若老化和使用时间过长，焊点容易变脆。

如果线缆因来回移动而出现爆裂声，那么它可能是老旧的或廉价的，不要再使用它。

防止出现音频问题的建议

·离开转播区去铺设线缆前一定要先试通。三灯测试盒可以告诉你这是不是一个连续电路，但这类盒子无法告诉你线缆是否有噪声。

·音频线缆的布置路线必须避免接近高电压、变压器、调光器和照明设备。持续的嗡嗡声表明线缆接近电源线或电路。

·切勿将音频线或电缆与高压电缆或摄像机电缆束平行走线，这会为你的音频引入 60Hz 的嗡嗡声。

——丹尼斯·巴克斯特 (Dennis Baxter)，4 次艾美奖电视音频奖获得者

预录音频

赛前、赛后及中场休息时段的节目制作对音频制作提出了各种各样的挑战。许多地方有对高品质声音的需求，只用在"现场"收录的声音几乎不可能做到。预录音频的概念是有争议的，甚至在专业音频设计师中也会引发激烈的争论。反对预录音频的专业音频设计师往往认为这是不诚实的行为。支持预录音频的专业音频设计师表示，体育比赛是种娱乐，例如电影常常会在音频制作后期进行配音。预录音频通常用于音频制作的补充，有时也会完全取代在比赛现场收录的声音。以下列出了在体育赛事中使用预录音频的一些原因。制片人可以在赛事活动的某些方面使用预录音频，例如飞机飞过天空的轰鸣声、歌剧演唱者的演唱、观众的掌声等。

1. 预录音频可以使精彩的表演与声音从技术上实现近乎完美的同步，提供与声音、灯光、摄像机运动及其他增强节目效果的元素联动的能力。

2. 预录音频可以确保电视节目播出的最佳质量，可以允许立体声效果的还原（在体育场中，观众也许只能听到单声道），以及提升混音效果。

3. 预录音频可以让电视观众有更好的观看体验或接近身处比赛现场的感觉。对于电视观众和体育场观众来说，预录音频能够在非常大型的体育场中将观众的注意力引向发生的特定事件，这是仅使用现场声音做不到的。

4. 不可预见的天气状况，例如雨或风，是不会影响预录音频的，但会影响音乐现场演出效果，且可能会在现场直播中产生无法弥补的影响。

5. 不可预见的噪声，例如话筒和演员衣服之间的摩擦，播报员相对于话筒的移动及各种反馈的影响，预录音频都可以避免。

6. 使用预录音频对在体育场的表演者来说更加舒适，尤其是对演唱者来说，他们中的一些人实际上更希望他们的音乐是预先录制好的。

7. 其他话筒可以巧妙地被放置在体育场内，以便在比赛中拾取掌声、嘘声和欢呼声等观众自发的声音。

曲棍球音频

曲棍球是一项通过呈现良好的音频效果来显著提高电视转播效果和观众观看比赛的体验的运动。球员在不断运动、球不断地在场地中来回移动及球员用球棍击球时会发出声音。球员们在比赛中往往会发出声音并交换指令，来建立和协调场上位置。

——1996 年亚特兰大奥林匹克转播公司场馆技术手册

第 9 章

设计：图文字幕和布景

> 作为一名导播，我经常假设观众是在喧闹的酒吧中观看电视节目，或者是在和孩子们（就比赛内容进行）争论，最终导致根本听不清评论员说的话。因此，我一直非常重视图文字幕的价值，以至于投入很多时间在电视画面中插入图文字幕信息，让观众有足够的时间来消化这些信息。
>
> ——布莱恩·道格拉斯（Brian Douglas）

最初引入图文字幕的目的是用文字来强调评论员的对话，此后发展为图像、全球定位系统（GPS）、数据驱动的比赛分析及动画等多种形式。在很多情况下，随着行业的发展和改变，图文字幕几乎取代了音频，并成为传播信息和统计数据的主要手段。

电视图文字幕可以被分为两个基本类型——文本字幕和图示字幕。这两种类型都包含一些相同的元素，但它们的目的不同，通常由不同的操作员、有时由不同的部门来制作。

通常在 2D 或 3D 字幕机中制作文本字幕。它们可以是静态的，也可以是动态的（见图 9.1），并且通常包含大量信息——事实上，它们存在的目的就是尽可能多地传播信息。屏幕中可以包含一些图文字幕元素，但观众的主要关注点应该是信息，而不是那些通常来自标准模板库，用于呈现特定字幕外观或符合节目设计风格的漂亮背景或设计元素。制作这

类字幕的人通常被称为字幕机操作员。

图 9.1　3D 图文字幕（图片来源：LEX-18 电视台）

在日常工作中很难对图示字幕进行预测。这类字幕必须符合节目设计的理念，即适合特定的节目风格或节目内容，但是具体的字幕类型取决于当天的节目制作需要。这种类型的字幕包括用于说明屏幕上的人正在谈论的故事的过肩字幕、来自字幕设备

图文字幕讲故事

讲故事是我们锦标赛现场转播的核心，而图文字幕使观众能够更容易了解我们转播画面所要传达的意思。随着高尔夫球迷和整个媒体行业的观看习惯不断演变，图文字幕需要在任何设备上都能提供更纯净、更精致的观看体验（见图 9.2）。

　　　　　　——莫莉·所罗门（Molly Solomon），高尔夫频道制作总监。照片由 SVG 提供。

图 9.2　使用图文字幕增强观众的观看体验

的静态文本或动态背景、说明故事发生位置的地图、用于说明在所报道的故事中发生了什么的动画、标志设计、用于打印或播出的宣传材料、对节目或某个环节的介绍、节目的片头和片尾过场（见图 9.3）。图示字幕可以由多种不同的系统生成，这些系统覆盖面广，从在计算机上运行绘图程序的简单且廉价的系统，到在运行 3D 实时动画制作程序的大量高端计算机上的大型且昂贵的系统。制作这类字幕的人因地而异，通常他们被称为合成师、动画师或图文字幕设计师。

图 9.3 图示字幕帮助观众理解比赛（图片来源：SVG）

电视节目图文字幕的目标

为设计而设计是无用的。如果观众只是在谈论新设计的字幕样式，那并没有达到我们的制作目标。我们希望人们将图文字幕视为一种更愉快的接收信息的方式，从而看到我们所呈现的全部节目信息。

——努巴尔·斯通（Noubar Stone），创意导演，ESPN

1. 清晰、直接地传达节目信息。

2. 通过图文字幕的风格来建立节目的整体氛围和基调。

3. 直观地呈现事实、概念或进程，以便观众理解节目内容。

4. 为扩大传播范围和影响力做好准备。

当然，图文字幕的设计过程始于某个特定的图文字幕需求。这种需求是多样化的，但是基本上，图文字幕的存在是为了信息识别、展示比赛成绩、进行比赛数据统计、展示时间或速度、呈现标题等。一旦了解了需求，字幕设计师就会着手于字幕设计，然后字幕员将设计转变为数字格式。数字格式允许对图像进行各种各样的操作。可以对图像进行命名、反转、翻转、放大、挤压、折叠和上色等操作，图像还可以提供 3D 效果。

——《奥运会电视制作》

电视具有规定的宽高比。将电视的宽高比定义为电视图像的宽度和高度的比例。历史上，电视的宽高比是 4:3。然而，高清电视的宽高比是 16:9。了解宽高比很重要，可以让设计的图文字幕符合节目制作的格式，这取决于哪个国家将使用你设计的图文字幕，你需要知道他们是否还在使用 4:3 的电视宽高比。为 4:3 的电视宽高比创建的图文字幕应与为 16:9 的电视宽高比创建的图文字幕不同（见图 9.4）。

图 9.4 电视的不同宽高比

扫描区域是在摄像机寻像器中、在图文字幕中或播出监视器中看到的图像区域。在很多情况下，家用电视没有和专业制作设备完全一样的扫描区域。因此，图文字幕不应填满整个扫描区域，防止在家用电视机上出现显示不完整的情况。字幕安全区域出现了，它可以让字幕设计师或操作员在设定好的可见区域内创建图文字幕，这个区域大约是扫描区域中间 80% 的部分。所有的图文字幕都应被放置在这个区域里，以确保电视图文字幕的作用得以发挥（见图 9.5）。

图 9.5　所有图文字幕均应位于字幕安全区域内，该区域外的图文字幕不会被观众看到

很多公司或赛事都有它们自己风格的赛事图文字幕。电视台和电视网创建了自己的图文字幕标准，包括具有识别性的特定颜色、字体样式、字号大小、呈现方式和在节目中使用的特定动画等。这些图文字幕被用来树立电视台和电视网品牌，目的是使任何人在任何时候看到这些字体样式、字体颜色和呈现方式的组合，马上就可以知道正在观看的是什么赛事，在哪个电视网或电视台观看。

高清和 4K 图文字幕为字幕设计师带来了新的挑战。与过去的电视画面不同，这些画面的质量让图文字幕的每一个细节都被审视。这意味着图文字幕的每一处都要经过专门的设计，否则看起来就会像是一个失误。

根据国际业余田径联合会电视指南中的规定，传输和压缩会导致节目画质下降，所以图文字幕必须清晰醒目。对于全屏图文字幕，对背景做静帧会有一定的帮助，但更有效的做法是将图文字幕放在一个简单整洁的背景上（如草地背景，而非人群背景），增加文字的大小，并为图文字幕添加阴影提高对比度。此外，将图文字幕提亮颜色。散焦、柔和的背景

为叠加的图像提供更好的纹理，并大大提高了图文字幕的易读性。

在时间允许的情况下，所有运动员都应有身份标识，包括姓名、比赛号码、国家和重要个人信息。

字幕员的工作

在大多数情况下，图文字幕的实际设计在体育赛事开始前几周或几个月就已确定。根据特定图文字幕包装的规则，字幕员几乎不用考虑使用哪个图文字幕及以什么方式使用。通常在图文字幕包装手册中列出了这些"模版"的使用规范，或者如果在团队中有字幕协调这个岗位，并且此人之前参与了图文字幕包装的工作，可以由他来进行介绍。一般来说，准备时间的工作包括输入将在比赛期间使用的统计数据，更新比赛期间的统计数据，以及图文字幕制作所需要的一切内容的备份副本。在比赛期间没有时间停下来查找内容，也没有机会重建被意外删除的内容。在某些情况下，因为没有适合使用的图文字幕格式，可能需要字幕员创建或修改图文字幕模版。在这种情况下，图形字幕包装手册应该包含指导方针，指导该如何做并且能够仍然遵循图文字幕格式。

有各种设备可以用来创建在电视节目上看到的不同图文字幕外观，包括独立系统（字幕机 / 绘图箱）或在计算机甚至平板电脑上使用的软件（见图 9.6）。

图 9.6　有效图文字幕的创建需要一定的时间。字幕设计师需要在这个过程的多个阶段中进行思考。图中显示的是 NBC 纳斯卡赛车比赛的图文字幕区的各种设备

制作优秀电视图文字幕的技巧

图文字幕的存在有助于解释节目中正在发生的事情，而不是替代观众所看到的内容或减少观众所看到内容的信息量。图文字幕必须突出呈现在屏幕上的动作信息，而不是将比赛"淹没"。我们的职责是清晰、简洁地告知信息。

——《奥运转播图文字幕指南》

有效图文字幕的创建需要一定的时间。字幕设计师需要在这个过程中的多个阶段进行思考。关于制作优秀的电视图文字幕，来自波因特学院的奥尔·托普金斯（Al Tompkin）有以下建议。为了与上下文一致，我们对这些建议进行了一些调整，具体如下。

1. 图文字幕的前后语境是什么？这些信息对观众来说很重要的吗？这些统计数据与其他比赛相关信息之间有什么关系？它能帮助观众更好地理解比赛吗？

2. 考虑清楚图文字幕的作用。可以问问你自己，我到底想让观众从图文字幕中了解到什么信息？

3. 图像与文字或数字相比能更好地传达信息吗？以奥运会为例，奥运会用象形图取代文字来说明体育项目。

4. 动画是个好东西，但不要过度使用。不要让不断变化的动画使观众感到应接不暇。

5. 在创建新的图文字幕设计时，让其他人也来看看。让他们告诉你这个图文字幕向他们传达了什么信息。

观众增强工具

观众增强工具为在不久的将来升级大型电视体育赛事节目提供了创新手段。

——哈特穆特·希斯特曼（Hartmut Hiestermann），环球体育网（Global Sportsnet），来自德国

当导演和制片人不断寻找可以引导观众了解更多节目信息的工具和技术时，他们越来越多地将目光转向基于计算机技术的观众增强工具。这是图

字幕员为赛事所作的准备

1. 提升对运动或赛事的了解。对官方规则和参与者了解得越多，你对制作团队的价值就越大。

2. 对所使用的图文字幕包装进行深入了解。如果你了解系统的功能，并且能够在使用最少参考资料的情况下回忆起特定的图文字幕，那么你就能够很好地完成你的工作了。对制作需求快速、准确、果断地作出反应至关重要。

3. 让工作条理化实际上影响很大，这是让一切发挥其全部潜力的关键。

4. 了解硬件知识，它有助于字幕导播和字幕员之间的沟通和团队合作。知识就是力量。

5. 了解如何为你的设备获取支持服务，学会识别系统问题。了解其他信息来源，手边准备着提供应急程序和支持人员的联系方式。

6. 要考虑团队合作。当每个人都在努力协作成为一个有凝聚力的整体时，这个整体的能力就会变得比任何人想象的都要强大。

——玛丽亚·佩尔塞奇诺-罗梅罗（Maria Persechino-Romero），字幕协调

运动数据用于图文字幕

可以将字幕机连接到官方记分/数据系统上。使用这种类型的接口显著提高了转播图文字幕的准确性，使它可以随着官方记分/数据系统的更新而自动更改。

在系统调用体育比赛数据系统接口的情况下，应当用文档对数据使用规则及在系统中需要执行或不需要执行的动作进行清晰描述，包括任何警告或必须遵守的标准程序。在赛事开始之前，应对所有接口进行测试，以确保它们正常工作。需要注意的是，在许多数据系统中，诸如页码和页面内容之类的内容都是由系统严格定义的。通常，页面的删除、修改或移动，都会引起系统的问题。数据系统可能支持也可能不支持字幕员添加的页面。字幕员定义页面的安全记录位置也应该被记录。

文字幕的一种，但可能应是特殊图文字幕系统的一部分。

这些观众增强工具涵盖了非常多的方面。其中一些已经取得成功，有些却没有。正如计算机图文字幕一度被认为是噱头，最终这里面的一些技术在将来也会成为常态。以下是对一些过往技术和一些新技术的概述。

发光冰球（FoxTrax）

电视体育节目最初的技术性增强工具之一，是由福克斯体育频道（Fox Sports）创造的发光冰球，被称为FoxTrax。"其目的很简单。让冰球在电视画面中发光，使观众更容易发现它。当冰球的移动速度非常快的时候，通过在冰球上加一个尾迹来显示它的（移动）路径。"该公司希望利用这个系统解决电视冰球比赛转播的主要问题——观众在电视屏幕上无法看清快速移动的冰球。为了跟踪冰球，要将很多参数输入计算机系统并不断对参数进行更新。首先，该系统必须准确地知道转播摄像机的聚焦位置。还必须知道每个摄像机镜头成像的失真特性，不同品牌的镜头有所不同。然后，系统必须清楚任一时刻向观众显示的那台摄像机的信号。同时，该系统必须知道冰球的位置和它的移动速度，然后基

于这些数据创建一个图文字幕，以60帧/秒的速率叠加到视频图像上。摄像机在进行变焦和平摇，冰球以100英里/时（约160千米/时）的速度移动，所有这些数据都必须精确同步。为了达到这个目的，需要在每个冰球内安装红外线发射器（见图9.7和图9.9）。从技术上讲，这个项目是成功的，但却遭到专业冰球球迷的厌恶。3年后，美国职业冰球的转播商更换，这个系统便悄悄地消失了。如今，已对FoxTrax系统的技术进行改造，用于在赛车赛事中突出标记赛车。这项发光技术可以让评论员在一群赛车中说明某个特定赛车在赛道中的位置。如今，体育转播技术已经迅速升级到运动员所产生的大部分数据（速度、脉搏等）都可以被监测的水平了（见图9.10）。

图9.7 红外线发射器被安装在冰球内，可以让观众在电视上跟踪冰球的位置（照片来源：Dartfish公司）

增强现实（AR）

美国国家广播公司体育频道（NBC Sports）在第52届超级碗上首次使用了增强现实技术和虚拟图文字幕，并首次使用了"体积式立体增强现实"（"Volumetric-AR"）技术，他们利用该技术能够创建逼真的3D球员动画，并在电视转播中插入增强现实字幕。

制作团队对6名球员完成了身体扫描。这些扫描为NBC提供了3D球员动画（见图9.8），作为叠加到比赛场地上增强现实的元素。在比赛中，在对球员进行了图文字幕处理后，则可以看到球员的3D图像了，这些图像携带着他们的个人信息被设计到镜头中。

——弗雷德·高德利（Fred Gaudelli），NBC Sports制片人

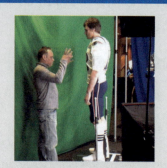

图9.8 运动员的信息被扫描到了图文字幕系统中，以便提供3D球员动画（图片来源：SVG）

图 9.9 冰球中的发射器为电视观众在冰球上创造了一个彗星尾巴的效果

图 9.11 图示字幕已经成为讲故事的关键。上图显示了职业保龄球协会（PBA）的击球轨迹（StrikeTrack）系统。下图显示了福克斯体育频道（Fox Sports）/虚拟眼科技（Virtual Eye Technology）的增强现实字幕，用于进行运动员投球的跟踪和比较（例如，快速球与曲线球）（图片来源：SVG）

图 9.10 2018 年奥运会，在一些运动员穿着的滑雪靴中内置了运动传感器 / 发射机应答器，用于收集实时数据，以帮助说明运动员在比赛中是怎样赢得或失去时间的。这个冰壶"石头"可以传输运动员的位置和速度数据

RACEf/x

GPS 技术现在与计算机图文字幕一起被用于赛车比赛中，为观众提供车手姓名、赛车在赛道上的位置、驾驶速度、刹车状态和转速表的详细信息（见图 9.12）。

虚拟信息图文字幕

使用虚拟信息图文字幕已成为体育节目制作的常态。可以用你能想象到的从文本表示到图形表现等各种方式，来跟踪运动员的动作。在接下来的内容中提供一些示例（见图 9.11）。

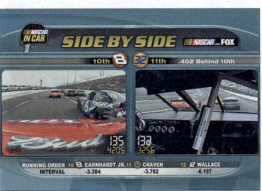

图 9.12 利用 GPS 技术可以将更多数据实时传输给观众（图片来源：Dartfish 公司）

错位回放系统

SimulCam 技术将比赛现场的运动员的表现与之前的运动员或比赛项目纪录保持者的表现融合在一个画面中。同步播出两个人的动作表现，看上去十分真实，不知情的冬奥会观众甚至担心两名运动员不应该滑得这么近（见图9.13）。错位回放系统使观众有机会直观地比较两个运动员的表现，观察不同运动员动作之间的细微差别。这项技术可用于在比赛场地的特定范围内包含单人表现的大部分体育项目。

图9.13　错位回放系统让观众可以对运动员进行比较（图片来源：Dartfish 公司）

StroMotion

这项技术将运动员表演过程中的若干独立视频帧在一帧画面中展现。由于有些运动完成速度太快，观众无法看清细节的动作，利用 StroMotion 技术可以将动作分解，展示一系列关键帧，并将它们合成到一帧画面上，让观众可以分析运动员的动作（见图9.14）。

图9.14　利用 StroMotion 技术分析运动员的动作细节

技术总结

新技术面临的最大挑战是对这些技术的过度使用。在节目结束时，你应该让人记住这场比赛，而不是让人记住那些技术。把新技术当作"电子玩具"来使用和负责任地使用新技术之间的区别在于，在选用技术时是否基于增进观众对所转播运动项目比赛的理解和享受这一目的。

事实上，人们很容易被新技术本身所迷惑。但技术只是达到目的的一个手段——最终的目标是呈现好的节目内容。

——迈克尔·格雷德（Michael Grade），英国广播公司（BBC）主席

电视布景字幕

如今，图文字幕的概念远不止我们一直在讨论的转播字幕。图文字幕的呈现方式超越了字幕的范畴，直接延伸到了出镜人员所在的电视布景上（见图9.15）。这些布景设计可以为节目制作增添活力，实际上已成为了节目的一部分（见图9.16）。

图9.15　第一张照片是特纳体育频道（Turner Sports）ELEAGUE 冠军杯的布景。第二张照片是《MLB 之夜》（*MLB Tonight*）节目的布景

图 9.16　MLB 的布景成为了节目中的主要角色（图片来源：SVG）

演播室图文字幕

设计师们经常会一并设计演播室布景和转播图文字幕，以便将所有元素整合在一起（见图 9.17）。

图 9.17　第一张照片展示了包含抱枕的演播室布景，这些抱枕的颜色与包装节目图文字幕的颜色相匹配，以便将所有元素整合在一起。北美冰球职业联赛（NHL）的布景包含了冰场的设计（图片来源：SVG）

实景化布景

为了在观众中建立信誉，许多电视网选择对演

播室进行实景化布景，以便观众能够看到他们位于比赛发生的场馆中。有些演播室会选择使主播台处于以现场比赛场馆为背景的布景中（见图 9.18）。有些演播室设计了可移动的布景，可以将其放置在比赛场地的中间或非常接近比赛场地的位置，但必须在比赛开始前移开（见图 9.19）。纳斯卡赛车比赛建立了一个移动转播亭，可以在比赛间移动。它提供了一个很高的有利位置，但也提供了处于修理站中的环境（见图 9.20）。

图 9.18　这些演播布景都以比赛场馆为背景以提供可视的环境

图 9.19　电视网络通常会建设可用于赛前节目录制的可移动布景，并在比赛开始前将布景移走（图片来源：SVG）

图 9.20　纳斯卡赛车比赛建立了一个可移动的转亭，可以在比赛间移动

虚拟布景

　　将虚拟图形与现场出镜人员相结合可以增强节目的故事性。出镜人员可以与布景或图文字幕进行实际交互。图 9.21 解释了如何在演播室或比赛场地上实现这一点。

图 9.21　虚拟布景可以让出镜人员与布景或图文字幕进行实际交互 [图片来源：Vizrt（维斯）和 SVG]

第 10 章

前期制作与搭建

体育节目的制作，必须向世界同时展示出体育运动的两个方面，即人性和情感。需要将摄像机架设在最佳的位置，在跟随运动员的同时能够捕捉到那些激动人心的瞬间。为了完成这项任务，导播、转播经理、场馆技术经理、后勤经理、主管工程师、制作经理等所有承担比赛转播责任的人需要共同参加节目制作会议，进行讨论、学习，以创造出最棒的电视转播。

——佩德罗·罗萨斯（Pedro Rozas），奥运会电视节目制片人

准备一次体育比赛电视转播是一项艰巨的任务，它要求我们努力工作并关注细节。规划设计阶段的各个环节都已完成时，各工种之间的沟通就变得至关重要。制作会议在此过程中发挥着不可或缺的作用。

制作会议

开展前期制作会议或制作会议是节目制作过程中不可缺少的一部分。会议通常由制片人主持，参会者应包括各工种的代表，名单如下：

- ·导播；
- ·出镜人员；
- ·艺术总监；
- ·制作助理；
- ·技术主管。

这些会议旨在让与会人员全面了解本次转播制作，听取他们的反馈，确认各工种需要对哪些节目制作细节进行怎样的调整，同时讨论一些任务的截止日期和预算问题。

开展制作会议的频率取决于赛事本身。对于奥运会来说，事实上制作会议可能在进行实际节目制作的4年前就开展了。当一家当地电视台转播一场定期举行的赛事时，可能会在赛事前一天或一周开会。电视网在大型赛事前的一周内至少每天召开2次会议，以便制作人紧跟节目制作中各环节的进度（见图10.1）。

节目流程设计

脚本化的赛前节目使制片人和导播能够完成细

图10.1 制作会议是向关键人员同步信息的讨论会

致的节目流程设计，对整个节目进行逐个镜头和逐秒的描述。这些设计仿佛有自己的生命，在一次次版本的修改中产生演变和进化。

节目流程设计通常规定了如下内容：

- ·影像来源（录像、图文字幕或摄像机）；
- ·音频来源（录像声音、环境声或出镜人员现场声）；
- ·画面描述（将要出镜的人员、影像内容及各自的位置）；
- ·分段时间；
- ·总计时间。

节目流程设计让每一个工作人员知道了他们在整个赛前节目中的职责，使他们能预见要采取的行动，减少了制片人和导播通过通话系统发出的指令。节目流程设计还可以帮助无线摄像师和出镜人员走位（见图10.2）。

胜利之旅室内足球节目流程设计	
第1段	
预告片	
地点/标题（运动场全景）	0:00:10
出镜人员出镜/讨论2名美国队球员和引出原声片段	0:01:00
美国队球员预录的短片	0:00:25
出镜人员出镜/讨论2名世界队球员	0:00:30
美国队首发阵容和替补(字幕)	0:00:20
世界队首发阵容和替补(字幕)	0:00:20
比赛开始/第1节比赛（插入字幕：在比赛第1节结束时显示足球规则）	0:03:30
开场广告牌	0:00:25
第1段共计	0:07:25
第2段	
欢迎回来/第1节比赛（在比赛停止时进入核心球员专题内容）	0:02:00
核心球员专题	0:02:00
第2节比赛至第2节结束	0:02:30
美国队片花：教练评论5名球员，带辅助素材和音乐	0:00:40
第2段共计	0:07:10
第3段	
引导片花：美国队员旅途中的素材集锦	0:00:30
欢迎回来/第2节比赛（在比赛停止时进入球员专题内容）	0:03:30
球员专题（米娅·哈姆或"足球母亲"）	0:02:00
第1节比赛至第1节结束	0:02:30
美国队片花：教练评论5名球员，带辅助素材和音乐	0:00:40
第3段共计	0:09:10
第4段	
回到主标题	0:00:10
欢迎回来/中场休息时的比赛赞助商部分/进入中场休息采访	0:00:30
亚历克西·拉拉斯采访美国队球员	0:00:45
半场数据统计	0:00:20
第3节比赛	0:02:00
球员足球技巧展示	0:00:45
第4段共计	0:04:30
第5段	
第3节比赛（在比赛停止时进入球员专题内容）	0:02:00
球员专题（米娅·哈姆或"足球母亲"）	0:02:00
第3节比赛至第3节结束	0:01:45

图 10.2　美国哥伦比亚广播公司（CBS）转播女子足球比赛的节目流程设计 [来源：制片人加里·米尔基斯（Gary Milkis ）]

胜利之旅室内足球节目流程设计	
美国队片花：教练评论5名球员，带辅助素材和音乐	0:00:40
第5段共计	0:06:25
第6段	
引导片花：美国队球员旅途中的素材集锦	0:00:30
第4节比赛（在比赛停止时进入球员微专题）	0:02:30
球员微专题（布兰迪·查斯坦）	0:00:50
第4节比赛	0:02:00
美国队片花：教练评论5名球员，带辅助素材和音乐	0:00:40
第6段共计	0:06:30
第7段	
结束广告牌	0:00:20
第4节比赛至比赛结束	0:03:50
最终得分/进入亚历克西·拉拉斯的采访	0:00:10
亚历克西·拉拉斯和美国队球员的赛后采访	0:00:45
告别/寒暄/版权（滚屏字幕）	0:00:30
第7段共计	0:05:40
总节目时长 0:46:50	

图 10.2　美国哥伦比亚广播公司（CBS）转播女子足球比赛的节目流程设计［来源：制片人加里·米尔基斯（Gary Milkis）］（续）

设备搭建

设备搭建（ESU）所需要的时间取决于比赛规模，小型赛事仅需要不到一天的时间而大型赛事则需要一周以上。

影响设备搭建的其他因素还有地形的复杂性（如高山项目）、场馆是否已预先布线、搭建团队人员数量。设备搭建包括铺设所有音频、视频和传输的线缆，安装摄像机、监视器和所有音频设备。

在搭建过程中，工作人员应始终考虑如何拆卸设备。对于设备和线缆，应当可从转播车或安装的位置上将其拆卸，以便于在拍摄结束后将其回收。

线缆铺设

在外场电视节目制作中，会使用到各种各样的线缆和线缆连接器（见图 10.3 和图 10.4）。

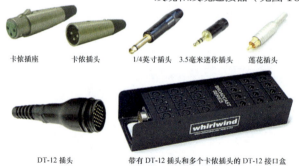

卡侬插座　　卡侬插头　　1/4英寸插头　3.5毫米迷你插头　莲花插头

DT-12 插头　　带有 DT-12 插头和多个卡侬插头的 DT-12 接口盒

图 10.3　常见的音频连接器

BNC　　　　莲花插头　　　　LC 光纤　　　　SC 光纤　　　　ST 光纤

三轴插头　　　　　　三轴插座　　　　　SMPTE 304M 混合光纤

图 10.4　常见的视频连接器

以下是进行线缆铺设时需要注意的具体事项。

1. 将线缆铺设整齐，如果可能，将线缆平行铺设。尽量为它们编组，这样走线清晰明确。尽可能靠近转播车铺设线缆，以免绊倒工作人员或经常被踩踏（见图 10.5 和图 10.6）。

图 10.5　整理摄像机线缆 [又被称为 "包扎线缆（dressing cables）"] 是技术人员工作的重要部分。缠绕的线缆很容易把其他线缆也绕进来或者绊倒路过的人。这可能会引发安全问题，导致线缆卷曲、线缆或接口断开。当线缆被整齐地整理成组时，排查故障就容易多了。另外还要注意，为了减少信号干扰，需要将电源线缆和音频 / 视频线缆分开

图 10.6　在排除故障时，杂乱无章的线缆可能会引起现场混乱

2. 在铺设摄像机线缆时，确保将线缆正确的一端朝向摄像机。尽管这似乎是显而易见应该做到的事，但在实际工作中你会惊讶地发现接头出现在错误位置的情况有多么常见。

3. 为确保信号的质量，必须保护线缆连接器免受恶劣天气的影响。如果线缆连接器必须被暴露在恶劣天气中，尽量将连接器支撑起来，将其向下悬挂，或最好用塑料布将其包裹起来并用胶带粘贴好。在顶端用胶带粘贴住塑料布即可，这样可以让空气从下方进入，防止连接器内外出现冷凝现象。遇到在下雨或融雪天气进行的赛事时，不要将线缆的末端放在可能有积水的地方。

4. 为所有的线缆贴上标签，例如 "Cam 1（1 号摄像机）"。

5. 向技术主管汇报线缆损坏的情况。在线缆铺设阶段解决问题远比在比赛时再排除线缆故障要简单得多。

6. 线缆一旦就位后，应该用胶带固定，以创造一个安全的工作区域。对于多余的线缆，应该用 "8 字绕线法" 或上下盘绕法盘好后放在地上，防止其缠绕打结。打结会对线缆产生很大的应力，从而对线缆造成不可修复的损害（见图 10.7 和图 10.8）。

7. 不要将线缆绕在任何半径较小的物体上。过度的弯曲可能会损坏线缆。

8. 避免将视频、音频线缆与电源线缆铺设过近

或平行铺设，因为这些线缆之间的距离过近可能会引发电流声。对于必须穿过电源线缆的视频线缆和音频线缆，应进行夹角为90°的交叉铺设，以使得电源线缆对视音频信号的影响最小化。

图 10.7　线缆一旦就位后，应该用胶带固定，以创造一个安全的工作区域

图 10.8　8 字绕线法

9. 不要在距离太远的两个点之间悬吊绷紧的线缆，必须支撑线缆以确保线缆不会因张力而损坏。应通过线缆而不是连接器来牵引和支撑线缆。

▍摄像会议

摄像会议让导播有机会传达他 / 她的节目构思。

—— 布莱恩·道格拉斯（Brian Douglas），导播

在赛前会议上，思考的过程是很重要的：哪些

是节目制作的重点，我们的目标是什么？于我而言，让摄像师拥有尽可能多的自由，让他们表达他们内心的想法一直都很是重要的。在我看来，我们努力为我们共同的目标付出感情，做出奉献，并在每周的转播中将成果展现出来。

—— 克雷格·詹诺夫（Craig Janoff），导播

摄像会议由导播主持，参会人员主要是摄像师。其他参会者有摄像助理，可能还有助理导演。开展这些时长为 10 分钟到 1 小时不等的会议有多个目的。首先，导播可以在会议上交流他 / 她的制作愿景，并与摄像师们讨论如何将他们拍摄的镜头融入整体节目制作。导播会描述每一台摄像机预期拍摄的镜头类型，包括镜头构图细节、镜头切换方式，特别是摄像师需要拍摄的内容。通常，导播会通过制作详细的镜头表来描述摄像机的预期拍摄镜头（见图10.9）。有的导演会使用视频截图或媒体指南的复印件，让摄像师熟悉他们需要拍摄的关键人物。摄像师可以将镜头表夹在摄像机上以便轻松查看。此外，视频截图也可展现镜头类型和构图（见图 10.10 和图10.11）。

图 10.9　导播通常会向摄影师提供包含镜头描述、拍摄人物样貌和镜头构图细节的镜头表

镜头表可以根据转播制作故事板来创作。有时，导演会为赛前节目、赛后节目或其他比赛相关活动创建故事板（见图 10.12）。竞赛相关的节目很少会使用故事板，但有时会为赛前节目或在节目内容与设计非常复杂的时候制作故事板。

足球比赛拍摄镜头表

6号摄像机
描述：在场地内，靠近边线，在替补席范围内移动

关键事件前后教练的反应

注意替补席上的交流与换人

注意看台上无法拍到的独特镜头

拍摄向你这个方向进行的动作，使用低角度动作镜头有助于突出速度

图 10.10　视觉化的镜头表告诉摄像师 6 号摄像机所需要拍摄的镜头类型

3号摄像机和4号摄像机（左/右游机）

如果可能，预备足够长的线缆（包括灯）到更衣室。

1．当球靠近篮筐或在你这侧的边线时，一直保持使用广角镜头 / 保持镜头拉开。当球在边线附近时，要克制镜头推近的冲动。

2．球员在球场上向你这侧的篮筐快速突破时，我们会切到你的摄像机信号。

3．为向你而来的射手拍摄"英雄构图"，带上球衣号码。如果他看向你，则将镜头推到他的脸部特写。

4．将回放单挂信号源从 3 切到 4（将在回放时使用切换）。有时在回放中，当球在球场另一侧的外围时，也会出现这种情况。

5．位于你这边的罚球：用较紧的景别拍摄罚球人（为更小的景别留出空间，然后推近镜头）。偶尔你需要在罚两球时跟拍进行第二次罚球时球的运动轨迹。

6．位于另一边的罚球：拍摄教练（偶尔也可以拍摄啦啦队或者球迷）。我们很少从另一个半场跟拍罚球，但你也要能做到这一点。

图 10.11　篮球比赛中导播为游机摄像师提供的镜头表 [来源：导演 / 制片人约瑟夫 · 马尔（Joseph Maar）]

7. 关注队伍换人，当球不在你这边的场地时，拍摄球员离开球场的画面。

8. 关于比赛暂停 / 非投篮犯规：去拍摄球员聚集在一起。如果没有聚集，则拍摄教练镜头或其他镜头（乐队、啦啦队等）。因此，提示啦啦队队员在中场休息时进行表演，并且我们将对他们进行拍摄。请把你认为呈现效果最好的镜头推给我！

9. 在休息期间：拍摄球员聚集（如果允许）和好的单人镜头，以便在休息后回放。

10. 戏剧性镜头：教练的特写，赛后球员拥抱、庆祝的场面特写，篮球在地上的特写，球员出汗的脸部特写，或者当球在球场另一边时（例如罚球时）从超广角推近镜头。在比赛暂停期间，如果允许，尽量进入球员聚集的圈内进行拍摄。

11. 赛前录像：将 3 号摄像机安装在三脚架上，拍摄站在边线位置的出镜人员（以球场 / 远篮筐为背景）。

12. 中场休息时：只在我们从演播室回来时使用 4 号摄像机拍摄评论席。使用 3 号摄像机拍摄上半场的比赛数据或内华达队的场边休息区。

13. 比赛结束时：使用 4 号摄像机拍摄赛后对内华达队教练的采访（在比赛还剩 30 分钟时，解说嘉宾就位）。请确认采访区有可用的监视器、话筒、灯光和通话耳返。使用 3 号摄像机拍摄留在评论席的评论员。在你来的路上也可以寻找赛后有趣的镜头，因为在采访结束前我们不会切到你的摄像机信号。

14. 在中场休息时可以休息 5 分钟。

15. 请注意，在休息时我们依然有观众在线上观看比赛。

图 10.11　篮球比赛中导播为游机摄像师提供的镜头表 [来源：导演 / 制片人约瑟夫·马尔（Joseph Maar）]（续）

场馆全景——颁奖仪式
信息字幕

中景，低角度——国际奥委会成员、
运动员和奖牌获得者列队行进

近景，游机——奖牌获得者
行走，向人群挥手致意

全景——队列行进

中景——国际奥林匹克委员会委员、
奖牌获得者和礼仪人员

奖牌获得者登上领奖台后的
近景——颁奖仪式奖牌字幕

图 10.12　故事板通常用于预先对节目片段进行可视化

国际奥林匹克委员会委员给运动员
颁奖的近景——国际奥林匹克委员
会委员信息字幕

近景——在宣布铜牌、银牌和金牌
获得者时，获奖者依次站上领奖台

中景——分别授予
铜牌、银牌和金牌

介绍奖牌获得者的近景——颁奖
仪式奖牌信息字幕

3人镜头——奖牌获得者
在领奖台上

近景——奏国歌时
金牌获得者面对国旗

近景——奖牌获得者的国旗升起

近景——金牌获得者

特写——金牌获得者的国旗

3人镜头——奏国歌时
的奖牌获得者

近景——奖牌获得者的国旗

近景——国歌结束时
的金牌获得者

全景——观众

中景——奖牌获得者
摆姿势供摄影师拍照

中景，低角度——国际奥林匹克
委员会委员、运动员和奖牌获得
者列队行进离场

近景，游机——奖牌获得者行走

全景——列队行进

图 10.12　故事板通常用于预先对节目片段进行可视化（续）

开展摄像会议也是建立团队合作的有效方法。KRON 电视台的执行制片人 / 导演，负责奥克兰运动家队（Oakland A）棒球比赛的马克·沃尔夫森（Mark Wolfson）在节目《午夜陌生人》（*Strangers in the Night*）中提到，开展摄像会议的目的是与团队建立联系、表明态度。你需要与团队成员建立一些私人关系。团队成员必须看到你对于正在做的事情的工作态度是认真的——而不是试图暗示他们你正在做的是脑外科手术[1]。

（注：其他节目制作故事板可在附录 5 中找到）

基本的技术套件

每个工程师都应随身携带的用于设备安装的工具，包括如下内容。

1. 莱泽曼组合刀，这是一种组合工具，通常包括一把小刀、钳子 / 钢丝钳、各种螺丝刀和一把锉刀。

2. 手套。

3. BNC 双通接头。

4. 一卷电工胶带。

5. 用于标记线缆的白色胶带和油性记号笔。

设备检查

进行设备检查（或称为 FAX）的目的是确认所有设备均可正常运行。从内部通话到监视器，要对节目制作所使用设备的各部分进行测试。通话系统、内部通话系统和双向无线对讲系统的正常工作至关重要，这样工作人员才能听到他们需要听到的指令并作出回应。需要在进行设备检查的过程中确认的其他事项包括如下内容。

1. 制片人确认摄像机信号在转播车监视墙的正确的监视器上显示。

2. 摄像师确认他们可以看到返送信号（节目信号）。

3. 视频技术人员确认已在摄像机之间进行了色

---

1 译者注：意为具有高风险，是在冒险

彩匹配。

4. 技术导演确保每个录像机操作员接收到正确的信号。

5. 音频师和音频助理确认所有的音频和通话通道畅通。

6. 主管工程师确认传输设施正在传输信号。

节目制作日程表

节目制作日程表会根据工作人员对场馆的熟悉程度、多少设备已经到位、场馆是否有预铺设线缆及节目制作的难度而有所不同。节目制作的难度高低取决于摄像机和特殊机位的数量、场馆（在山的一侧或在小型篮球场铺设线缆）及实际节目制作模式的复杂性。负责线缆铺设的工作人员通常会在转播车到达的前一到两天到达场馆，尤其是在线缆铺设比较困难的情况下——如滑雪场地。

节目制作需要团队合作。节目制作团队中的每一位成员都被分配了特定的任务。在多数情况下，一位成员所负责的那一部分工作没有完成，另一位成员的工作任务可能就无法展开。有时，这意味着有些人不得不等上几个小时才能开始自己的工作。节目制作日程表能让工作人员更好地规划工作，确切地知道每个部分的工作必须完成的时间。图 10.13 是一个简单的电视网播出的花样滑冰比赛节目制作日程表。

彩排

你无法"彩排"一场球赛，因此必须提前做好计划。过去人们常说我的拍摄彩排时间太短了，我告诉他们，一旦摄像人员明白了我想要的镜头，我们就完成了彩排。我可以在几秒钟内完成有些人需要花费几分钟才能完成的事情——不同之处就在于我知道自己想要什么（样的镜头），并充分地传达出来。

——托尼·韦纳（Tony Verna），导播，曾执导5届超级碗比赛转播，12场肯塔基比比赛转播，《电视直播：深入了解导演和制作》。

第 1 天	统筹落实转播车停放和供电	
第 2 天	电话安装	
第 3 天	家具、道具和设备（FF&E）交付	
第 4 天	舞台和平台搭建	
第 5 天	转播车停放和接电	
第 6 天	7:00～17:00	设备安装
第 7 天	7:00～中午	传输测试
	中午～17:00	比赛结果、比赛数据和记时测试
第 8 天	6:00～7:00	设备安装
	7:00～中午	彩排
	中午～16:00	设备安装
第 9 天	比赛日	
	8:00～10:00	设备检查
	10:00～11:00	早午餐
	11:00～中午	前期制作
	中午～15:00	制作
	15:00～17:00	重设和设备检查
	17:00～18:00	晚餐
	18:00～20:00	前期制作
	20:00～23:00	制作

在多天的赛事结束时，安排两个小时进行设备拆卸。

图 10.13　某电视网外场转播的搭建和节目制作日程表

电视节目彩排有很多不同的形式。如果拍摄的是脚本化的活动，那么理论上，活动的进行顺序是已知的，工作人员就可以磨合节目制作中的细节。赛事直播是一个独特的挑战，因为任何事情都可能发生。工作人员必须对意外情况进行排练。一般来说，都会为赛前和赛后的节目制定脚本，可以进行一些彩排。彩排为导演提供了机会以确保摄像师能提供导演所需要的镜头。彩排也让游机出镜人员有机会来确定他们是否有足够的时间走位。此外，在彩排过程中，检查无线摄像机的拍摄路径也很重要，要确保它们的传输信号可以覆盖整个拍摄区域。

伦敦奥运会时，勤务人员和制作助理在实际比赛转播前为拍摄彩排充当"运动员"（见图 10.14 和图 10.15）。

图 10.14　工作人员充当"运动员"站成一排，为奥运会的摄像进行彩排 [图片来源：克里斯·詹森（Chris Jensen）]

图 10.15　如果进行赛事带装彩排（仪式或中场表演），则可用来采集可在实际比赛转播中使用的镜头

采访：安德鲁·温格特（Andrew Wingert），转播工程师（见图 10.16）

安德鲁在一家用小型飞行箱对马术比赛进行节目转播制作和推流的公司工作。他们主要使用 4～9 台摄像机加上 3 个图文字幕源，具体情况取决于赛事的规模。有时，他们在一个场地上同时进行多达 4 场不同节目的制作。

◎你负责什么工作？

因为这是一家规模很小的公司，我们不会租用很多设备，我们有自己的设备。我负责卸车，和场馆管理人员合作完成最终设备的摆放，铺设到飞行箱的线缆及设置推流设备。将所有信号都设置成 1080i/60p，推流到视频网站 YouTube，并录制到固态硬盘上。

图 10.16　安德鲁·温格特

◎你最喜欢这份工作的哪一点？

这个工作能让我去到各种各样的地方，工作时间安排相对灵活，这是我非常喜欢的地方。我还喜欢面对每个场地的不同挑战。虽然各个地方的机位设置计划都是一样的，但是每一个新的场地都有自己的独特之处……也会存在不同的问题。在不同地方举行的比赛也不相同。

◎对你来说最大的挑战是什么？

场地的网络非常不稳定，我们经常要接入自己的网络。

第 11 章

制作

> 内容仍然是王道，技术对我们来说是第二位。我们的目标是创造性、富于情感、新闻性地记录奥运会本身。
>
> ——克雷格·詹诺夫（Craig Janoff），导播

外场制作

对于制作一场成功的电视转播，在世界范围内都没有固定的节目制作策略公式。每个电视网和公司都有它们自己的节目风格。有些体育比赛转播包含很多事先录制的节目，而另一些体育比赛转播则喜欢全部现场直播。

在由国际奥林匹克委员会组织的一场电视节目研讨会上，日本放送协会（NHK）负责奥运会的前高级制片人藤原优介（Yosuke Fujiwara）发表了以下观点："我们认为体育比赛转播的本质在于现场直播……我们相信体育比赛本身蕴含着未知的戏剧性，而直播就是展现这种戏剧性的最佳方式。"

每个制片人和导播都必须分析他们自己节目的观众、体育项目和可用的转播设备，以确定针对节目特定观众的最佳制作策略（见图 11.1）。制片人的检查单见附录 4。

图 11.1 每个制片人和导播都必须确定针对节目特定观众的最佳制作策略[图片来源：摩根·艾里什（Morgan Irish）]

本章将讨论几种转播策略。转播策略在不断发展，随着体育比赛的类型、预期观众和节目制作人

胜过身临其境

电视节目做得特别好的一点，就是将你带到你无法到达的地方。通过在整个体育场的不同位置摆放摄像机，并为其中一些摄像机配上长焦镜头，我们可以得到近距离观看球员和比赛的视角，这是你在现场的固定座位上无法得到的。

——安迪·罗森伯格（Andy Rosenberg），美国全国广播公司（NBC）的 NBA 协调导播

如何定义一场好的转播

"从（节目）制作的角度来看，你如何定义一场好的转播？它并不总代表着比分最胶着的比赛，或赛事的高质量，甚至也不是大规模的观众，而是转播团队的每个人都在做自己的工作，为观众提供符合 D-I-E 要求的转播。D-I-E，这是一个大多数时候对我有效的公式，D 代表描述（Describe），I 代表告知（Inform），最后是 E，在适当的时候进行娱乐（Entertain）。

——迈克·珀尔（Mike Pearl），制片人，16 次艾美奖获得者

员的能力的变化而变化。

执导外场转播

充满激情（的工作态度）和团队合作是体育转播的关键。

——约瑟夫·马尔（Joseph Maar），导播

在体育赛事中，导播的目标如下。

1. 建立观众对赛事的兴奋点。

NBC 的奥运会比赛电视转播理念

NBC 的转播理念是考察了成千上万的美国的奥运会电视节目观众的喜好、期望，经数百小时的研究而诞生的。在整个研究过程中，许多相同的主题不断出现，即故事、现实、可能性、理想主义和爱国主义。这 5 个主题——对应着奥林匹克五环——是 NBC 奥运会比赛电视转播理念的基础。

◎第 1 环：故事

观众需要叙事及情节，故事由此而构建。故事将现实、事实、节目主题与观众联系在一起。这就是观众从电视转播中得到的东西。

◎第 2 环：现实

对奥运会观众来说，也许主要的节目吸引力是未知的戏剧性，在体育比赛现场任何事情都有可能发生，这是人的天性。人们寻找真实的故事和其中的相关性，寻找适用于他们的途径。他们在寻找真实的生活和自然流露的真实情感。

◎第 3 环：可能性

这一主题涵盖了自我实现的感觉。观众体验了从普通运动员到加入世界级优秀的运动队伍的个人成长过程。这种认同感强化了他们对自身能力的信念，这种可能性的体现给了观众一个他 / 她能够成功的理由。

◎第 4 环：理想主义

奥林匹克在大多数人看来代表着纯粹与荣誉，唤醒了我们内心最美好的东西。这一主题体现了观众对智慧与情感融合的心理需求。

◎第 5 环：爱国主义

对国家的热爱不仅仅局限于本国观众对本国的热爱。国家荣誉和奥林匹克传统似乎是相辅相成的。观众认识到自己内心对国家的热爱，同时也尊重国际运动员对他们的祖国的热爱。

——NBC 对第 26 届奥运会的转播

2. 揭示运动项目的内涵并使观众了解这项运动的复杂性。

3. 捕捉赛事的现场氛围和情绪。

4. 清晰地传播事件。

体育运动的动作类型

[源自哈罗德希·克曼（Harold Hickman）的《电视导播》，由麦格劳 - 希尔（McGraw-Hill）公司出版，经麦格劳 - 希尔公司许可转载]

无论是哪种体育运动，导播都需要在设计转播方案时考虑以下 3 个方面的变量：（1）动作流；（2）团队运动或个人运动；（3）水平运动或垂直运动或环形运动等运动类型。

动作流

动作流关注的是运动中动作的连续性。是否存在持续的动作流，或者动作是否会被周期性地暂停、打断？例如，在冰球项目中，动作是连续的，很少出现中断。每节比赛的结束或对峙的停止可能是唯一的中断。足球也是类似的体育项目。另外，美式橄榄球则涉及许多断断续续的动作，每档推进后都会休息。每个动作实际只有 10 秒或 15 秒的激烈身体对抗，接着是大约 30 秒的暂停。高尔夫的动作也是非常缓慢和分散的，一杆可能只持续 5 ～ 10 秒，但每个球员用在步行、选择球杆、观察球路和准备上的时间则长达 5 分钟甚至更久。因此，可以将动作流分为两类，即断续性动作和连续性动作。

断续性运动

断续性运动往往很剧烈，存在大量的身体接触或精力消耗。高尔夫或许是唯一的例外。电视转播的断续性运动比赛项目包括美式橄榄球、棒球、网球、高尔夫、保龄球和田径（见图11.2）。所有这些运动都包含激烈的动作，接着是一段时间的非活跃期。

图11.2　断续性运动包含激烈的动作，接着是一段时间的非活跃期［照片来源：安德鲁·温格特（Andrew Wingert）］

执导断续性运动项目

从节目制作和导播的角度来看，在动作暂停期间保持观众对比赛的兴趣是最主要的挑战。断续性运动项目的动作暂停很频繁，暂停时间有时很长（至少从观众的角度来看是如此）。回放设备为这段时间提供了极好的节目制作价值。动作"停止"时间越长，或者动作越复杂，就越需要回放单元为同一个动作提供特定的和不同的视角。

对这类赛事进行分析是保持节目制作节奏的关键。为了保持观众的兴趣，对运动员的表现进行细致的分析是非常明智的做法，例如美式橄榄球比赛中的拦截、跑动、传球和所有的防守动作；棒球比赛中的击球和防守形式；网球比赛中的击球姿势和灵活性；高尔夫和保龄球比赛中的姿势等。

在执导中强调得分

导播必须要能平衡断续性运动比赛中情绪的高潮和低谷。显然，对运动员动作的转播相对简单——跟着跳跃的球即可，这意味着导播必须在其运动的物理方向上拍摄动作。大多数断续性运动的动作都是进攻性动作，进攻的个人或团队是导播关注的重点。通常情况下，只有进攻球队能够得分。一个球队可以拦截对方的球，但这个球队马上就会转入进攻状态。应将观众的注意力集中在比赛得分上，因此导播的责任是关注最有机会得分的球队。

在棒球比赛中，一名球员（击球员）需对抗整个球队。在转播中，对于防守方的覆盖比进攻方要多很

执导外场转播

第一次观察外场转播的人可能会觉得一切都很混乱。然而，你会看到在一个简单的5机位的体育节目制作中，导播（还不算制片人）需要与各岗位的工作人员进行大量的互动与沟通。图11.3中不含技术、后勤和所有助理岗位（很多岗位都会包含助理）。

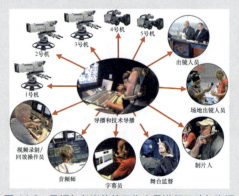

图11.3　导播与各岗位的工作人员进行互动与沟通

1. 在节目制作开始之前，确保每位摄像师都知道你想要他们拍摄什么内容。他们应该确保自己时刻处于"直播"状态。这样即使你切错了摄像机画面，画面看起来也不会太差。如果摄像师掌握了基本的比赛拍摄计划，你就不必一直告诉他们该怎么做了。

2. 在进行画面切换前要仔细查看每个监视器。尽管导播可能会高喊"切 2 号机"，但 2 号摄像机此时还没有聚焦，此时导播可能弄混了，实际上想说的是"切 1 号机"。

3. 把你的所有手指都放在切换台按键上。如果将你的手指放在切换键上，那么可以更快地在不同机位间进行切换（见图 11.4）。

4. 在切换镜头之前，试着预测一下摄像机画面中的人可能会做什么。如果有疑问，就切至一个较大的景别。任何时候都要保证至少有一个机位在拍摄全景。

5. 试着形成镜头切换的节奏。如果动作变快，机位之间的切换也会变得更快。

——源自《10 步优化外场转播切换》

图 11.4　切换不同机位

巴塞罗那奥运会开幕式

为了转播开幕式，节目制作团队使用了奥林匹克体育场的 4 个控制室。其中一个控制室用于转播运动员入场和体育场上演员的舞蹈和动作，使用来自 16 台摄像机（其中一半是移动摄像机）的信号。第 2 个控制室接收来自 7 台摄像机的图像，目的是记录贵宾包厢和其观众的反应，以及演讲台上的发言。在第 3 个控制室的协调下，使用 10 台摄像机拍摄体育场一侧舞台上发生的所有活动。第 4 个控制室，在开幕式电视节目制作导播的指挥下，负责借助位于特殊位置（如直升机或摇臂）的摄像机（风光摄像机）拍摄的全景镜头，进行节目的合成。

——《奥运会中的电视》

多，毕竟整个球场都布满了防守队员，击球员所在的击球区甚至是在界外。然而，尽管棒球比赛的主要焦点是防守，但大部分的转播都是关于进攻性动作的部分（击球员对投球手）。

网球或许可以被视为"只有进攻方才能得分"的例外。在网球比赛中，任何一个球员都可以得分——球网两侧的球员都在进攻。但是发球方有一个明显的优势，因为他／她有第一次进攻的机会。但每次在球越过球网时，进攻方向就会发生转移（见图 11.5）。

将球队或球员调动到能够得分的位置是断续性比赛的目的。这通常是通过一系列的"动作"来完成的。"越到球队或球员得分的关键点，比赛就越激烈。"导播可以通过将转播不断升温来增强这种情感参与——也就是说，随着比赛现场观众情绪的高涨，将景别收得更紧。这也意味着增加更尖锐的拍摄角度和进行更频繁的镜头切换。随着观众情绪的高涨，节目的节奏也需要加快。这种情感水平的提高有助于让观众感受到体育比赛中选手的压力。

图 11.5　网球或许可以被视为"只有进攻方才能得分"的例外。在网球比赛中，任何一个球员都可以得分——球网两侧的球员都在进攻

▌推波助澜

为了让原本沉闷的体育比赛变得更好看，导播可能会借用一些额外的节目制作手段来为比赛推波助澜，这在某些人看来可能是"不道德"的。任何试图让比赛或竞争看起来更令人激动或令人紧张（就谁将获胜

而言）的尝试都可能被视为超出导播本身工作职责的行为。有些观众可能只想让导播提供最基本的比赛内容的转播，让观众自行决定比赛是精彩的还是乏味的。

但导播的目标和职责是为观众制作更有趣、更具娱乐性的节目，因此，在需要使用提高节目制作价值的手段来实现这个目标时，首先需要符合基本的事实准则。在节目制作开始之前，就需要明确在多大程度上引入额外的节目制作价值以实现这一目标。显然，无论是允许解说员在现场进行解说和分析（分析比赛策略和运动员个人的表现质量）时通过制造紧张情绪来提升比赛的对抗性，或当比分为50比0时，用令人兴奋的、快节奏的节目制作方式来强化这一点，都是有问题的。新手导播需观察经验丰富的电视导播在转播双方运动员实力或表现差距大的比赛时所用的技巧。

除了上述方式外，增加更多不属于比赛或竞争的观众镜头（包括那些涂着油彩的脸、观众佩戴的怪异面具或熟睡的婴儿），将有助于缓解比赛的无聊。场边有吸引力的事件也可以包括在内——一个发愁的教练或一个受伤的球员。基本上，任何能将观众的注意力从进程缓慢的比赛本身转移的有趣事情都有助于保持观众的注意力水平。断续性运动使这种转播

电视体育节目制作的"套路"

· 摄像机经常会拍到一些球迷举着海报，上面是有关主队的口号。

· 如果摄像机找到了重要的观众——球队俱乐部老板、球队教练、球员的父母、球员的配偶——你可以肯定的是在比赛间隙这些人可以获得更多出镜的机会。

· 在夜场比赛中，观众会看到看台上的一个婴儿睡着的特写镜头。

· 有球员在比赛快结束时犯了一个足以导致全队失败的致命错误，当他被替换下场独自坐在板凳上时，摄像机会给他的脸部的特写镜头。

· 如果球队即将输掉一场比赛并因此失去进入季后赛的最后机会，镜头会锁定于任意一个坐在替补席上用毛巾遮住脸的球员。

· 足球锦标赛一结束，一大桶水或运动饮料会被浇到获胜队的教练头上。电视观众将会从多角度看到这一事件的慢动作回放。

——迈克·哈塞尔贝克（Mike Hasselbeck），作家

方式变得更加困难和有必要。

连续性运动

不同于断续性运动的转播，连续性运动的比赛很少或根本没有时间中断来进行分析。连续性运动项目包括篮球、冰球和足球。一般来说，这些运动在电视转播中并不像断续性运动比赛那样受欢迎，因为在比赛的过程中没有合适的暂停时机，这样一来无法植入商业广告，观众也没有休息时间去做其他事情。唯一的例外是篮球比赛（包括职业比赛和大学水平的比赛）。篮球基本上可以被视为一项连续性运动（见图11.6）。尽管篮球比冰球或足球有更多的间断时间，但在投篮得分之后没有间断。在篮球比赛中，动作会因球员犯规和球队暂停而停止。在犯规而造成的比赛暂停期间，可以回放一个或多个犯规动作的角度及进行其他的评论。这些实际上都是半间断的，因为比赛仍在继续，几乎没有时间播放广告或进行更多的回放。

图 11.6 篮球是一项连续性运动，为节目制作团队提供很少的间断 [照片来源：凯蒂·伊斯特（Katie Oostman）]

连续性运动往往具有组织缜密的特点，而且通常限于一个特定的有边界的比赛区域内。在篮球和冰球比赛中，这些区域相当小，因为现场观众很靠近比赛区域，更容易受到场上运动员情绪的感染，这就激发了电视观众观看比赛的情感潜能。

从电视节目制作的角度来看，还存在其他的连续性运动，包括越野跑或马拉松比赛。波士顿和纽约

马拉松比赛被认为是主要的体育赛事之一，尤其是对于跑步者和城市的居民来说。但与其他连续性运动的体育赛事相比，马拉松比赛在电视节目中占用的时间并不多。田径赛事通常不属于这一类，因为各个单项赛事都可被视为单独的比赛转播，其中涉及大量的断续性运动。

导播在准备连续性运动比赛的转播时，必须考虑如下这些因素：（1）快速的摄像机运动；（2）增大拍摄景别；（3）在动作中切换机位。

快速的摄像机运动

通常使用广角拍摄，为了让观众有机会看到赛场上球员的进攻和防守，以及进攻球员和防守球员之间的配合，并且建立球、进攻球队与球门之间的关系。尽管如此，为了增加比赛的激烈程度，需要尽可能地推近摄像机镜头。

增大拍摄景别

当运动员的动作速度提高时，需要增大拍摄景别，使得所有的动作可以被拍摄到。然而，随着动作速度的提高，导播确实应该尝试通过收紧景别来捕捉更快节奏的赛场氛围。例如，在篮球比赛中，随着球离篮筐越来越近，运动员动作的强度也会增加。应该越来越推近摄像机镜头，这有两方面的作用：（1）加快了转播的节奏和加深了观众的情感投入；（2）它为观众提供了一个更好的视角来观察运动员的动作。

这在冰球比赛中尤其重要，冰球是如此之小，移动速度如此之快，以至于观众很难看到并紧盯着它。当球员越过蓝线、接近球门时，应该将摄像机镜头推得更近。

在动作中切换机位

体育比赛转播的一个基本规则是，不要在比赛过程中出现关键动作时切换镜头。在篮球比赛中，这意味着当正在切出一个镜头时（无论是投球还是罚球），导播不应该切入其他镜头。在美式橄榄球比赛

中，这意味着当摄像机拍摄一名四分卫且他正在后退投球时，必须跟拍球的飞行直到球被抓住或没能被抓住。在这些关键时刻切换摄像机镜头，观众需要从另一个角度重新建立他们对比赛情况的认知。虽然这只需要 1 秒的时间，但在球员传球和投篮的一瞬间切换镜头是危险的。在棒球比赛中，投手向击球员投球时也同样关键。

在连续性运动比赛中，导播必须小心不要在比赛转播中进行过度的镜头切换。例如，通常一英里（约 1.6 千米）跑中一个简单的镜头就能让观众满意，因为他们对赛事的连续性感兴趣。只有当比赛进入最后的 100 码（约为 90 米）左右时，导播才会试图通过对领先者（或领先队伍）的缓推镜头来增加节目悬念和观众的情感投入。

▍团队运动和个人运动

体育比赛转播也可以根据参与比赛的运动员人数来进行节目规划。大多数电视体育节目所涉及的都是团队运动（美式橄榄球、篮球、棒球、冰球），但多年以来，人们对个人运动（网球和高尔夫）的兴趣与日俱增。

团队运动

很显然我们花了太多时间去报道比赛阵容、比赛过程和比赛结果，而不是展现参赛者的情感，并把观众带到幕后。

——艾伦·帕斯科（Alan Pascoe），英国 Fast Track 公司董事长

导播的俚语（术语）

下面是一些导播使用的俚语（术语）。

Effect：动画、开窗或特殊效果的导播切换台口令。

Fly：通常由数字视频效果生成器（DVE）创建的一种非导播切换台特效。

Go wide：拉镜头。

Go close：推镜头。

Get tight：将镜头推到很近。

Mix：在不完全叠化的情况下混合摄像机信号。

Pull focus/rack focus：把焦点从一个主体移到另一个主体。

Push in：推镜头。

Pull out：拉镜头。

Transform：执行字幕动画。

You're hot：正在切出你的镜头。

电子竞技的故事脚本与传统体育转播有很大不同（见图 11.7）

作者：布兰登·科斯塔（Brandon Costa）

在体育电视节目的早期制作中，像鲁恩·阿利奇（Roone Arledge）、唐·奥尔迈耶（Don Ohlmeyer）和迪克·埃伯索尔（Dick Ebersol）那样的传奇人物，通过将体育比赛转化为充满戏剧性的"电影"，把体育媒体变成促进体育传播的强大力量。体育比赛的意义已经不仅仅在于谁赢得了决胜球，更突出进球者与在看台上庆祝的父母一起流下喜悦的泪水的场面。

如今，电子竞技正在迅速成为全球消费的新的、令人兴奋的直播体育赛事内容，但作为电视转播内容的一种，它尚处于起步阶段，什么是好的电子竞技赛事转播尚未具体定义。

当然，通过采访或专题片讲述电子竞技选手的故事是一种基本的策略，但讲述直播比赛的实时故事需要制片人进行简单回顾并且思考进行体育赛事转播的核心目标。无论目标是把节目故事讲给赛事的忠实观众，还是展现给第一次观看的观众，任务都是一样的，即用图文字幕、解说和画面清楚地展示比赛结果和导向这一结果的重要事件。

对于为守望先锋联赛（Overwatch League）进行转播的暴雪娱乐公司（Blizzard Entertainment）高级制片人弗兰克·拉斯皮纳（Frank Laspina）来说，这项任务说起来容易做起来难。"在大多数电子竞技转播中，你必须克服的主要障碍之一是呈现游戏目标。"拉斯皮纳说，他将自己在节目制作中的角色定位与传统体育比赛直播中的制作总监进行了比较。"你要如何向观众解释游戏目标，以及如何在节目中呈现游戏目标呢？篮球比赛节目制作背后有很多策略，但有一个非常简单的事实——没有进球你就不能得分。在超高水平的比赛中，你要确保将每一次球进入篮筐的瞬间呈现在屏幕上，每个人都能看到所有的比赛得分，并且很清楚是谁在得分。"

"在电子竞技转播中，尤其是在守望先锋联赛中，你要面对的是 12 名在数字地图上操控游戏角色的能力出众的玩家，将这张地图放在现实中会是一个占地 1 平方英里（约 2.6 平方千米）的地方，他们都在游戏中进行协同推进或攻击，而每张数字地图都有不同的游戏目标。这是一个巨大的挑战，既要确保观众看到'球进了篮筐'的画面，又要确保他们理解这是如何做到的"。

在讲故事的过程中，一个很重要的部分是保持观众对在游戏中取得胜利的实际操作的关注，同时让现实世界中的职业玩家成为故事中的明星。拳头游戏（Riot Games）公司北美冠军联赛的制作总监 / 转播主管戴夫·斯图尔特（Dave Stewart）表示，电子竞技直播的节目制作目标是将游戏世界与现实世界同时无缝融合在一起。

"虽然观众会对某个游戏角色偶尔表现出偏好或者嘲讽，但是赛事转播中的很多情感都发生在游戏之外。"斯图尔特说，"尝试让职业玩家和他们的故事进入游戏，并融入其中，这是更令人兴奋的挑战之一。在传统体育比赛中，当勒布朗·詹姆斯（Lebron James）出现在你面前时，你看到他会极度兴奋并大喊大叫。对我们来说，当在游戏中发生一些事情时，我们需要看到玩家的反应。我们需要切换到摄像机，将现实世界与虚拟世界融合在一起，这是一个非常令人兴奋的机会，这也是令人难以置信的挑战，但如果我们能更好实现这一点，我们就能更好地讲故事。"

图 11.7　阿灵顿电子竞技体育场是一个占地 100000 平方英尺（约 9300 平方米）的场地

导播谈执导体育比赛

◎亚历山大·德马蒂诺（Alexandro DeMartino），导播，天空电视台（Sky），意大利

· 最喜欢执导的体育比赛项目：足球。

· 引言："对我来说，执导节目就像一个指挥家指挥管弦乐队。每台摄像机的单独工作没有太多意义，它们在一起工作才能创造一些东西。"

· 你是如何进行导播准备的？一个好的导播必须了解这项运动的规则，并且必须做好身体上的准备。

· 建议：处事老练，懂财务，音频必须与视频有相同的质量水平。字幕操作员不仅需要了解这项运动的比赛规则，而且还必须能够预测将要发生的事情，以便将正确的字幕组合在一起。

◎加里·米尔基斯（Gary Milkis），导播，NBC 和 CBS，美国

· 最喜欢执导的体育比赛项目：高山速降滑雪。

· 引言："导播就是用摄像机讲故事。"

· 你是如何进行导播准备的？设计监控墙的布局，让它适用于进行该运动比赛项目的转播。

· 建议：在激发团队成员的积极性和不"虐待"团队成员之间找到平衡。可以在通话耳机里适度幽默一下。

· 最大的挑战：选定最佳的摄像机位置。

◎格雷格·布雷克尔（Greg Breckell），导播，加拿大电视台（CTV），体育电视网（TSN）和 ESPN，加拿大

· 最喜欢执导的体育比赛项目：高尔夫。

· 你是如何进行导播准备的？完成对赛场的详细勘察。

· 建议：了解比赛，不仅仅是规则。适当地激励那些可能觉得自己的工作不像其他人的工作那么重要的团队成员。

· 最大的挑战：沟通和协调比赛计划。每个人都需要了解正在发生的事情和发生的原因。简单的意外才是真正会破坏节目的事件。

◎布莱恩·道格拉斯（Brian Douglas），导播，转播超过 700 场 NBA 比赛，美国

· 最喜欢执导的体育比赛项目：篮球。

· 引言："了解这项运动和相关的人。一个球员的运球方式可以告诉你他是否要投一个三分球。"

· 你是如何进行导播准备的？深入研究是关键，多看录像。

· 建议：建立一个充满创造性的工作环境。记住你是为了突出与展现别人在比赛中的表现，并不是你自己（的技术）。你并非节目的一部分。

· 最大的挑战：保持对局势的控制。

◎白李（Bai Li），导播，上海电视台体育频道，中国

· 最喜欢执导的体育比赛项目：乒乓球和篮球。

· 引言："在转播传统体育比赛项目时很容易因循守旧，因此要有创造性的想法。"

· 建议：了解这项运动。多看比赛。

· 最大的挑战：年轻一代人不习惯进行团队合作。导播必须更加注重建立良好的团队合作和培养团队成员具备良好的沟通能力。

◎马克·华莱士（Mark Wallace），导播，英国广播公司（BBC）和 LiM 非洲分部（LiM Africa），英国

· 最喜欢执导的体育比赛项目：英式橄榄球。

· 引言："体育转播的 5 个 P——事先准备防止不佳表现（Prior Preparation Prevents Poor Performance）的出现！"

· 你是如何进行导播准备的？向团队成员介绍一下自己并和每位成员进行交谈，并解释我想让他们做些什么工作。然后在我自己的头脑中想清楚需要做什么工作和需要什么时候做。

· 建议：尽量表现得冷静，控制好自己。要有一个备份方案，并尽量总是提前考虑。

图像

决定图像质量的不是摄像机的数量，而是视角的设置是否恰当。我们可以从达芬奇（Leonardo da Vinci）、米开朗琪罗（Michelangelo）、戈雅（Goya）、鲁本斯（Rubens）或伦勃朗（Rembrandt）等早期绘画大师那里学到很多东西。在他们的画作中有一股力量，有一个可以集中注意力的中心，会不由自主地吸引观众的眼球。这种中心力量在动态图像中也是可能存在的，观众的注意力会被引导到焦点，观众可以舒适地观看比赛。不幸的是，在很多情况下这些都缺失了。

——霍斯特·塞法德（Horst Seifard），德国电视一台（ARD）前体育节目导播，《奥运会中的电视：新时代》

在团队运动中，团队协作的复杂性使这项运动本身具有趣味性（见图 11.8）。大多数狂热的体育迷都理解各种比赛的绝妙之处，欣赏不同团队成员的角色定位，以及他们对团队的贡献。例如，一支美式橄榄球队的进攻线应该由在位于特定位置上的技术高超的球员组成。当他们在进攻时，球迷（及回放）可能想要关注这些球员的进攻效率。这吸引了观众的注意力，因此提升了观众的兴奋度。在大多数团队运动项目中，作为一个组织有序和高效的组合，团队在一起协作的能力为我们提供了不同寻常的转播机会。然而，这却提升了对导播的要求，导播需要了解比赛，并且了解高质量竞技的复杂性和细微之处。正是由于这些复杂性，团队运动比赛的转播比个人运动比赛的转播更复杂。

个人运动

另外，个人运动项目也有其优势。对于导播来说，可以有更多机会通过使用近景/特写镜头来提升节目制作的情绪传达水平（见图 11.9）。对于观众而言，把自己和一名运动员联系起来比与一个球队的所有球员联系起来要容易得多。如果是一个人在与另一个人进行对抗（如网球），这种情感的投入比起一个人与自己比赛（如高尔夫）自然会更多。

对于个人运动项目，导播有更多的机会通过使用近景/特写镜头和单人镜头来提升节目制作的紧张感。例如网球、拳击、滑雪、田径、高尔夫和摔跤（真实的或具有表演性的工作）。

对于个人运动比赛的转播，导播有许多要考虑的因素：（1）通过使用更近的镜头为观众建立情感投入；（2）处理好占据比赛主导地位的选手镜头数量；（3）有限的转播空间。

图 11.8 团队运动由于团队协作的复杂性，而有一种内在的趣味性

图 11.9　通过使用近景 / 特写镜头和单人镜头，导播有更多的机会来提升个人运动节目制作的紧张感

需要在转播中对每位选手的镜头数量平衡，这样粉丝们才会满意。当然，导播也可以通过这种方式来培养对节目感兴趣的忠实观众。在个人运动比赛的转播中，相对容易出现对某一个选手的偏向性，导播应该尽量避免这种情况的出现，例如在转播中给受欢迎的选手更多镜头、更近的特写镜头或角度更好的镜头，却在其在比赛中遇到麻烦时将画面切走、在不受欢迎的选手遇到麻烦时对其进行展示或者现场解说员或和评论分析员进行了有偏向性的评论，这种情况使转播的价值观发生改变。

建立观众的情感投入

导播有机会通过加快制作的节奏来建立观众的情感投入。导播可以让镜头进入运动员的个人空间，来吸引观众。他 / 她可以建立一种视觉情境，在此情境中，观众可以与运动员建立联系并感受到他们的疼痛、压力、胜利的喜悦或失败的痛苦等情绪。

远程制作

"为了向观众提供高性价比、高质量的内容，并带给观众最接近在体育场现场观看比赛的体验，全球越来越多的转播商正在采用远程制作的方式。这意味着大型节目制作团队不需要实地去到每个场馆，这种远程转播方式可以更高效地将内容带给观众。"

——布莱恩·莫里斯（Brian Morris），塔塔通信副总裁

1945 年的垒球比赛转播

有必要缩小内野场地的尺寸，以获得正确的视角。使用两台摄像机转播比赛。将一台摄像机设置在本垒板后方，将另一台摄像机设置在一垒的位置，朝向二垒。使用 12 英寸（30.5 厘米）的球来代替标准球，也是为了限制运动员动作，保持近距离飞行，防止击球越过围栏。

——《电视节目商业》

周一橄榄球之夜，ABC 体育频道

周一橄榄球之夜通过使用长焦镜头特写、呈现更多四分卫的镜头和场边镜头，展现了运动员在球场上尽情挥洒汗水的动人场面，赋予了他们神话般的现代角斗士形象，凸显了橄榄球运动的魅力。

——约瑟夫·马尔（Joseph Maar），导播

处理好占据比赛主导地位的选手镜头数量

如果某项运动提供了个人之间的对抗冲突（如网球或拳击），比赛转播也许会更关注占据比赛主导地位的选手，然而这并不一定是获胜的选手。例如，一个忍受着伤痛或对比赛失去控制的"失败者"可能正是导播想要展现的故事的主角。观众对处于劣势的选手有一种天然的亲近感，如果处于劣势的选手试图打败明星选手，这就可以转化为有趣味性与故事性的转播。这些比赛中的选手通常都有粉丝，因此导播

在这些情况下，导播应尽量恪守新闻准则。他 / 她要为所有参赛者提供均衡和公平的转播。但在转播本地高中或大学与来自隔壁城镇的劲敌之间的比赛时很难做到这点，在转播本国代表队参加的奥运会比赛时，甚至会更难。平衡镜头数量分配并建立一个稳固的转播准则将有助于减少出现转播偏向的可能性。

有限的转播空间

个人运动项目通常只有非常有限的空间供转播

使用。你可能会说高尔夫比赛场地根本就不受限——事实上，它是拥有最大赛场的运动项目之一。但是我们现在讨论的是运动员在某个特定时间必须使用的空间，而非整个赛场。在每轮比赛中，高尔夫球员只会用到空间很小的发球区、沙坑或果岭，而非整个球场。马拉松运动员也只用到了他／她在某个具体时间点上跑动所需的空间——而非整个赛道。在团队运动项目中，对这一区域进行极大地扩展，因为团队可以占据很大的比赛区域（球场或赛场）。

保龄球选手在比赛进行时只会用到一个球道，网球运动员在一个相对小的球场内比赛，而跳高运动员仅用到一个横杆和一个短跑道。这为导播提供了很大的灵活性和强化转播紧张感的机会。高尔夫、速度比赛（马拉松和赛车）也许是例外，因为导播必须做好准备去转播很广的比赛区域，但需要无时无刻不专注于较小的比赛区域。主观视角（POV）摄像机和小型发射器对这类转播很有帮助。

这种有限的工作空间为个人运动比赛的转播增加了紧张感。因为导播可以将更多的摄像机集中在一个较小的区域内，有机会拍摄到更近的特写镜头，有机会混合不同角度的画面获得更多的节目效果。没有好好利用这个机会的导播会发现转播变得冰冷乏味。个人运动比赛转播要在电视上与团队运动比赛转播竞争，必须把竞赛的戏剧性和运动员的努力体现出来。导播要参与讲述有冲突性的故事。任何可以确保观众理解真实故事的事情都应该去做。

水平运动、垂直运动、环形运动

所有的转播制作都存在某种类型的轴线。在大多数体育运动中，这个轴线对观众的空间定位而言至关重要。除了少数例外，体育比赛转播可被分为 3 种类型：（1）水平运动；（2）垂直运动；（3）环形运动。

水平运动

对电视导播来说，幸运的是大多数体育比赛都是水平方向的，也就是说，动作发生在摄像机前的水平面上（见图 11.10）。例如，美式橄榄球就是由两支球队在呈现在屏幕上的场地内来回移动的比赛。篮球也是两支球队在镜头前的地板上来回移动的比赛。可惜，对于导播来说，这类动作违反了 Z 轴规则——朝向或远离摄像机的动作比屏幕上的横向运动要更好。但由于观众对比赛的空间定位是水平的，这就决定了你必须使用特定的转播类型。

导播可以利用在水平方向上进行的比赛中架设摄像机的便利条件，沿着橄榄球场的中间，从球柱到球柱，以及沿着篮球场的中间，从篮板到篮板，以绘制一条假想轴。如果在比赛过程中，将所有摄像机保持在这条动作轴线的一侧，那么就很容易让观众仿佛置身于比赛之中。

在水平方向上进行的比赛中，可以将摄像机设在球门区或篮板下。但是如果比赛的转播超出了机位存在的区域，并越过了轴线，观众就会迷失方向。对于花絮镜头或某些暂停时的拍摄，摄像机可以被放置在那些越轴的位置上，但是不应被广泛用于比赛的转播。唯一的例外，在前面提到过的，是用于反向角度的回放。在这些情况下，观众需要通过评论员的解说或屏幕上的字幕提示理解这是来自赛场反方向的回放，来重建空间定位。

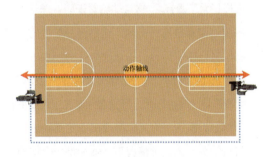

图 11.10 水平运动

垂直运动

某些水平运动的比赛，如网球比赛，导播必须把动作方向看成是垂直的（见图 11.11）。球的运动和球员的动作使得在水平方向上设置的摄像机很难提供常规的转播。在这些情况下，Z 轴成为一个主要因素。导播试图将球的运动置入 Z 轴，朝向或远离摄像机。以网球比赛为例，将摄像机设置在球网某一边的底线处，可以展示球从一名球员（他或她背向镜头）跨过球网到另一名球员（面向镜头）的画面。由于球员在比赛中需要交换场地，所以使用哪边的底线没有什么区别。在这种情况下，虽然比赛是水平方向的（球穿越球网从一边到另一边），但是转播却是垂直方向的（球朝向和远离摄像机）。由于网球是一种断续性运动比赛，边线摄像机可以用于在比赛暂停期间拍摄球员和球迷的特写镜头。

另外，高尔夫是一种纯粹的垂直方向运动。球和运动员都是朝向或远离摄像机的，没有水平方向的轴线。由于高尔夫球的运动速度快、运动距离远和尺寸较小，在水平方向上跟踪高尔夫球的运动会非常困难。在高尔夫比赛中，轴线是非常灵活的，因为每块球场都不同。虽然都是从发球区到球道，再到果岭，但没有两块高尔夫比赛场地是相同的，并且很少有类似的出界情况。

高尔夫比赛的戏剧性元素在果岭上推杆击球之时出现。在高尔夫比赛中有句俗话："开球是为了作秀，推杆是为了赚钱。"这意味着对于职业球手来说比赛的关键因素是推杆击球，这是得分的地方。显然，高尔夫比赛的目标是击球次数比对手少——以最低杆数获胜。节省下来的击球次数通常产生于在果岭上推杆击球之时。因此，导播必须专注于比赛的推杆击球部分。在这一点上，摄像机一定要给近景镜头或特写镜头。在这种情况下，轴线是一个次要因素。但是导播必须确保观众已经建立空间定位，这样他们就可以参考球到球洞的距离。由于选手推杆总是朝着球洞的方向，因此，观众一旦对比赛空间定位建立认知，就不需要再进行重建。不过，有一点要注意，在高尔夫比赛的动作部分（击球时），镜头跟随

弹跳的高尔夫球是很重要的。例如，当高尔夫球被选手推杆击打时，观众应该能够看到球和球洞，并能够跟随球滚向球洞的过程。当球接近球洞时，导播可以将镜头的焦点缓推到球和球洞上，但必须始终保持两者之间的距离参照。

某些田径项目也可以被认为是垂直方向的运动，例如标枪、链球和铅球。

图 11.11　垂直运动

环形运动

有一些运动看起来基本上是围绕轴心的运动，例如棒球、拳击、赛车和摔跤（见图 11.12）。高尔

图 11.12　环形运动

夫的推杆击球也可以被归入这一类。在这里，动作似乎是在圆圈内移动（尽管大部分比赛的比赛区域都是

正方形的，比如棒球内野场地和拳击台）。正因为如此，很难建立一个特定的轴线。导播可以通过边界来帮助观众建立空间定位，比如棒球场上的犯规线或拳击台的围绳。只要能定期帮助观众重建空间定位，观众通常不会介意在这些运动中迷失方向。

组合

大多数体育比赛项目是我们之前讨论过的各种运动类型的组合。足球是团队运动、水平运动、连续性运动。棒球是团队运动、断续性运动、基本上是环形运动（尽管棒球的运动，从投手投球到击球员，以及球飞离球棒，更多属于垂直运动而非环形运动）。高尔夫属于个人运动、垂直运动、断续性运动。

运动分类很重要，因为它们为转播机位设计提供了基础。将摄像机放置在哪个位置上进行体育比赛转播取决于比赛的轴线。画面所使用的景别大小，拍摄这些画面所需要使用的镜头，以及观众建立和在特定时间重建空间定位的需求都将由这些因素所决定。

（注：更多的机位图可以在附件 2 中找到）。

使节目制作个性化

我坚信，使用更多的摄像机并不会使你成为更好的导播，也不会制作出更好的节目。我见过有导播用 4 台摄像机拍摄出看上去像使用 8 台摄像机进行拍摄的效果，反之亦然。观众能否通过摄像机镜头看到更多内容，取决于导播的能力。我的首要关注对象是运动员。我们尝试采用个性化的节目制作方式，从而使观众体验到比赛过程中的情绪与氛围……我的摄像机（摄像师）知道，当某人得分时，我想看到他 / 她的脸和对方教练的脸。我曾试图给我的团队灌输我在多年前学到的一个原则——那就是，个性之人是任何故事的关键所在。

——切特·福特（Chet Forte），导播

转播设计

跟随弹跳的球的运动：在体育比赛转播中，最关键的一个节目制作原则就是要时刻知道球在哪里。所有的运动都是如此，也许拳击和摔跤等个人运动是例外，因为这些在这些体育项目中，没有球可以操控。

观众的需求

体育比赛转播是一种展示型的电视节目，导播的风格通常是"看不见"的。满足观众对于了解比赛情况的需求是最主要的，导播的工作就是把故事讲给观众。

定位：观众必须清楚地了解比赛的总体情况。他们必须知道哪个队 / 哪个人控制着比赛氛围或在比赛中具有优势。这种定位有别于建立与空间位置有关的方向感。定位与比赛的情绪状态相关，也与当前的比分情况相关。观众需要知道哪个队 / 哪个人得分最多（或在高尔夫比赛中谁的杆数最少）。当你和朋友相约观看球赛却迟到的时候，你的第一个问题通常是：现在比分是多少？这是定位的一部分。

定位还包括时间 / 距离 / 阶段等因素。这场比赛 / 这一节比赛 / 这一局比赛还剩多长时间？跑步者还要跑多远？我们处在保龄球比赛的第几个计分格（或处于第几个拳击比赛回合）？当你问完现在比分是多少之后，下一个问题可能是：现在是第几节比赛，还剩下多少时间？导播很容易忘记观众对于定位的需求。从转播车的位置上看，导播知道这些定位因素的信息，但在家里的观众却不知道。有一个基本规则是，在每场美式橄榄球比赛结束后，观众必须重新定位（码数、落点和时间都很重要），在高尔夫比赛中，打完每一个洞后也是如此（谁领先，我们便打到了哪个洞）。这些只是举例。观众并不仅仅是在美式橄榄球赛或篮球赛的最后两分钟想知道比赛时间还剩多少，他们希望在整个比赛过程中定期了解到这

些比赛信息。

比赛方向：球的运动方向和得分的方向必须建立联系并保持一致。观众不需要知道体育场或运动场是南北向或东西向（尽管几乎所有的室外橄榄球场都是南北向的，由于下午的阳光方位，摄像机从西边看台进行拍摄）。观众并不关心体育场或运动场在城市中的位置。但是，他们关心的是球的位置和在边界内的比赛的发展趋势。

球的位置：观众必须知道球的位置，特别是在美式橄榄球和冰球这类比赛中。球向球门的移动很重要。在美式橄榄球比赛中，必须确定球相对于码线的位置。当球接近防守球门时，比赛情况容易发生巨大的变化。观众必须在两次进攻之间重新确定球的位置，特别是在获得高码数推进之后。为了保证镜头的多样性，导播可能想尝试在一次进攻后插入一些观众镜头，但除非观众在下一次进攻前已经重新建立空间定位，否则他们会在比赛过程中感到沮丧。

球在画框中：在连续动作的过程中，观众必须在画框中看到球。对于前文提到的"跟随弹跳的球的运动"的转播原则来说，这是最基本的。没有什么比不

知道球在哪更让观众感到沮丧的了。

▌导播风格

在转播体育赛事时，导播风格基本上是"不可见"的。导播必须在心理上把自己置于观众的位置，然后向观众展示他们所需要看到并希望看到的内容。

导播，尤其是新手导播，在断续性运动比赛转播中，应该有计划地选择一台摄像机专门负责进行大量的动作拍摄。在球快速移动或运动员动作很复杂的比赛中尤其如此。其他摄像机可以用来在其他时候提供转播画面。

只有在断续性运动比赛的暂停期间，导播才可以展现出一点创造力或者用节目制作价值来为转播添彩，例如即时回放、特写镜头、有趣的分析，以及插入图文字幕提示额外的比赛信息。一般来说，个性化的部分不应超过整个节目内容的35%，除非比赛本身实在是太糟糕了。

导播必须具备对这项运动整体节奏的感知能力，并尝试让自己的导播风格与之相匹配。在很多方面，执导比赛中的运动和运动员在比赛中的运动，与执

世界杯——1号机描述

1号机：位于中场的主机位。1号机是主转播摄像机或主镜头，它的画面足够广，能够展示比赛进程，但又不会使球和球员都变成了屏幕上的小点。机位设置的基本原则是让每个参与比赛的人都能被展示，除了那些明显在比赛进程之外的人，摄像机通过它的运动方向来引导比赛。

——第15届世界杯足球赛转播商手册

穆罕默德·阿里（Muhammad Ali）与电视节目

福克斯体育传媒集团（Fox Sports Media Group）的前副董事长埃德·戈伦（Ed Goren）讲述了他于1976年在波多黎各圣胡安制作的一场拳击比赛转播的故事。比赛是阿里和让·皮埃尔·科普曼（Jean Pierre Coopman）之间的对决。阿里显然是更受欢迎的选手，观众们认为这场搏斗很快就会结束。正如戈伦所说，他认为阿里只是为了电视节目的效果而战。"这是战斗之夜，"戈伦回忆道，"我当时在转播车的楼梯上，遇到了安杰洛·邓迪（Angelo Dundee）（阿里的教练）和阿里的随行人员。我大喊：'嘿，冠军，打算打几个回合？'他说：'你需要放几段广告？'我说'Give me five'[1]，他点了点头。我记得阿里在第6回合开始后不到30秒就把对手击倒了。"

——改编自贝德纳斯基（P. J. Bednarski）发表于SUG新闻通信中的文章

1　译者注：英语俚语，意思是"我们击掌吧"，表示庆祝胜利，加油。字面意为"给我5个"。

导音乐类节目，如一场舞蹈比赛或音乐会类似。随着冲突的升温和冷却，比赛的运动节奏也会加快和放慢。橄榄球队成员的身体动作必须像芭蕾舞团的表演者那样精准，就像经过排练一样。高水平的导播可以感知这种节奏和运动，并能在此基础上用与赛事节奏相匹配并能强化这种赛事节奏的执导风格，构建起一个节目。

设备与转播

在大多数中小规模的市场化节目制作项目中，导播会根据摄像机画面、摄像机运动、图文字幕的呈现方式和出镜人员的行为确定转播计划。在体育转播中，导播成为所有出镜人员和工作团队协同努力的中心。团队成员提供镜头画面、录像回放和其他信号输入，导播从中挑选合适的内容进行节目制作。从这个角度来说，他／她变成了一个编辑，筛选素材并指导节目制作。这并不是说导播不需要为特定镜头、拍摄内容和单独的机位进行调机，而是转播车内的工作节奏太快了，导播不可能与每个团队成员和出镜人员讨论每一个镜头的内容或镜头序列。

执导摄像

机位分配：各种运动项目的特定机位设置建议将在本章稍后部分介绍。先概述适用于任何情形的摄像机拍摄任务分配。本节概述的摄像机拍摄任务分配所涉及的是通常摄像机所能提供的画面内容类型。根据在具体节目制作中使用的摄像机单元数量，每台摄像机通常都可以分配到某一个类型的画面内容。这里关注的是拍摄任务分配，而不是摄像机数量（见图11.13）。

每台摄像机都有各自的常规拍摄职责：(1)动作／比赛；(2)明星／机动；(3)独立／特定任务。

主机位／动作机位／比赛机位：主机位，通常也被称为动作机位或比赛机位，负责拍摄比赛中运动员的一般动作。这并不意味着导播不会使用其他机位来达到这个拍摄目的，但是这是主机位的特定任务。例如，如果在美式橄榄球比赛中，一方球队把球移动到一码线附近时，你可能需要使用设置在球门后的多功能摄像机从不同视角拍摄即将发生的球员身体对抗，来强化赛事的激烈感。但在常规机位设定中，主机位具备这一特定拍摄职责。

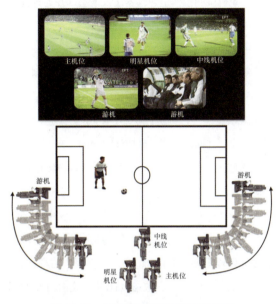

图 11.13　足球／橄榄球比赛的机位设置

明星机位／机动机位：明星机位拍摄特写镜头，跟随某个特别出色的运动员，因此被称为"明星机位"。这个机位也可以用来跟随运动员动作以突出要点，追踪捕获各种各样的镜头，就像一个外野手在捕捉飞过来的棒球，因此又叫机动机位。摄像师必须能够感受到比赛的戏剧性和情绪氛围，并且为导播提供能够展现这种戏剧性的镜头。例如，尽管篮球赛在一方后卫带球上篮后继续进行，明星机位的摄像师仍会为导播提供这名后卫的镜头。如果这名后卫的投篮被对方中锋封盖，明星机位将聚焦到中锋身上。这个机位的镜头将始终对准拿下这次对抗的球员。

一方面，如果一名橄榄球线卫进行了一个特别激烈的抱住并摔倒的动作，伤害到了对方跑锋，那么明星机位会聚焦在受伤球员身上（只要伤势不是非常严重），而另一台摄像机则会拍摄线卫。同样的，明星机位（在导播指令下）可以专注于拍摄在比赛中看起来要失势的网球选手。如果看上去控制着比赛的球员状态开始滑坡，明星机位也将聚焦于这位球员。这正是故事性之所在。另一方面，如果对手卷土重来，越打越好，这可能就是看点了。在点球时，明星机位也要拍摄裁判。这是明星机位拍摄职责的一部分。明星机位的工作是为比赛注入情感，并为导播提供帮助节目制作实现这一点的镜头。

独立（ISO）机位／特定任务机位：独立机位负责拍摄特定的（单独的）预期动作点，可以录制下来供之后回放使用。独立机位摄像师的拍摄职责是充分了解这项运动，以确定比赛中的特定动作会在什么时候发生。例如，在美式橄榄球比赛中，在进攻方处在第三档进攻尝试时，还有很长的距离需要推进来获得继续进攻的机会，这通常意味着球队会传球。此外，独立机位摄像师应（从前期制作会议中）了解特定的球队（或个人）通常的比赛风格。独立机位摄像师可以借助这个信息，为回放助理导播或回放操作员提供在比赛节奏放慢或比赛停止时可用的回放镜头。

导播可能会有时间向独立机位摄像师提示特定的预期动作，但是随后独立机位摄像师就需要自行拍摄，并提供画面。导播没有时间在整个转播过程中与他们交谈。

特定任务机位用于在比赛期间进行特定拍摄。边线机位在美式橄榄球比赛或篮球比赛中可能会有提供替补席镜头或教练镜头的任务。他们可能会拍摄

边线出镜记者所进行的特别报道。其他这类机位可能会拍摄评论席的出镜人员或提供时钟的画面。大部分小规模商业节目制作或无电视网投资合作的转播，没有这么多机位，可以使用独立机位承担以上所有职责。

摄像主动性：在前期制作会议中，需要对每个机位的特定拍摄任务加以研究。摄影师必须知道他们的在转播中的具体拍摄职责是什么。也应对比赛中的特殊情况进行研究——就是那些"如果……该怎样"的情况。例如"如果亨廷顿熊猫队打进 10 码线，我们该怎么办？""谁来拍摄约翰逊教练？"

在比赛开始前，摄像师用他们的摄像机进行试验，看看在特定的拍摄任务分配范围内他们能拍摄到什么样的镜头。进而他们可以尝试，看看还能拍到哪些其他镜头可以供导演选择（见图 11.14）。

图 11.14　比赛开始前，摄像师应进行试验，看看在特定的拍摄任务分配范围内他们能拍摄到什么样的镜头

在比赛过程中，所有摄像师应一直为导播提供稳定、可供播出的镜头，当他们认为自己拍摄到了可以被导播用来达到某种节目效果的一个镜头时，

福克斯体育频道的棒球比赛转播机位调度说明（见图 11.15）

◎机位 1：三垒低角度机位

·给左手击球员腰上景别用于显示技术统计字幕，在 Tally 灯熄灭后将镜头拉到全景（从头到脚拍摄）。

·如果左手击球员打出短打，则在屏幕左边给击球员留出更多的视线空间，并跟随球的运动进行拍摄。

·拍摄右手投球手。

·拍摄双方队员席。

·如果有一个击球员，且垒上有两人，在球被击出后，拍摄替补跑垒员。

·如果没有击球员，则拍摄前位跑垒员。

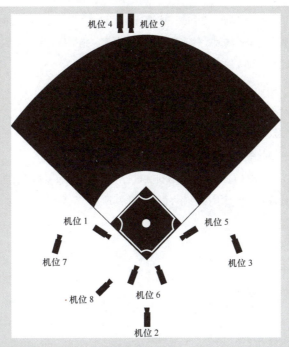

图 11.15 棒球比赛转播机位调度说明 [图片来源：导播詹姆斯·安吉奥（James Angio）和约瑟夫·马尔（Joseph Maar）]

·如果每一个垒上都有跑垒员，则拍摄前位跑垒员。在前位跑垒员得分后，拍摄位于一垒上试图继续向前超越的跑垒员。

·低角度机位要在跑垒员上垒时略微向下扣镜头。

·如果没有击球员或前位跑垒员，则拍摄投手。在投手正面投球后，在整个场地寻找并拍摄接球画面。

·在球员回到三垒队员席后，拍摄位于一垒的球员。如果击球员在另一队，则寻找内野表现出色的球员进行拍摄。

·拍摄击球员准备区。

·当跟拍跑垒员时，始终给全景（从头到脚拍摄）。

◎机位 2：本垒高角度机位

·追踪棒球，拍摄比赛实时进程。

·拍摄位于一垒和三垒垒后的司垒裁判员的申诉。

·内场和外场防守：将本垒垒板放在右下方作为参考，然后从左向右摇——同时拍摄扫垒和防守的镜头（在球被击打至左中或右中外野空档时，则把本垒放在镜头构图的角落位置）。

·给一垒、二垒或二垒、三垒的跑垒员双人镜头。

·如果在二垒有跑垒员，请在给击球员的镜头中带上跑垒员。

·当球被打到外场时，始终要在镜头中拍到外场手，展示球将会飞去哪里，谁将会去接球。

·我们将停留在 2 号机上，来拍摄所有发生在本垒的比赛。

◎机位 3：一垒高角度机位

·内场及外场的接球镜头。

·在进行防守时拉开镜头：当球被扔向垒时跟住球的移动。

- 在比赛之外去抓拍内场和外场的选手的"英雄"镜头。

- 如果发生一垒出局的戏剧性场面，镜头保持拍摄一垒手、跑垒员 / 裁判的反应。

- 拍摄一垒、二垒跑垒员双人镜头。

- 一垒牵制出局。

- 如果跑垒员盗垒则跟拍跑垒员。

- 在一垒、二垒发生投球失误时跟拍球。

- 拍摄体现投手与三垒跑垒员之间的状态的镜头。

- "三角"关系（投手 / 本垒 / 三垒）：当有机会进行本垒得分短打或牺牲打时，拍摄事件的全过程。

- 如果一垒有人，你可能会被要求拍摄潜在的一垒牵制球。

- 拍摄球员休息区镜头。

- 拍摄击球员准备区。

- 拍摄三垒教练的手势。

- 拍摄休息区的球员或经理的镜头。

◎机位 4：外场中心机位

- 拍摄体现投手、击球员与裁判之间的状态镜头。

- 跟拍传球，外野投球，界外高飞球、二垒偷垒。

- 球如果落在二垒和游击手之间的地面上，则跟住球进行拍摄。

- 如果球正在空中飞行，等到你的 Tally 灯熄灭后，去拍摄外野手的接球和防守。

- 当出现出局或漂亮的击球时，跟住球员以拍摄"英雄"镜头。

- 在非死球时需要跟住球，直到死球。

- 不要担心一垒投手为牵制跑垒员而传球。

- 一定要关注三垒投手为牵制跑垒员而传球。

- 出现保送上垒时，以全景别镜头跟拍击球员跑向一垒的过程。

- 在因最后一名击球员三振出局而结束本局战斗时，跟拍投手。

- 如果三振出局的击球员只是本局第 1 位或者第 2 位出局者，则跟拍球员到休息区的过程。

- 拍摄球员在休息区的反应镜头。

- 跟拍击球员从准备区走向击球区的过程。

- 在出现本垒打时，注意听解说员的评论，你可以有以下 3 个选择。

    1. 使用较紧的景别跟拍击球员挥棒后的反应镜头。

    2. 暂停当前的拍摄任务，去寻找球，注意跟拍鱼跃救球和外野手翻墙救球等镜头。

    3. 当球被投出时将镜头推进，以拍摄投手反应特写镜头。

◎机位 5：一垒低角度机位

- 给右手击球员腰上景别用于显示技术统计字幕，在 Tally 灯熄灭后将镜头拉到全景（拍摄人的全身）。

- 如果右手击球员打出短打，在屏幕左边给击球员留出更多的视线空间，并跟着球的运动进行拍摄。

- 拍摄左手投球手。

- 如果有一个击球员，且垒上有两人，在球被击出后，跟拍替补跑垒员。

·如果没有击球员，则拍摄前位跑垒员。

·如果每一个垒上都有跑垒员，在拍摄前位跑垒员得分后，将镜头拉回到一垒上试图继续向前超越的跑垒员。

·低角度机位要在跑垒员上垒时略微向下扣镜头。

·如果没有击球员或前位跑垒员，则拍摄投手。在投手正面投球后，在整个场地寻找并拍摄接球画面。

·拍摄发生在一垒的比赛。

·如果一垒出局，则跟拍球员回到球员休息区的过程。

·死球时，寻找内场球员的"英雄"镜头。

·拍摄双方球员休息区。

·拍摄击球员准备区。

·当镜头跟随跑垒员的时候，始终给全景镜头（从头到脚拍摄）。

◎机位 6：本垒低角度机位

·拍摄投手近景或特写。

·拍摄能体现投手与击球员之间的状态的镜头。

·将镜头移至左边拍摄左手击球员。

·将镜头移至右边拍摄右手击球员。

·当 Tally 灯熄灭后，跟球拍摄。

·注意在本垒板后的动作。

·拍摄场地全景。

·如果有奔跑速度较快的跑垒者出现：拍摄位于一垒的这位跑垒者，如果他盗垒则跟拍。

·如果打出中远球，并且在你的拍摄路线上正好有一个跑垒者穿过，那么就去抓拍尝试得分的跑垒者，从这个角度看过去，三垒旁的教练为跑垒员加油或为他指向本垒板的手势是一个很不错的镜头。

◎机位 7：三垒高角度机位

·拍摄投手。

·拍摄发生在一垒的比赛。

·拍摄球员休息区。

·拍摄击球准备区。

·拍摄能体现投手与击球员之间的状态的镜头。

·如果跑垒者盗垒则跟拍跑垒者。

·拍摄二垒和三垒跑垒者的双人镜头。

·拍摄一垒和三垒的跑垒者。

·帮助拍摄传球和暴投的镜头。

·如果正在拍摄跑垒者，则保持跟拍跑垒者。

·如果没有跑垒者需要拍摄，则跟球拍摄中右外野场的接球与防守镜头。

·拍摄球员的风光镜头。

·拍摄得分后的球员休息区的庆祝镜头。

· 有时拍摄左手击球员的站姿。

· 拍摄球员休息区的球员 / 经理。

· 如果在拍摄能体现投手与跑垒者之间的状态的镜头时，投手将球投向一垒，不要移动镜头，可以拍摄盗垒者，同时也可以在能体现投手与跑垒者之间的状态的镜头中看到投手是否犯规。

◎机位 8：场地平视角度，三垒边线，一垒边线视角机位

· 拍摄画面包括击球员、接球手、投手、一垒手。

· 是拍摄右边线球路的极佳视角。

· 是拍摄一垒鱼跃触垒的绝佳视角。

· 拍摄中右外野场的接球。

· 右手和左手击球员的短打。

· 如果在一垒上有优秀跑垒者，则拍摄画面应包括接球手和跑垒者——这是拍摄一垒牵制的好视角。

· 拍摄发生在本垒的自杀式抢分触击。

· 拍摄球员休息区。

· 拍摄击球员准备区。

◎机位 9：场地中央机位

· 在通常情况下，导播会使用与 4 号机并置的第二台摄像机作为小景别的单人机位 / 独立机位。

他们应该告诉导播（通过内部通话系统）——在某种程度上，他们是试着向导播"推销"他们拍摄的镜头。

有时，摄像师可能会主动去拍摄某个特定镜头，而导播不小心在摄像机为拍摄这个镜头的移动过程中将镜头切出。然而，作为一名同团队成员一起进行转播的导播，每个人都要了解其他人的工作方式，才会减少发生这种小事故的次数。导播应当监看所有摄像机的画面。这样的镜头切换是导播的失误，而不是摄像师的错误（除非导播已经要求这一机位只能拍摄某个特定的镜头，而摄像师却自己在进行自由拍摄）。

当比赛正在进行的时候，导播可能会专注于某一个动作机位。然而，其他摄像师必须全身心投入比赛拍摄中，积极地寻找镜头，这样当比赛停止或比赛节奏放缓时，他们可以帮助讲述故事，为节目保持风格、比赛情绪、比赛节奏等方面提供支持。

执导回放

回放总是会打断观众与赛事现实时间线之间的联系。因此，必须有充分的动机才能进行回放——只有这样才可以增强转播的节目效果。不必要的回放会让观众感到厌烦。

——卡列维·乌西沃里（Kalevi Uusivuori）和塔帕尼·帕尔姆（Tapani Parm），制片人，芬兰广播公司（YLE）

同样的团队合作也发生在回放操作员和回放助理导播之间（见图 11.16）。导播通常没有时间去调度所有回放，或者将特定的摄像机拍摄任务分配给特定的摄像机。他们也无法告诉每个独立机位摄像师要拍摄哪部分动作。回放助理导播或回放操作员会（使用录像机上的简易路由切换器）选择将哪个机位录制到哪个单独的通道中。当导播需要某种形式的回放、慢动作或独立机位时，回放助理导播可以告诉导播哪台摄像机的哪些拍摄画面是可用的，并向导播推荐一个特定的镜头切点。导播可以决定使用哪路回放。在小规模的日常比赛转播中，会有 2～3 台回放设备，可以提供常速和慢速两种回放。

图 11.16 回放操作员和回放助理导播必须团结协作，为导播准备好合适的回放

执导图文字幕

从根本上说，体育比赛转播是一个"数字游戏"。比赛得分、球员号码和统计数据将按需组织并被展示在动态视图中。多通道字幕机和敏捷的操作员是不可或缺的。这里的成功通常取决于赛前或比赛日前对球员姓名和球员统计数据进行认真的汇编和存储。图文字幕制作和回放是赛前制作过程中最消耗时间的部分，这样在比赛过程中，才能实现按下一个按钮就可以一次显示很多内容。

——贝内特·里尔斯（Bennett Liles），制片人

在体育节目制作中，导播与字幕岗位之间的关系，就像与回放助理导播或摄像师之间的关系一样。字幕协调员负责协调将图文字幕素材导入字幕机，并根据制片人／导播的需求，协调字幕操作员的工作。除了输入在比赛过程中所收集的统计数据外，也需要在比赛之前就将某些数据录入规定版式的字幕页面。这些"比赛中"的信息，可以在比赛过程中手动输入，或者通过体育数据接口在比赛进行的同时将数据自动分发到设备。在比赛开始前，制片人／导播计划要使用的运动员个人统计数据，是运动员在比赛期间的一些统计资料（比赛得分、码数、犯规次数、投中次数、比赛纪录），这些信息将被输入并立即显示在屏幕上。有一些体育节目制作（虽然比较少见）会使用两台字幕机——一台用于预制作图文字幕的检索，另一台用于在节目制作过程中输入图文字幕。

调光

为了达到最佳的图像质量，必须对所有摄像机进行适当的调整。视频操作员（VO），有时也被称为调光师，负责调光或调整摄像机参数。需要持续地关注摄像机画面，尤其是在户外拍摄时。随着天气的变化，或者太阳和云在天空中的移动，同一片场地上的光线会发生剧烈的变化。视频操作员在转播车的视频控制区工作，使用摄像控制单元（CCU）或遥控单元（RCU）来调整摄像机的各种不同参数（见图 11.17）。通常，RCU 是用来遥控 CCU 的。

视频操作员还对摄像机的颜色还原、白平衡和对比度进行调整。视频操作员用主黑电平（底电平）和白电平（光圈）进行摄像机调整。他们使用示波器和波形监视器，来使他们能够拍摄出最佳质量的视频图像。

图 11.17 使用 CCU 来调整摄像机的各种不同参数

工作团队

制片人和导播有责任确保团队人员的需求得到满足。这种照顾包括提供良好的住宿环境、良好的食物并保护其免受各种因素的影响。如果工作人员在节目制作过程中不能离开工作岗位，那就需要为工作人员提供餐饮服务。如果工作人员的基本需求被忽视，态度就难免恶化。工作团队士气低落会影响整个制作项目的总体质量。

在进行户外转播拍摄时，工作人员必须做好应对各种类型的天气状况的准备。在温暖的天气里应穿防晒衣、浅色的衣服，并准备好应对突如其来的天

气变化，如下雨或降温。摄像师在寒冷天气中进行拍摄时需要穿多层衣服，这样，随着环境温度的波动，他们可以相应增减衣量。

回放

每当导播认为赛场上的某个特定动作值得注意时，就会播放回放。作为一般规则，当比赛正在进行时，不会直接切入回放以打断直播。导播只有在现场未出现重要动作的时候才可能会插入一些重要的回放。永远不要冒着丢失重要动作的镜头的风险去进行回放。回放的顺序和时长由导播决定。

回放通常以数字特效的方式开始和结束，这样观众就会知道这是回放，而不是实时拍摄。很多时候，回放会以静帧定格来结束。

国际业余田径联合会的电视指南指出，在进入慢动作回放之前，摄像机还应该多关注一段时间运动员动作完成后比赛现场所发生的事情。拍摄竞争对手的反应比切入慢动作回放更重要。在慢动作镜头中应有编辑的依据，而不应是不假思索的决定。建议在体育场中设置几个独立机位，为慢动作回放提供更多镜头素材选择。

采访：瓦妮莎·兰伯特（Vanessa Lambert），制片人（见图11.18）

作者：凯伦·高根·凯切姆（Karen Gogan Ketchem），SUG

◎关于节目制作，你最喜欢的是哪些方面？最大的挑战是什么？

我想我最喜欢的是，这不是一份普通的朝九晚五的工作。我在比赛转播中的工作角色都是一样的，并没有发生真正的改变，但却是在转播不同的故事，不同的球队——转播内容随时都在发生变化。实际上，你能做的准备只有这么多，剩下的只是对发生在眼前的事情做出即时反应。你必须迅速对现场情况进行反应，并希望自己做出了正确的决定。有时候你做了正确的决定，有时候却并非如此，但我认为我最喜欢的是，每一天都如此不同。一旦比赛开始，任何事情都可能会发生。

图 11.18　瓦妮莎·兰伯特

◎你会给年轻女性（和男性）什么建议？——他们可能正在电视节目制作领域寻求类似的职业发展。

体育是由男性主导的，这对任何人来说都不奇怪也并不会感到意外。这没有问题，但不要让任何人影响你。我感受到了很大的压力，我给自己施加了很多压力。我也知道，如果我想要做我现在所做的工作，只能将它放在首位，且将其作为优先事项。

如果一位女性想进入体育节目制作行业，那就去做吧，这很好。不要在意来自任何人的压力，不要觉得因为这是男性主导的行业，所以你没法做好。不管怎样，在电视行业你要成为一个自信的人，如果你能做到这一点，你就可以在体育节目制作行业工作。

瓦妮莎·兰伯特是福克斯体育频道的制片人。

第 12 章

导播讲故事

> 引人入胜地讲述故事将在未来推动体育娱乐节目制作的发展。事实上，只有将节目创作的门槛尽可能地提高，行业才能得以蓬勃发展。你必须有意识地去发现富于戏剧性和激动人心的故事，因为牵动你内心的故事，也很有可能牵动大众的内心。伟大的节目就这么出现了。
>
> ——罗斯·格林伯格（Ross Greenberg），长期担任HBO有线电视台体育频道总裁

"讲故事"已经成为如今电视体育节目制作不可分割的一部分。其源头可以追溯至1936年，当时莱妮·里芬斯塔尔（Leni Riefenstahl）决定使用戏剧化的电影拍摄手法记录柏林奥运会。她运用不同角度的多台摄影机讲述了奥运会的故事。而在1936年之前，奥运会的拍摄几乎只由设置在看台上的一台可旋转摄影机进行文献式记录，没有人尝试通过镜头去创造出能引起观众共鸣的故事。莱妮·里芬斯塔尔在奥运会上所做的工作改变了电视体育节目的拍摄手法，同时为我们今天观看体育节目的方式带来深远影响。

（注：导播检查单详见附录4。）

这并不意味着故事的重要性不再被讨论。例如，一些使用4K系统的导播主张减少设置在现场的摄像机数量。他们认为导播不应该在4K画面间频繁切换；广角镜头传递着其自有的故事，让拍摄对象在屏幕上保持更长时间，让运动直接呈现在屏幕上，而不是通过过多的镜头切换来展示运动员在赛场上运动的过程。

一些超高清系统（8K）的用户宣称，体育转播可以只使用一台或两台摄像机。超高清摄像机的画质如此之高，以至于让节目观众们感觉仿佛正坐在体育场内观看比赛。尽管可能确实是这样，但也只是记录了事件本身而非建构故事。为英国独立电视台（ITV）和澳大利亚十频道（TEN-Australia）担任转播顾问的史蒂夫·米切尔（Steve Mitchell）说："这一切都完全基于你想让观众有什么样的观赛体验，取决于你的（节目制作）目标是什么。如果你是在讲故事，而非仅仅让观众身临其境，那么你就需要在现场放置更多的摄像机，这是两个不同的赛事观看视角。"

总之，导播必须决定是要记录事件还是讲故事（见图12.1）。

图12.1　导播是故事讲述人

同样的讨论也发生在有关第二屏的问题上。支持者认为，应使观众能够亲身参与节目创作，亲手选择摄像机拍摄角度，决定字幕的种类，甚至选择属于他们自己的音轨。他们认为传统电视节目的故事化叙事手段即将成为过去。

然而，今日大多数导播无法想象一场非故事化的电视体育转播如何呈现。

理解故事

作者：莎拉·莱基（Sarah Leckie）

一个故事可以被分为3个部分，即开头、中间和结尾。

故事开头确立了观众所需要了解的关于故事的一

切，例如，为下文引出何人（who）、何事（what）、何地（where）、何时（when）及故事的起因（why）等。这些信息为观众理解将要展开的故事提供了必要的基础，更重要的是，将观众带到故事中去。这里的窍门是不要一下子揭露太多故事内容，同时也不要保留一些观众必须要知道的信息。故事的开头还需要一个推动故事向前发展的戏剧化情节。

在故事开头部分出现之后，就要将某个必须要战胜的挑战呈现给观众，这个挑战可以是来自运动员的训练过程，或源自某种需要运动员个人去战胜的困境，抑或是现实中的竞争。

一旦故事被构建，情节被启动，故事就会变得更加复杂了。这部分被称为故事的中间部分。故事情节和冲突的升级对主要人物造成影响，并阻碍其主要目标的实现。没有哪个故事是不存在冲突的！如果发生了一系列随机事件，却不会成为主角面临的冲突的根源，这就不是故事。这只是对事件本身的陈述。

听到"冲突"一词，人们往往马上会联想到某种竞争关系。"竞争"确实是冲突的一种，但并非冲突的唯一类型。冲突是指故事中的某个角色或群体想要得到某样东西，却被某人或某事阻止，这就是故事，观众乐于看到有人尝试克服障碍，他们想在节目中看到表达情感、展现障碍的镜头，以及克服障碍的过程。

故事的核心是一个人物或多个人物想要获得某件事物并通过战胜冲突来实现这个愿望。在观众聆听故事的过程中，他们会问："这个人会得到他想要的吗？"这便是故事吸引我们听下去的原因。我们期待看到他们达到目标。即使我们知道结果，我们仍然会持续关注。

故事的要义从来不关乎结局，更多的是在故事的中间段落，例如人物通过艰苦奋斗去战胜冲突而发生的改变。没有了冲突和障碍，故事将变得单调乏味。

"我们打算把节目制作手段加入电视体育"

1960 年，电视体育节目正越来越趋于记录比赛本身而非强调故事性，一位美国广播公司体育频道的 29 岁的助理制片人鲁恩·阿里奇（Roone Arledge），写下一份备忘录交给他的老板，简单描述了他的一些关于美国大学生橄榄球联赛转播的想法。以下的备忘录内容摘录成了后来美国广播公司（ABC）体育比赛转播的蓝图。

在此之前，为了将比赛带给观众，电视完成了出色的工作——现在，我们将要把观众带入比赛！

我们将利用之前在各种节目制作、会议报道、旅行拍摄和户外探险系列片制作中所学到的各种节目制作技巧，增强观众的临场感，营造那种亲身穿过大学校园走进体育场观看大型比赛所获得的兴奋与多彩的感觉。所有这些为实际比赛而进行的令人愉悦的节目包装，在先前的电视体育项目中都被忽视了……

为了提升收视率，我们必须获取并抓住女性观众及对我们以往转播不是很着迷的观众的兴趣。

我们将投入 6 台摄像机，用于进行赛事的基础转播……

在我们的固定机位以外，（经过仔细思考后）我认为我们还可以把摄像机安装于吉普车、话筒吊杆、升降车或直升机上，或将摄像机安装在任何为获取完整比赛故事所需要的地方。我们还可以使用一台小型摄像机，去捕捉那些我们从固定机位难以获得的极具冲击力的镜头——队员找准空档完成传球后的教练反应、宣布一次艰难进攻无效的裁判、看台上高声助战的学生、天冷时同裹一条毛毯观赛的情侣、第一次代表校队出场就得分的替补中卫离开场地时的笑脸——所有这些兴奋、惊叹、欢呼和绝望的情绪，造就了这个美国头号受欢迎运动比赛的盛况，造就了一场能与斗牛及重量级拳王锦标赛的紧张程度相媲美的大战。

简而言之——我们打算把节目制作手段加入电视体育！

除了真实赛事所带来的天然悬念感和兴奋感，我们还带来了一场能让戏剧综艺节目制片人垂涎的"大戏"。我们所要做的就是找到并在赛事转播的适当时刻插入这些东西。

当我们开始直播时，我们将为观众营造一种置身于赛事中的感觉。替换掉老套的幻灯片和电视推介片，我们将尝试播放一段啦啦队表演或由庞大的学生团体在球场上拼写出"NCAA FOOTBALL（美国大学橄榄球）"；在播放完开场商业广告之后，将播放预先录制好的校园和体育场的短片，以帮助观众对比赛进行地理定位，必须让他们意识到，他们正置身于俄亥俄州的哥伦布市，一个为橄榄球而疯狂的城市；或者让他们觉得自己就是俄勒冈州的科瓦利斯市小而狂热的球迷群体的一份子。

接下来，观众该见到球员了，但只能像在以往的比赛中所看到的那样。改进的方式是用球员们穿着普通街头服饰的照片覆盖比赛现场画面，并逐一介绍他们。

评论员将像那些来现场看球的热情的大学生一样熟悉比赛环境、两队球员、各队特点、有关赛事的传统及都有什么人参与其中。

我们将在中场休息时使用摄像机回放上半场比赛中的关键性片段……

阿里奇的故事化体育比赛转播方案很快就被美国广播公司体育频道采纳了，世界各地的许多电视台也随之跟进。当他成为1968年的格勒诺布尔冬奥会转播的制片人时，曾补充如下内容。

电视转播的目标很简单。我们要做的就是让人们在很短的时间内对运动员有足够的了解：他是否有可能成功；他所做的事情是否特别困难；他需要如何去做；接下来，他能否完成此事及他的反应。

如今的电视体育节目制作并没有什么不同，讲故事依然是不变的法则。在2012年伦敦奥运会期间，NBC创造了所谓的"讲故事的五环"来强调故事，

具体如下：

1. 引发关注；
2. 答疑解惑；
3. 实事求是；
4. 顺其自然；
5. 沟通交流。

NBC的制片人安迪·田纳西（Andy Tennant）说："归根结底，好故事是从内心、灵魂和戏剧性开始的。"

作为故事讲述人的体育导播

导播必须理解观众观看电视节目的方式，即了解他们如何思考、如何感受及如何被调动情绪。这意味着导播必须想办法抓住观众的兴趣。最好的方式是通过进行全面的前期准备和适当的故事讲述来完成节目制作，这是做好转播的两大关键点。

——卡莱维·乌西沃里（Kalevi Uusivuori）和塔帕尼·帕拉姆（Tapani Parm），芬兰广播公司（YLE）电视网制片人兼导播

前期准备

通过进行前期准备，不仅要熟悉场馆、主办方和电视制作手段，还要探究运动本身。导播的准备工作包括深入研究转播的关键角色——运动员。除了运动员的名字，了解他们的相貌及发现他们的潜力都至关重要。导播不仅要知道谁更受欢迎或者谁是卫冕冠军，还要知道是谁在上一场胜利中完成致胜射门，谁正在从伤病中恢复，或者谁在重要赛事中表现非凡。

所有这些构成了节目制作计划中最重要的部分，这些线索揭示了这场比赛将如何在竞争中展开。只有这样，才能让比赛首发阵容产生意义。只有这样，才能为描绘潜在故事提供坚实的基础，并决定了如何借助声音和画面来讲述这个故事。

讲故事

观众期待并需要被调动情绪。为了做到这一点，

我们必须激发他或她的情感。我们必须认识到，只有当观众选择某位运动员成为自己的最爱并与之共情时，这名运动员的对手才会成为威胁。

亚里士多德在他的著作《诗学》一书中，解释了讲故事的基本原理。他认为，为了捕获观众的情感，一个故事应该包含 3 个部分，即开头、中间和结尾。这个公式非常适合田径赛事。田径赛事的开头，包括径赛项目的预赛和田赛项目的资格赛。在这一阶段，必须突出展现热门选手，以便观众能够认识他们。这是以减少其他选手的出镜为代价而实现的，但这非常重要，因为正如亚里士多德所说，如果我们不了解这个选手的不同之处，那么之后可能发生在他身上的事情也就没有什么与众不同的了。在故事的第一部分，需要为唤起观众的期待而埋下伏笔，观众享受这种与期待相关联的兴奋感和悬念感。

田径赛事的中间段落包括径赛的半决赛、决赛和田赛决赛。这些正是赛事的亮点——奖牌争夺战。应以通俗易懂的方式拍摄比赛，不能遗漏任何必要的事件。世界任何地方的观众都必须能够理解竞赛本身和故事情节。故事的中间段落以比赛高潮作为结束，随着每一个分项的结束，比赛的一切都变得清晰。

田径赛事的第 3 部分是结尾，包括运动员们胜利的喜悦和失败的沮丧。这部分还包括对径赛或田赛各项目的结果积极地进行复盘分析。

观众的地位

在观看体育赛事，特别是田径赛事时，观众会看到画面的深层次内容。他或者她从深层次内容中挑选出感兴趣的部分，通常是这个分项的关键运动员。观众不愿意他或她最爱的运动员消失在视野里。实际上，观众以主观视角作为"摄像机"参与了转播。主观地进行镜头的推、拉、摇、移。制片人和导播在进行镜头切换时需要明白这一点。进行没有任何明确动机的频繁镜头切换将引起观众的不满，因为观众与其喜爱运动员之间的视觉接触可能会丢失并需要重

建。切入不必要的慢动作回放也会产生相同的影响。此外，机位布置应将观众的视角带到看台上最好的位置，并在整场赛事中始终保持这些视角。画面切换必须为观众回答以下 3 个问题：第 1 个问题，我们在哪里或者这是什么比赛项目？第 2 个问题，这是哪位运动员？第 3 个问题，这个运动员在与对手的竞争中表现如何？

这种执导体育比赛转播的方法可以讲好故事，让赛事节目变得更加有趣，目的始终是直击观众内心。

▌技术设备的强化作用

技术设备在"讲故事"的过程中扮演了非常重要的角色。然而，需要谨记什么是最重要的事情。"我们最终还是要做内容，"哥伦比亚广播公司体育频道（CBS Sports）协调制片人克雷格·西尔弗（Craig Silver）说，"强化内容需要借助技术手段，不能本末倒置。不能因为我们拥有某项技术就为了用而用。任何好的节目制作都取决于如何在合适的地方及合适的时机使用这些工具，你始终要力求推动故事向前发展。"

对此，福克斯体育的制片人大卫·尼尔（David Neal）回应道："首先，你必须将技术视为讲故事的工具。不要只是把技术设备摆在你面前，而是将其作为一件强大的工具，使你成为一个将故事讲得更好的人。"（见图 12.2）

图 12.2   在小型节目制作中，一些导播更喜欢自己兼任技术导播，运用技术讲故事

怎样成为好导播？

一群资深体育比赛转播专业人士对如何成为一名好导播发表了自己的看法。以下是他们的答复。

好导播需要做到以下内容：

· 对待工作严肃认真，力求完成好工作，并且乐在其中；

· 极具创造力；

· 总愿意探讨如何使转播效果更好；

· 敢于承担风险；

· 真正成为赛事的热爱者；

· 热爱电视行业和导播工作；

· 能与出镜人员进行清晰的沟通，并对他们的想法持开放态度；

· 推动摄像团队发掘深层次的内容；

· 永远不满足于现状；

· 尊重比赛和观众；

· 为他们所做的工作感到自豪。

以上内容整理自对哥伦比亚广播公司体育频道（CBS Sports）执行副总裁肯·阿加德（Ken Aagaad）、国家橄榄球联盟（NFL）副总裁格伦·阿达莫（Glenn Adamo）、新闻集团高级副总裁大卫·希尔（David Hill）、福克斯（FOX）制片人里奇·佐恩茨（Richie Zyontz）和哥伦比亚广播公司体育频道（CBS Sports）导播鲍勃·马蒂纳（Bob Matina）的访谈。

▌导播的工作就像指挥交响乐团

迈克尔·纳拉奇（Michael Narracci）是波士顿红袜棒球队的电视转播协调导播，他已与这项工作相伴14个赛季。以下内容是他在幕后完成转播工作时对工作内容与工作经历的叙述（第一人称进行叙述）。

自2001年6月1日以来，我一直在新英格兰体育电视网（NESN）担任波士顿红袜棒球队参加的棒球赛转播的导播。每当遇到新人，他们总是会向我提出同样的问题："你到底是做什么工作的？"我通常笑着回答："做制片人、评论员和主转播商让我做的所有事情。"导演[1]有许多种，最为人熟知的是电影导演，但还有一类是现场娱乐活动导播、系列娱乐节目和夜间新闻导播，当然还有我所属的群体——体育节目导播。我认为我们是一群特殊的电视行业专业人员，依靠直觉、高适应性和处理紧张局

势的能力而存在。其他的导播们大都能编排他们的节目，进行节目彩排，并且在某些情况下，即使节目出了差错，也可以进行"后期修复"，但是体育赛事直播没有剧本，也没有犯错误的空间。这是一个肾上腺素飙升之夜，这份工作的乐趣正在于此。那么，回到原来的问题——准确地说，我到底是做什么的？我通常用交响乐团来对自己的工作进行比喻。制片人是作曲家——他提出我们要做的是什么工作，而我则是指挥。我设法让我们的交响乐团（导播团队、摄像师、音响师、回放操作员）合奏出优美的音乐（制作出伟大的电视节目）。

我的工作从安排摄像机的位置开始。为了达到最佳转播效果，我需要决定在球场内的哪些地方设置摄像机，这并不像看上去那么复杂。在业内，我们有"基础6机位"或"基础7机位"方案，具体如下（以棒球比赛为例）。

---

1 译者注："导演"和"导播"在英文中同为"Director"。

- 1 号机：三垒低角度
- 2 号机：本垒高角度
- 3 号机：一垒高角度
- 4 号机：外野中线
- 5 号机：一垒低角度
- 6 号机：外野中线小景别
- 7 号机：三垒高角度

在"基础 7 机位"之上，你还可以将一些摄像机设置在你认为最能提升观众观赛体验感的地方。在芬威球场[1]，这些位置包括一垒中高角度机位、本垒中高角度机位、赛前投手练习区遥控机位、右侧外野高角度机位和无线手持摄像机位。在进行某些特定比赛场次的转播时，我们还会增加三垒中高角度机位。

接下来，我需要制订一份转播计划。为了成功完成转播，每台摄像机都必须遵循其特定的镜头拍摄分配任务。在距离开球大约 4 个小时时，我会召集摄像团队开会并阐述我期望他们做什么。在大多数情况下，不同导播所制作的赛事转播都是一样的，但彼此间存在微妙的差异。例如，我一贯坚持的做法是，当某个击球员第一次露面时，我真的很喜欢在将镜头推到他的面部近景之前，先看看他与接球手同框并带上一点裁判的全身镜头。下面是我简单列出的一些转播分镜头。极其重要的是，每个人都应遵守所指定的拍摄职责。否则，这场复杂的"大戏"一旦开场，我将没有机会把它呈现给观众。

保持社交距离（见图 12.3）

图 12.3　为了与团队保持社交距离，保罗·麦克纳马拉（Paul McNamara）在家中远程执导赛马转播（图片来源：SVG）

1　译者注：波士顿红袜棒球队主场

电子竞技节目制作

"（相对于传统电视体育节目制作）既是一回事，又不是一回事，这是电子竞技的悖论之一，"她说，"它更像田径，而非其他单项赛事，每场比赛、每个平台、每家发行商，以不同的组合方式开始，极其复杂。"

"对于电竞比赛转播的新手，我给你们的最大建议是保持谦逊，尊重其复杂性，在这群孩子里，一些人真的很有天分，在知识和技能储备上都很老练。"

——伊薇特·马丁内斯－雷亚（Yvette Martinez-Rea），电子竞技联盟北美区（ESL North America）首席执行官/常务董事

1 号机
- 拍摄左手击球员
- 拍摄右手投手或低角度拍摄在右内野区域内对右手击球员的防守
- 跟拍跑垒员

2 号机
- 使用较松的景别跟拍球的运动

3 号机
- 使用较紧的景别跟球
- 拍摄内野和外野的选手"英雄"镜头
- 拍摄解说员所提及的任何人

4 号机
- 拍摄投手和击球员
- 在遇到偷垒时迅速拉开镜头
- 跟拍击球员跑至一垒的过程

5 号机
- 拍摄右手击球员
- 拍摄领先跑垒员，本垒跑得分
- 拍摄投手（使用稍紧的景别）或在右侧区域拍摄对左手击球员的防守。

6 号机
- 拍摄击球员

7号机

·使用较紧的景别跟拍球的运动

·使拍摄范围覆盖右外野场角落

8号机和9号机

·使用较松的景别跟拍球与跑垒员之间的关系

在赛季开始前，我会和我们的创意服务部门共同制作一系列精美的动画，我们将其用作引出回放或者诸如出场阵容、全屏字幕等内容间的过渡。这样比直接进行切换或使用叠化转场带来更多活力。当我们到达球场时，我会和技术导播 [译者注：Technical Director（TD），又被称为切换导播] 坐下来，向他或她解释这些效果的用法，这样他们就可以用切换台建构这个节目的风格，并利用其他我们常用的周边设备让节目运转起来。

下一步，我要在转播车——一个移动的电视工作间里面布置监视墙。一般来说，在转播车上会有75～100个监视器，我们借此将所有可用视频源都显示出来（见图12.4）。这里包括摄像机、磁带录放机、字幕机、传输矩阵和其他团队的转播信号（我们喜欢看看他们在做什么，以防我们的摄像师们错过一些内容）。摄像师相当于我们在球场里的"眼睛"，所以如果他们没有拍到一些正在发生的事情，我们也就看不到了。我们的另一双"眼睛"是在现场评论席的唐·奥西洛（Don Orsillo）和杰里·雷米（Jerry Remy）。每位导播的监视墙布局都略有不同，我的

图12.4　转播车中监视墙的布局

习惯是把棒球比赛场地左边（三垒）的摄像机布置在我的监视器阵列的左边，而就将右边的摄像机布置在监视器阵列的右边。工程师可以帮我们存储这些监视墙设置，在下次使用时即可进行快速设置。时间是外场转播的宝贵财富，所以任何可以为我们节省时间的做法都具有极大价值。

可能在工作中遇到的任何麻烦——比如摄像机不工作，或者字幕机失灵——都会实实在在地为我们带来身体上、精神上的严重损害和经济上的严重损失。一旦我们开始直播，我的工作就是与我的团队和评论员一起来讲述制片人所需要的故事。如果他正聊到投手，我就会通过展示投手的镜头来强化这个故事。如果投手教练是故事的一部分（例如他正要去给投手练习区打电话），我也可能会将镜头切到他，然后再将镜头给到投手练习区某个正在热身的人。我们称这种处理方式为"强化"。制片人吉姆·达多纳（Jim Daddona）也做着跟我同样的事情，只不过他面对的是我们的视频回放素材源。他听着杰里对比赛的评论，根据他的判断找出最全面和最有意义的回放镜头序列。在比赛最激动人心的时刻，我就开始变得像拍卖师一样说话了，不断调动摄像机镜头，同时指示技术导播我想将哪路源切进直播来用于讲故事，因为在我想要呈现的全部镜头（投手、击球员、跑垒员、现场观众、球队经理等）和下一次投球出现之间，只有很短的一段时间。我必须将红袜棒球队的比赛风采呈现给远在各地的球迷，这是一个重大的责任。当然，我们从新英格兰地区将转播信号送至有线电视网或通信卫星，但我们经常也要与美国职业棒球大联盟国际（MLB International）一同在日本与来自NHK和世界其他地方的合作伙伴共同工作。在过去的14个赛季里，我一直在做这项工作，我很幸运能在这球队非常成功的时期来到这里。希望在未来我还能继续做这些事情。

（感谢NESN提供内容）。

第 13 章

体育解说

> 体育比赛应该是有趣的，我想让观众分享我从体育比赛中获得的乐趣。但我也有责任为那些观众做好充分准备，让他们知道我在说什么。
>
> ——克里斯·伯曼（Chris Berman），ESPN 评论员

本章不是为那些有兴趣成为职业体育比赛评论员（出镜人员）的人们准备的入门读物，而是帮助节目制作团队了解评论员的角色和职责。

评论员需要知道他们在节目制作中的特定角色定位，理解导演和制片人的愿景。体育比赛实况解说员应该具备"用简洁的语言描述运动员动作来解说体育比赛的能力，同时保持进行自然的表述。在与实况解说员的互动中，解说嘉宾或分析师的职责则是通过补充特定和重要的比赛信息，以增强体育比赛转播效果"（《体育转播实况解说训练》）。

体育比赛转播实况解说训练

很多时候，前运动员或教练会被选为分析师，因为需要分析师对这项运动有深入的了解。当实况解说员描述运动员是谁，他们在做什么时，分析师负责向观众解释运动员为什么这么做（见图 13.1）。

图 13.1　前运动员或教练经常被选为分析师，因为需要分析师对这项运动有深入的了解。左边的评论员是金牌得主阿波罗·奥诺（Apollo Ono），他正在为 NBC 解说一场速度滑冰比赛

研究

在与报纸、杂志和互联网评论员的竞争中，电视评论员在每一次体育比赛直播中都肩负着创新的艰巨任务。观众厌倦了听同样的体育比赛信息和数据。对体育项目相关内容进行深入研究是评论员的

武器，它让评论员能够对真正重要的问题进行评论，并对提供给观众的比赛画面进行最大限度的戏剧性描述。

——科斯塔斯·卡帕泰斯（Kostas Kapatais），协调制片人，希腊

奥运会研究

一小群专门进行研究的人将花费两年时间完成将近 4500 页有关夏季奥运会的信息整理。其中几卷的信息将会分发给评论员，供他们在直播中使用。此外，每一页奥运会资料、（选手及工作人员）履历中的每一个字、每一条赛事规则、每一项赛事纪录都被输入研究计算机，以便及时更新信息，并能迅速获取以满足即时的需求。

——詹姆斯·海伊（James Hay），参与 1984 年奥运会转播

你为什么会想成为一名实况解说员？

这是让观众参与其中的挑战。我认为我的工作是引导观众，有时甚至是创造戏剧性。当比赛进展顺利时……那些时刻简直出乎意料。能成为比赛中的一员真是太好了。我也很享受进行准备的过程。我一般只会用到为一场比赛准备和收集的资料的约 20%。

——汤姆·韦姆（Tom Werme），自由实况解说员，Raycom 体育频道和福克斯体育南部频道（Fox Sports South）

出镜人员要非常熟悉比赛，这需要提前对比赛相关内容进行大量的研究（见图 13.2）。当然，所需要研究的内容范围取决于比赛的规模。请看图 13.3 中的两页来自 NBC 体育频道的第 26 届奥运

会研究手册第 1 卷的目录，标示了为该赛事进行研究的 558 个项目中的前 160 个项目。

图 13.2　出境人员提前熟悉比赛

目录

基本资料

重要名词缩写 1
亚特兰大是如何获得奥运会主办权的 2
亚特兰大为 1996 年奥运会进行准备的关键日期 3
亚特兰大奥林匹克运动快报 6
亚特兰大奥林匹克运动的组织构架和历史 9
亚特兰大的奥运市长 10
亚特兰大奥林匹克运动主席及首席执行官，威廉·波特·比利·佩恩 12
亚特兰大奥林匹克运动高级官员 13
亚特兰大奥运会赛事举办地 14
奥运会赛区地图 26
奥运会场馆地图 27
奥运会场馆列表 28
亚特兰大奥运会吉祥物 31
lzzy（亚特兰大奥运会吉祥物名称） 32
赛事形象 33
亚特兰大奥运会会徽和图标 34
亚特兰大奥运会会徽 35
亚特兰大奥运会图标 36
亚特兰大奥运会的财务管理 40
志愿者与亚特兰大奥运会 41
残疾人奥运会 42
亚特兰大的奥林匹克文化 43
奥运会宗旨 45
国际奥林匹克委员会重要条例 45
奥运会的编号及意义 46
如何查阅亚特兰大奥运会信息 46
冬季奥运会 47
释义 48
拼写指南 48
奥林匹克格言 50
奥林匹克标志 50
奥林匹克信条 51
奥运会会旗 51
奥林匹克誓词 52
奥运会宣誓者 53
奥林匹克会歌 55
奥林匹克圣火 55
奥运会火炬手 56

图 13.3　NBC 体育频道的第 26 届奥运会研究手册第 1 卷的目录

亚特兰大奥运会（1996年）火炬	57
百年火炬设计者的致辞	58
奥运会主火炬	58
亚特兰大奥运会（1996年）圣火传递路线	59
亚特兰大奥运会（1996年）圣火传递路线图－－美国	62
亚特兰大奥运会（1996年）圣火传递路线图－－格鲁吉亚	63
开幕式	64
为奥运会开幕的国家元首	66
颁奖仪式	66
奥运会奖牌	67
闭幕式	68
将一项运动列入奥运会项目的程序	70
奥运会资格	71
年龄限制	73
国际奥林匹克委员会	73
国际奥林匹克委员会主席	75
胡安·安东尼奥·萨马兰奇（Juan Antonio Samaranch）主席	76
国际奥林匹克委员会副主席	78
其他利益方	80
各国奥林匹克委员会	84
美国奥林匹克委员会	84
美国奥林匹克委员会主席勒罗伊·T.沃克（LeRoy T.Walker）	86
美国奥林匹克委员会执行理事理德·D.舒尔茨（Richard D. Schultz）	87
美国奥运会传统	88
美国奥运代表队旗手	90
国际奥林匹克委员会医疗守则	93
奥运会药物检测	108
奥运会药物检测的历史	108
本·约翰逊（Ben Johnson）丑闻	111
协议－－国家和地区名称	116
政治与奥会简史	118
苏联解体大事记	126
苏联奥运会传统	130
奥运会中的苏联	135
奥运会中的南斯拉夫	136
国际体育界中的南非	137
奥运会中的南非	142
德国奥运会的历届奖牌榜	145
西德奥运会历史	146
东德奥运会历史	147
东德体育制度	149
中国和体育	152
奥运会中的中国	159
古巴体育制度	160

图 13.3　NBC 体育频道的第 26 届奥运会研究手册第 1 卷的目录（续）

为节目制作进行准备，出镜人员应做到以下几点。

·研究球队和球员（记住他们的号码和名字，以便于识别）。

·研究球队和球员的比赛策略（战术是否更准确）。

·研究来自球队宣传办公室、联系人和新闻剪报的比赛补充信息。阅读报纸与网站上的文章，采访教练和球员或与其进行交流。

在举办伦敦夏季奥运会前的一年时间中，NBC 的研究人员参加了 18 次世界锦标赛，以研究运动员和收集奥运会相关信息。他们还访问了来自 19 个不同的国家的运动员，观看各种体育赛事，并与运动员和工作人员进行交流。仅仅提前进行研究是不够的。评论员还必须在整个比赛期间保持关注比赛的最新动态。图 13.4 展示了在美国纳斯卡赛车比赛中，一名维修站记者在比赛中途统计得分数据。

体育电视评论员的"套路"

体育评论员很少争论，相反，他们会不遗余力地称赞对方所说的最普通的事情。对评论搭档发言的回应"套路"是："我非常同意你的观点。"

评论员很"纠结"于过去、现在和将来："他会把那个球打进间隔地带击出安打。""他会吗？我们刚才不是看到了吗？还是你在预测下一个选手的动作？"在分析即时回放时，他们从不切换到过去时："如果他能抓住这个机会，我们就会看到一个全新的比赛。""如果他能接住球，我们就会看到一场全新的球赛了。"

对于一个评论员来说，表达"不相信"的最好表达方式是无时无刻不在惊呼："难以置信！"，但可能很快就会被"你是在逗我吗？"这句话替代。

如果一个评论员在赛前的节目中大肆宣传一个球队，比如："酋长队有能力在场上得很多分！"通常得到的回应是："嗯，野马队可能有话要说。"

通常在你看到慢动作回放中教练和仲裁、裁判或官员发生争吵时。一个评论员肯定会说："希望在家看比赛的观众们不会读唇语！"

——迈克·哈塞尔贝克（Mike Hasselbeck）

图 13.4　NBC 的维修站记者在赛车比赛期间保持关注比赛的最新动态

▌评论员和转播评论席

评论席是为评论员而设置的，让他们能立即获得有关比赛和运动员的信息（见图 13.5）。

在开始直播之前，必须检查所有的设备以确保其工作正常。虽然可能已经进行过整体设备检查，但应该在直播开始之前再次检查话筒、内部通话和监视器。

实况解说员几乎总是处于解说的主导地位，而解说嘉宾则扮演着配角。评论员通常会给出一个信号，让对方知道他们想什么时候开始评论。然而，实况解说员通常是那个决定谁来进行比赛评估的人。

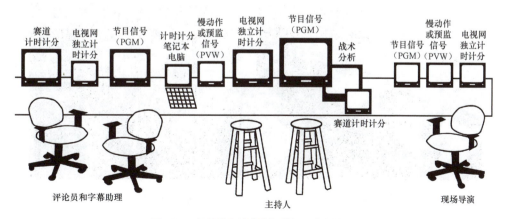

图 13.5　场地赛车比赛电视转播评论席的设置

摄影师对未来出镜人员的建议

1. 对你的摄像师好一点，他们可以让你在镜头里看起来很好或很糟。

2. 节目制作是一种合作，你身边的人都可以有出色的想法。

3. 成为一名优秀的写手能拯救你。你必须一直改写东西（如采访稿），直到它适合你。

4. 学习打光相关知识，这样你就可以向你的摄像师解释你对镜头呈现效果的设想。

5. 对你的经历要诚实。

6. 为了变得更好，你必须要去学习。

7. 永远不要在项目上问制片人你应该说些什么。带上你的想法，做好准备。

8. 告诉你的采访对象你会去他们所在的现场。这将确保他们不会感到意外。

9. 把你的笔记写在蓝色的索引卡上，而不是写在白纸上，因为白纸颜色太亮，而且会发出很大的沙沙声。

10. 永远不要害怕跟你的摄影师说你喜欢什么样的镜头构图。

——源自吉姆·戴利（Jim Daly），自由摄影师

1945 年的评论员

电视评论员必须懂得沉默的价值，必须学会调整评论的节奏。他可以用丰富的评论来弥补赛场上的平淡，使沉闷的比赛变得有趣，就像在（拳击）选手们打做一团时他们可以解说很多那样。

——WRGB 拳击比赛评论员技巧，《电视节目行业》

评论员的工作应是成为比赛画面的补充。不要陈述显而易见的事情。正如美国广播公司（ABC）的前评论员凯斯·杰克逊（Keith Jackson）喜欢说的那样，评论员的角色是对比赛进行放大、澄清和强调。有时候，不说话也很重要，让事实自己说话。

评论员詹姆斯·布朗（James Brown）表示，前运动员和教练（在电视节目中）的加入可能是一个加分项。"他们有一种绝妙的方式来讲述引人入胜的故事，而且他们比任何人都更了解赛场上运动员正在经历什么。"但毫无疑问，成功的是那些知道自己必须投入时间的人，他们必须在电视节目上像曾经做运动员时那样努力。

在评论席，评论员通常会有非出镜和出镜两种工作方式。另一个拍摄评论员的方法是在评论席放置一台小型摄像机，当他们坐下时，摄像机会直接对准他们（见图 13.6 和图 13.7）。

图 13.6　左图是评论员在非出镜位。当需要出镜时，评论员站起来，并转身面对镜头。这使得他们可以以身后的比赛场地为拍摄背景，向观众交代比赛环境

图 13.7　请注意左图中的微型摄像机，它用来拍摄那些坐在评论席上的评论员。如果需要，这些微型摄像机可以从转播车自动控制。右图展示了一种更简单的拍摄方法，在桌子上支起摄像机拍摄评论员

评论员必须在看着比赛场地的同时，盯着评论席上的播出监视器。评论员要解说的实际上是呈现在监视器中的比赛。还会在大多数评论席上设置另外一个监视器，是用来给评论员看慢动作回放的。评论员所面临的挑战是他们必须同时完成很多任务，他们必须要看现场、看监视器、听导演和 / 或制作人的指示，同时还要让观众理解赛场情况（见图 13.8 和图 13.9）。

图 13.8　请注意，音频准备工作是在出镜人员彩排的同时完成的。他们需要在节目播出前充分利用每一分钟的空闲时间 [图片来源 : 乔什·泰伯 (Josh Taber)]

图 13.9　评论席通常非常简单；这个评论席位于一个马术比赛现场的转播车里，专为 NBC 的流媒体直播而设

▌采访

出色采访的关键在于发现那些并非显而易见的事情。采访者应该努力获得一些我们不知道的信息或者有深度的回答。

——肯·科尔曼 (Ken Colemen) 和布拉德·舒尔茨 (Brad Schultz)

获得一个好采访的秘诀是了解运动员，即便不曾与运动员有过面对面交流，至少应通过阅读有关他或她的资料，了解他们的兴趣和他们喜欢谈论的话题。将他们引导到自己熟悉的、感到轻松的领域，这样你就具备了完成一次好采访的条件。采访是体育比赛转播的另一个重要组成部分。在进行采访时，有一些基本的规则需要牢记在心，具体如下。

· 嘉宾需要知道分配给采访的时间长度，通常从 20 秒到几分钟不等（见图 13.10）。

图 13.10　出镜记者需要知道分配给他们说话的时间。另外，请注意，出镜人员已经位于体育场，并将体育场作为他们进行出镜发言的背景

· 采访者需要向受访嘉宾传达采访的目的。

· 采访者应该让嘉宾知道他们打算如何结束采访。

· 如果不是使用单独的采访话筒，则应该由评论员掌控采访话筒，这样他们就可以决定让谁回答问题。评论员通过将采访话筒指向搭档或他们自己来决定让谁回答问题。

· 想要从运动员那里获得一个好的回答，评论员应该常提出一些不是用"是"或"否"就能回答的问题（见图13.11～图13.13）。

图13.11　出色的采访是由对运动员进行了充分研究的出镜记者完成的，他们能够提出正确的问题。一般来说，拍摄地点必须事先得到场地负责人的批准，而且拍摄地点不在常规转播画面覆盖范围内

图13.12　当你无法控制周围的干扰时，你将很难在比赛期间抓住采访机会

图13.13　记者在菲律宾篮球联赛(PBA)巡回赛的采访中练习保持社交距离。另请注意，地板已标记出他们应该站的位置。这也有助于摄像师知道将摄像机设置在什么位置（图片来源：SVG）

传递信息

首先，也是最重要的一点是，我试图传递信息，特别是观众之前可能没有意识到或需要不时提醒他们的信息。无论是作为专题节目的主持人，比赛实况解说员，或者主持美国橄榄球联盟(NFL)赛后节目，传递信息在任何节目中都是首要且最重要的。

——ABC直播电视评论员布伦特·穆斯伯格(Brent Musburger)：深入了解导演和节目制作

做采访

[以下内容源自布鲁斯·塞尔科克(Bruce Selcraig)和埃里克·诺尔德(Eric Nalder)]。

研究：在与你的采访对象进行交流之前，尽可能多地对采访对象进行研究。你所知道的一切相关信息都会帮助你提出更好的问题。

准备：在你的笔记上列出一个采访提示的词汇清单，以提醒你想要采访的内容范围。组织语言，让语言尽可能流畅。

在拍摄前：让你的采访对象熟悉一遍采访流程是很重要的。

提示你的采访对象：要记住你的采访对象可能不记得所有的事情，或对事件的重视程度与你不同。

专业知识：专家更欣赏你提前做了功课并能提出有智慧的问题，但他们不想听你炫耀你的专业知识，因为这是你来找他们的原因。

成为导演：一场精彩的采访就像一场对话，但它所传达的会不断地向你所需要获得的信息靠近。保持对采访的控制，但要温柔。

超越浅显的采访

在采访中提出正确的问题是获得重大新闻报道的关键。然而，有时候很难知道到底要将采访推动到什么程度，或仅仅是如何获取你需要的信息。乔·吉桑迪(Joe Gisondi)对采访者提出了以下建议。

·运动员也是人，人都会犯错。不用回避去问一个球员或教练他或她发挥失常的原因是什么，但你可以在询问或回应时表现出不同的一面，而不是批评那个决策的错误。

·带来全新的视角。想想还有哪些其他的采访角度，或是寻找新的素材。

·谈论比赛的关键点，但不要忘记讨论是如何一步一步走到这里的，是谁创造了进攻机会。

·要知道你所报道的运动的相关术语。

·教练和球员知道的比你多，把他们当作"资源"。

·参与实践并建立关系，让他们看到你将尽可能准确地描绘他们。

·不去塑造"英雄"和"恶人"；陈述比赛表现本身就好。

·与多人交流。你的观点越多，你就越有可能解读出选手的优势 / 弱点，以及他们需要提升的地方（见图 13.14 和图 13.15）。

图 13.14　当 NBC 在迈克尔·菲尔普斯 (Michael Phelps) 获得第 8 枚金牌后对他进行采访时，他们选择了一个非常开放的采访地点，在他身后有欢呼的人群，为采访背景增添了一些庆祝的氛围

图 13.15　并不总是能那么容易地获得采访的机会，可能会有竞争

主持人

按时间顺序来说，主持节目是体育解说员在节目中完成的最后一件事。主持节目是在进行研究和实地调查、完成策划和准备工作之后，也是在所有的拍摄、制作和撰稿结束之后，但它可能是整个节目制作过程中最重要的部分。当然，其他工作也很重要，但主持人需要具有出色的主持和表达才能让节目稿件和摄影呈现出最好的效果。优秀的体育节目主持人把所有其他部分联系在一起，用一种有趣并且轻松愉快的方式传达它们。这 5 分钟左右的时间将决定整个体育节目的成败，在有些情况下甚至会影响你的整个职业生涯。

——布拉德·舒尔茨（Brad Schultz），体育转播

体育解说员需要收集

1. 关键统计数据。

2. 赛事故事。

3. 奇闻异事。

4. 比赛的高光时刻。

5. 教练的评论。

6. 球员的成长或伤病情况。

7. 个人球员和球队的档案。

8. 如果可能，每场比赛的统计数据。

——《体育转播实况解说训练》

现场导演

现场导演经常在评论席或赛场周围的不同位置上帮助评论员和导播识别不同的运动员，并指出比赛期间的重要时刻。舞台监督通常负责评论席的工作，包括协助评论员并向他们提供所需要的信息。

（注释：更多有关体育评论员的信息可在附录 6 中找到。）

采访：哈卡姆·德米什（Hakem Dermish），哥伦比亚广播公司体育频道（CBS Sports）主持人（见图 13.16）

职业：体育记者 / 主持人

◎请简要介绍你的工作。

我是 CBS 的主持人。

◎你喜欢你工作的哪一点？

我喜欢有机会用精彩的视频和故事来娱乐大众。我非常热衷于讲述那些克服巨大困难的人的故事。能有机会分享这些鼓舞人心的故事是我的荣幸。

◎在你的职位上，你所面临的挑战有哪些？

图 13.16　哈卡姆·德米什

挑战自己写一些有创意的、新鲜的东西，吸引观众并向他们传达。时间管理是至关重要的。

◎你是如何为节目制作进行准备的？

观看晚上的体育比赛，并反复研究。我总是寻找那些让故事变得更有说服力的有趣珍闻或事件。令人兴奋的是能够利用这些信息，精心设计一个引子，来为节目设置亮点。另一件很棒的事情是每天都有机会学习新的东西，无论是关于某个球队还是关于某个球员。做好准备是至关重要的，因为它证明了你作为记者的可信度。我认为观众相信我及信任我提供的信息，正是因为我在完成工作前做好了准备。

◎对于对你的职业感兴趣的人，你有什么建议？

努力工作。大家总这么说，但要想在电视行业中获得一席之地，你真的需要努力工作。职业竞争太激烈了，所以当你在学校的时候，要更努力学习，多做点功课，挑战自己。如果你的教授没有教授特定的课程让你做你喜欢的事情，问问他们你是否可以"打破常规"，你可能会对最终的结果感到惊喜。当你在学校的时候要集中注意力，这是一段快乐的时光，但真的要把你的注意力放在你的未来规划上。去追求你想要的东西，不要因为太困难就踌躇不前。我喜欢我的工作，因为我每天都在聊体育，还能获得薪水，这对像我这样的体育迷来说会感到非常满足；找到你真正热爱的东西，比如体育、天气或新闻。作为大四的学生，准备一份简历录像，在毕业前开始寄出。等到毕业后再做只会更难。简历录像应该包含你在不同背景下录制的视频片段（例如，在演播室、现场等）。接着是体育播报 / 天气播报 / 新闻播报，然后是一两条能展示你写作能力的新闻。另外，找一份实习工作，那才是真正能让你学到最多业务知识的地方。有机会的话拿起摄像机或剪辑设备，观察设备是如何运作的，这将有助于开发你的技能。拥有复合型才能会帮助你走得更远。

采访：艾比·慧特（Abby Witt）（见图 13.17），内容制片人

◎你的工作是什么？

我在高尔夫频道主持一档节目，为这个节目撰写稿件和制作专题，也有很多现场节目制作工作。

◎你是怎么做到这个职位的？

我很执着，我想学习，我是一个战士，我会尽我所能去完成需要做的，这就是我的本性。我爱大家，我想大家也看到了我的真心。

◎你在工作中遇到过哪些挑战？

图 13.17　艾比·慧特

我必须明白，在工作中，很多时候感到不舒服也是正常的。我还发现，那些感到不舒服的时刻往往来

源于需要你学习与提高的地方。在镜头前对我来说很容易，写作对我来说更有挑战性。我觉得我很擅长写作，但我并不喜欢它。

◎你会向那些想成为电视出镜人员的人提供什么建议？

你的独特性让人们想要了解你。做你自己，你不需要像其他人一样。你要成为你自己。你需要拥抱真实的自己，追逐你的梦想。没有什么困难可以阻止你，你只需要想办法解决它。

艾比·慧特（Abby Whit）是美国职业高尔夫巡回赛（PGA）的内容制片人，也是高尔夫频道的节目主持人。

第 14 章

后期制作

后期制作给予制作人改善和增强原始节目制作或修正错误的机会。就像人们常说的那样："别担心，我们会在后期修复它。"

——加里·米尔基斯（Gary Milkis），导演

后期制作是节目制作的最后一步。从最基本的层面上来说，后期制作是按所需要的镜头顺序组合单个镜头的过程。它可以有以下几个目的。

·按顺序组接节目素材。比赛可能是在数天内拍摄的，然后合成为一个节目。

·通过剪辑或用其他节目素材进行覆盖来修正错误。出镜人员可能出了错，但是后期编辑可以剪辑那几秒镜头或将这几秒用其他的镜头覆盖，这样节目的最终表现看起来是流畅无暇的。

·对节目内容进行创作（通常是再创作）、增强、润色并使现场拍摄的图像和比赛变得栩栩如生。使用视觉特效、使用声音特效及音乐制作等工具可以使节目内容更具戏剧性，从而对观众产生更大的影响。比赛中节奏相对缓慢的部分通常会被剪辑掉，让比赛的节奏得以保持。添加专题是为了让观众更深入地了解比赛参与者或比赛的某一部分。将各种各样的比赛片段最终合成一个完整的节目（见图 14.1 和图 14.2）。

图 14.2　编辑室可以是单独的房间，或者在空间有限的情况下，几乎可以是任何地方。在这张图中，你可以看到雅虎网编辑在奥运会期间，在用于拍摄视频采访及编写在线报道的房间里用笔记本电脑工作

制片人监督整个素材的编辑过程，其首要关注的是保持节目符合电视网或电视台的节目制作指南或节目风格。节目制片人还需要让项目按时完成并在预算之内完成。编辑负责操作编辑设备，根据制片人提供的信息，将各种的镜头按所需要的镜头顺序组合起来。制作助理（PA）协助编辑进行素材记录、跟踪管理细节，以及为节目剪辑阶段组织整理素材。制作助理可能还需要监督图文字幕的制作。音频编辑操作音频编辑设备，为最终的编辑提供编辑好的对话、旁白、音频效果和音乐轨道。

保持后期制作的连贯性是必要的。连贯性是指在完成节目编辑之后，观众应该感觉到节目是连贯且流畅的，不会意识到它是由一系列打乱顺序拍摄的镜头片段组合而成的。例如，节目开场和专题中的某些镜头可能是在比赛前一天拍摄的。

现场录制的节目通常只需要少量的后期制作，相比之下，开场动画、原声摘要或人物专题等节目

图 14.1　后期制作人员或编辑，用于对节目内容进行创作、增强、润色并使现场拍摄的图像和比赛变得栩栩如生

素材则需要在播出前进行制作。节目拍摄完成后，有时需要完成一些节目制作报告，可能会召开后期制作会议，和相关人员讨论节目的各方面问题。后期制作会议让制片人有机会通过听取团队的反馈来评估节目。他们可以通过从后期制作会议中得到的信息来改进未来的制作。

需要对录制的节目进行大量的后期制作。例如一场持续 4 小时且有很多断续性动作的比赛可能被编辑成为长度为 1 小时的电视节目。在比赛结束后，导演或制片人可能想要拍摄在比赛中表现出色的一些运动员的采访。这些内容通常由 ENG 摄像机拍摄。随后会将录制的素材送到后期制作设备进行编辑。

在节目剪辑开始之前，需要对节目的素材进行记录。这就需要一个人（通常是制作助理）查看所有节目素材，写下录像的识别号、素材描述、任何适当的标注（比如好镜头、声音不好）及所在的位置（通常用时间码的方式，方便在录像中找到节目素材）。将视觉影像有效且简洁地转换成描述性文字尤为重要。大部分编辑人员需要知道每一个新镜头的入点（开始点）和出点（结束点）。场记可以像一张普通纸上的列表、一个打印的场记单那样简单，也可以是用计算机软件（安装在平板电脑、智能手机或计算机上）生成。如果合适的镜头已经被挑选出来并且标注了时间码位置，场记会节省节目后期制作的时间。图 14.3 是一份场记单示例，图 14.4 是一个用于记录视频录像内容的场记软件界面示例。

在完成北美杯高山滑雪女子系列赛的录制后，NBC 体育台花了约 3 天半的时间进行后期制作，其中包括如下过程。

第 1 天：上传素材到非线性编辑系统中（拍摄当天午后）。

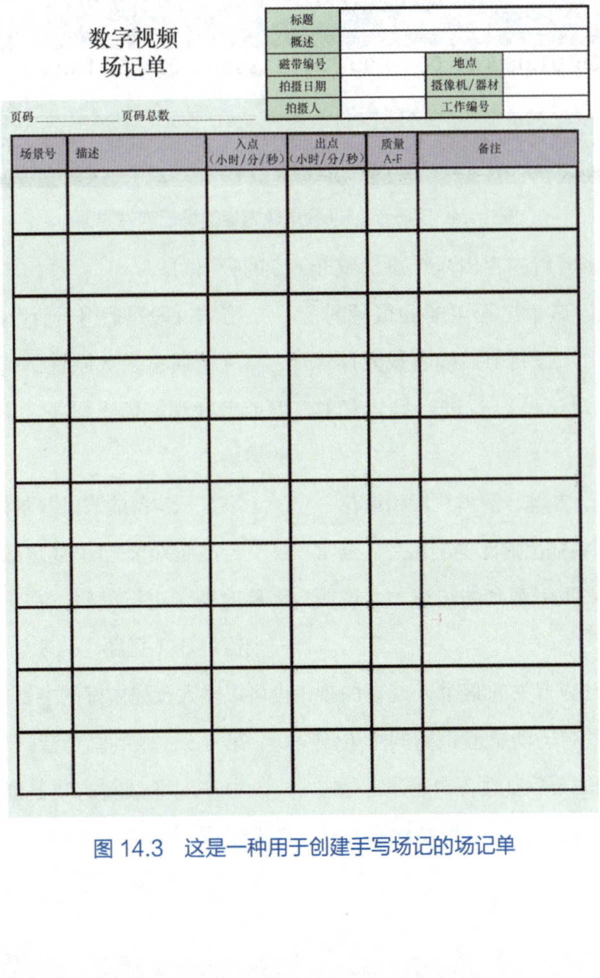
数字视频
场记单

标题			
概述			
磁带编号		地点	
拍摄日期		摄像机/器材	
拍摄人		工作编号	

页码＿＿＿＿＿＿ 页码总数＿＿＿＿＿＿

场景号	描述	入点（小时/分/秒）	出点（小时/分/秒）	质量 A-F	备注

图 14.3　这是一种用于创建手写场记的场记单

图 14.4　用于记录视频录像内容的场记软件界面

这个上传过程是指将节目内容传入计算机或非线性编辑系统中的过程。这个过程可能会很耗时，甚至是实时采集。然而，一旦将节目内容载入计算机中，就可以很容易地对这些内容进行编辑和其他操作。

第 2 天: 编辑预告片、专题、滑雪片段和片花。

预告片是用于宣传即将播出的比赛的短片。通常会用戏剧化的剪辑方式来吸引观众的注意力，说服观众收看节目。

专题是突出与体育比赛有关的某个人或事的视频节目。专题内容可以是对运动员近距离的个人观察，或是对比赛某一部分的幕后观察。专题通常是被编辑到最终节目中的短节目，目的是维持比赛对观众的吸引力。

滑雪片段是指用于节目播出的正式比赛内容。

片花通常是戏剧性的镜头，常用高角度、低角度或者壮观的风光镜头，用作节目片段和广告之间的转场。

第 3 天: 合成节目并制作字幕。

合成是对叠加了视觉效果和声音效果并加上了字幕的视频进行编辑，在这个过程中需要使用不止一个监视器（见图 14.5）。可以从头开始创建字幕，也可以输入预先做好的字幕模板。

第 4 天: 录制画外音、混音并完成节目制作。

由于现场录制的节目通常会被缩短，因此主要任务是保留比赛中的亮点，通常也不会使用原始的比赛评论。这意味着画外音需要在录音棚中进行录制。解说员必须努力解说得像在现场解说时一样，这样画外音听起来才像是实时的。

随后对这一音频进行混合，在新的画外音轨道上加上编辑过的真实场馆声音来增加真实感。

视频部分和音频部分随后被编辑在一起得到最终的节目（见图 14.6）。

如果完全是用多个 ENG 摄像机拍摄节目，在节目后期制作的过程中将由多个单独摄像机拍摄的素材剪辑成一个完整的节目将是一个非常耗时的过程。现场录制的节目也需要制作报告而且可能需要召开后期制作会议。

图 14.5　在后期制作过程中，编辑人员往往使用不止一个监视器

图 14.6　这位《体育画报》在线版的编辑在印第安纳波利斯赛道媒体工作间用笔记本电脑进行节目编辑

编辑准则

后期制作就像是掉进泥潭，从泥潭出来的时候口袋里还有一条鱼。这是一个在一头看似难以被驯服的野兽身上锻造出辉煌成果的过程。

——斯蒂芬·弗莱明（Stephen Fleming），制片人

·时间的变化、慢动作镜头、反向角度镜头要通过叠化、划像或数字视频特效（DVE）来指示。

经常用叠化、划像或 DVE，以及一个新的定位镜头来指示地理位置的变化。

·一个节目想要流畅应避免跳切，意思是指在两个十分相似的镜头之间进行切换，使主体看起来像在屏幕中跳了一下。在这两个镜头之间用一个切离镜头可以避免跳切。

·一般来说，在节目制作的过程中，应避免从一个运动镜头（正在水平摇、上下摇或变焦）切到一个固定镜头，因为这会令观众感到不舒服。最好从一个运动镜头切到另一个运动镜头，或者从一个固定镜头切到另一个固定镜头。如果你需要从一个运动镜头切到固定镜头，最好是在等到运动镜头完成运动后，换句话说，等到它变成了固定镜头再切到另一个固定镜头。

·要在被拍摄主体的运动中进行镜头切换，而不要在这之前或结束后进行镜头切换。比如，如果一个人将要从休息区上站起来，那么从这个人的中景镜头切换到远景镜头的最佳时机是当这个人正起身到一半的时候。

·镜头切换不应该在没有动机的情况下发生。不应让观众注意到剪辑痕迹并且疑惑为何要进行镜头切换。通常，在这些情况下应该进行镜头切换。

1. 当前的镜头在屏幕上停留了足够长的时间，观众已经能获取所有相关的信息。对于一个简单的镜头而言，可能一秒就足够，而一个运动镜头需要更长的停留时间。节奏问题与其说是科学，不如说是艺术。

2. 另一个镜头对故事发展有帮助，推进故事情节发展并且保持好的故事节奏。如果一个运动员得分了，快速将镜头切换到队友或观众的反应是合理的。这将有助于推进故事的发展。

[感谢凯西·布鲁纳（Kathy Bruner）对本章的贡献]。

第 15 章

制作安全

（保证）节目制作中的安全是指尽量避免不必要的风险和隐患。执行安全规程，为整个团队建立安全的工作环境是节目制作规划的基本要求之一。

——海伦·博罗博卡斯－格林特（Helen Borobokas-Grinter），制片人

在进行外场转播制作时，必须始终考虑健康和安全问题。一个健康的团队对成功的外场转播制作至关重要，项目进行过程中会面临各种安全问题（见图15.1）。外场转播相对于其他制作方式，需要团队成员具备更多的耐力，因为需要将设备从转播车上卸下来然后架设在比赛场地。外场转播团队可能要在冰冷或闷热的环境中安装沉重的摄像机或者将设备搬到高高的脚手架上。比如，在高山滑雪赛事中，摄像团队需要滑到指定位置然后在寒冷的天气里站几个小时。赛事中的大部分伤害不是在赛事进行期间发生的；它们多发生在团队成员抬起过重的东西时，或在赛事开始前或结束后坠落。每年，电视行业都有死亡事件发生。通常，可以采取简单的预防措施来避免伤害。

服。团队成员也有责任相互照应（见图15.3），保持身体水分对他们而言也很重要，这意味要根据需要提供热／冷饮。节目制作人员需要记住，疲惫不堪的人在工作时比平时犯更多的错误，因此应该定期休息。只有接受过适当培训的人员才可以使用轨道车、摇臂、斯坦尼康等设备。

在进行外场转播工作时，请记住下列健康和安全问题。

图15.2　照顾好自己包括确保不要让自己的身体在工作时受到损伤。这个人的拍摄姿势会让她背部非常疼痛

运动员/设备
小心地靠近比赛场地
（运动员、高尔夫球等）

滑倒
冰面、线缆、
不平的地面

缺乏休息
照顾好自己

疾病
根据需要
保持社交距离

高处
佩戴安全带，
在攀爬时要小心

设备重量
小心抬起/寻求帮助

恶劣天气
根据天气情况
（雨、雪、晴）
适当调整着装

电力
小心转播车周围的电力

图15.1　电视节目制作团队在开展项目工作时会面对各种安全问题

团队成员必须注意照顾好自己（见图15.2）。这意味着无论天气如何，他们都需要穿上合适的衣

图15.3　摄像助理负责照顾好摄像师。包括确保他们不被运动员或球之类的东西撞到。他们还必须确保摄像师不会撞到什么东西或从台阶或平台上摔下来

绊倒和滑倒

在进行外场转播时发生伤害的一个最主要原因是人员滑倒或绊倒。

· 必须防止线缆绊倒运动员、参与人员、工作人员和观众。

· 在结冰或潮湿的表面周围工作要小心。

· 将设备包和箱子放在正常通道之外的地方。

· 安排充足的时间来完成工作。当工作人员不得不匆忙赶工时，他们就会犯错误。

重物

就像前文提到的，发生伤害的另一个主要原因是抬过重的东西。不要抬过重的东西，要合理寻求帮助。超负荷的负载很容易对工作人员造成永久性损伤。

听力

一些赛事，例如赛车比赛，可能会产生很强的噪声。团队成员应该采取预防措施，通过佩戴耳塞或降噪耳机来保护听力。

电力

转播车的正常工作需要大量的电力支持。转播车的工程师通常是唯一处理电力的的人，特别是在连接到转播车的时候。在一般情况下，其他任何人都不应靠近电源区域（见图 15.4）。

与架空电线接触可能会产生致命危险。只有在水平安全距离为 30 英尺（约 9.14 米）的情况下，才能在架空电线附近工作。安全距离必须要考虑摄像机吊杆、升降臂／摇臂、梯子和脚手架的作用范围（见图 15.5）。

如果升降臂／摇臂、脚手架、梯子、摄像机吊杆或类似设备与电线产生接触，电流就会流过，会对附近的人带来致命或严重的电击或烧伤危险。这种情况也可以发生在由木头或塑料等通常被认为是绝缘

体的材料制作而成的物体上。如果这些物体足够潮湿或肮脏，也能够传输足够的电流，造成危险或引起致命的触电事故，还有可能引起火灾（见图 15.6）。

图 15.4　转播车使用很强的电力。只有转播车的工程师才可以接触转播车的所有连接点

图 15.5　注意不要让摇臂或梯子等高的设备碰到电线

图 15.6　如果发生电气火灾，不要用水来浇灭。在赛事开始前，要确保场馆附近有足够的灭火器

线缆

需要对转播车的线缆进行保护，避免人、车或者其他设备在上面摩擦或行走造成的绝缘层磨损或线缆被弄断。也需要对线缆进行固定以确保不会对工作

冬奥会转播

1956年科尔蒂纳冬奥会是第一次进行现场直播的冬奥会。最后一棒火炬手被绊倒在放置于体育场冰面上的电视线缆上（见图15.7）。虽然火炬掉了，但很快又重新点燃了火焰。

——国际奥委会市场开发档案

图 15.7　火炬手被绊倒

摄像机平台指南（见图15.8）

1. 在攀爬通往平台的梯子时，工作人员应腾出双手。梯子上一次只能站一个人。

2. 鉴于负载过多会增加绊倒工作人员或物品跌落的风险，避免一次携带太多东西。

3. 在使用起重机时，不要超过设备的工作负荷。

4. 工作人员必须待在平台的护栏内。

5. 除非已被正确地固定在平台的安全点上，否则任何设备都不要超过高台的护栏，以防止其坠落。

图 15.8　摄像机平台

人员或访客构成危险。所有的线缆接口都要用塑料包裹起来或用东西盖起来，保护其不受天气影响。在一些地区，当地法规规定了布线的方式（见图15.9和图15.10）。

图 15.10　电缆桥架可用于为线缆提供高水平的保护，这些桥架甚至可以在汽车从上面驶过时保护线缆

▮天气

在进行外场转播制作期间，需要随时关注天气情况。恶劣的天气状况可能会给外场转播带来问题。在外场转播中，闪电可能会击中转播车、摄像机或

图 15.9　所有线缆都应用胶带固定以防人被绊倒

团队成员。寒冷的天气可能会导致道路结冰，为团队成员带来危险，也可能会增加悬挂线缆的重量。如果雨水渗入线缆接口，水汽可能会引起电击。大风会给工作人员带来问题，特别是在使用脚手架（位于高处）的情况下（见图 15.11）。

图 15.11　当位于高处时，必须小心地用绳索固定所有松动的设备、工具或盖子，强风会把东西刮倒

高处

外场转播总是需要团队成员到转播车车顶、脚手架上等高处有利位置，需要团队成员爬到某个地方去进行布线或悬挂灯具（见图 15.8 和图 15.12）。

需要采取预防措施，确保团队成员不会从这些区域坠落。发生在转播现场的大多数伤害是坠落造成的。当团队成员在进行高处作业时，应始终使用安全带（见图 15.13）。

摄像师在跟拍某个主体时，出现由于太过专注于镜头而没有意识到自己即将踏出脚手架的情况并不少见。

在安装高升降臂和微波传输天线塔时要注意避开高处的障碍物。在安装这些设备时，注意避开所有电线是至关重要的。每年都会有人死于电视外场转播

设备碰到电线导致触电。

当团队成员在不平坦的地面上搭建设备或脚手架时需要格外小心谨慎。它们很容易翻倒，这会对工作人员造成伤害并且会损坏设备。

图 15.12　在攀爬时手上不要拿东西，在爬梯子时携带设备是非常不安全的

图 15.13　在进行高处作业时，工作人员应始终使用安全带

危险区域

外场转播的很多工作区域都是十分危险的，需要小心，例如，作为摄像师在赛场边工作是十分危险的。处于危险区域的工作人员必须时刻留意周围发生的一切情况并准备好在必要时离开（见图 15.14）。

图 15.14　在比赛场地周围工作时必须小心。这一系列照片所呈现的事故发生在短短几秒之内。第 1 张照片显示球员即将击中冰球。请注意第 2 张照片中的冰球在空中（照片的中上位置）。第 3 张照片显示冰球击中摄像机后的镜头视野。想象一下，如果冰球击中人会造成怎样的伤害

第 16 章

外场转播预算

> 预算制订与比赛现场勘察十分相似，但它实际上是对节目制作规划的数字评估。
>
> ——汉克·莱文（Hank Levine），奥林匹克转播服务公司首席财务官

虽然电视体育节目制作对许多业内人士来说是一件有乐趣且令人充满激情的事情，但说到底，这是一门生意。电视体育节目播出的方式有许多种。我们将流媒体或广播播出节目的组织机构称为频道。实际上我们用"频道"一词来指代下列任何一种平台，即广播电视网、广播电视台、有线电视频道或任何在互联网上发布节目的平台。最常见的运营方式如下（在此基础上也存在各种变化形式）。

· 频道可以派出自己的员工来制作赛事节目。

· 频道可以付费让一家节目制作公司来为他们制作节目。

· 赛事主办方可以付费来让自己的赛事被制作为节目和播出。

· 广告商／赞助商可以付费给一家节目制作公司进行赛事节目制作，然后向频道支付或分享广告费。

· 节目制作公司可以找到自己的赞助商，进行自己的赛事节目制作，然后将其卖给频道或购买频道的播出时间。以下案例研究中的赛事，如果使用传统的转播车到场馆的节目制作方法，所制作的节目可以以大约165000美元的价格卖给全国的电视网。如果使用远程制作（REMI）的方法，节目制作成本将更低。

预算案例研究

外场转播的预算因体育赛事规模和所使用设备的不同而存在很大差异。我们选择了一个中等规模的体育赛事作为电视节目制作预算的案例研究。这样，更小型赛事的节目制作的人员就可以参考中等规模节目制作的成本并调整适应于较小规模的赛事的节目制作预算。在本章后面，我们将会以传统转播车到场馆的节目制作模式的预算和粗略的采用远程制作方式的预算进行对比。

以下的预算将和远程制作的预算进行比较，远程制作通常可以节省大量资金。对于这个粗略的节目制作预算，我们假设需要雇佣一支自由职业者团队，需要租用一辆传统的大型转播车。这是一个小型赛车赛事，需要在比赛现场工作3天，最终的成品将会是在全国电视网播放的时长为2小时的节目。以下显示的预算金额是基于2020年在美国的节目制作费用，并作为研究预算的示例。

设备租赁

移动制作单元／转播车租赁费用：12000美元

租赁费用（5000～8000美元／天）通常包含6～8通道摄像机（部分便携摄像机和部分箱式镜头摄像机），转播车人员（主管工程师，维修工程师和司机）和把转播车运输到现场的费用（见图16.1）。

图 16.1　在转播车的租金中至少包含雇佣一名车辆工程师的费用

摄像机租赁费用：650美元／额外增加的每台摄像机

除了转播车附带的摄像机外，额外增加的摄像机的费用通常在500～800美元／台左右（仅设备）。

但是，请记住，制片人增加的每一台摄像机，均需要额外的电缆，可能还需要为其增加麦克风，和一名摄像师（涉及日薪、每日津贴，机票和住宿费用）。如果你必须使用外部非本地的工作人员，额外增加一台摄像机的费用会从 500 美元／台以上的价格迅速增加到 2400 美元／台以上（见图 16.2）。

图 16.2 租赁摄像机的实际费用取决于使用摄像机的类型（便携摄像机、箱式镜头摄像机或特种摄像机）、所需要的镜头和所需要的任何支持设备

无线单元租赁费用：18000 美元

无线音频和视频设备已经被广泛使用在外场转播中。大多数无线车的租赁费用与转播车的租赁费用大致相同。租赁费用取决于节目制作需要使用的设备数量。这个报价是按两台便携摄像机与一个话筒来算的。

卫星上行车租赁费用：6800 美元

将卫星上行车分为 C 波段（较低的转发器频率）卫星上行车和 Ku 波段（卫星转发器使用的最高频率）卫星上行车两种。Ku 波段卫星上行车的首日租金是 2400 美元，之后每天的租金为 1200 美元。C 波段卫星上行车的租用量通常比 Ku 波段卫星上行车少一些。工作人员会随车，费用已包含在内。这个费用还包括了 1300 美元的卫星租用时间费用。卫星租用时间是在转播开始前按小时预订的。这个比赛需要 2 小时外加 30 分钟的播出前测试时间。通常会多预订一些时间以防比赛超时。

发电机租赁费用：14000 美元

双台冗余，包含燃料。

图文字幕制作产生的费用

许多图文字幕制作需要租用额外的图文字幕设备。同样，添加图文字幕设备会增加所需要的工作人员数量，从而增加每日津贴、住宿和交通费用。在我们的节目制作预算样本中，不包含任何额外的图文字幕制作费用。

照明费用

有些节目制作需要在评论员席或比赛场地增加额外的照明设备。在我们的节目制作预算样本中，不使用额外的照明设备。

人员费用

大致的人员费用：83000 美元

人员费用根据使用内部人员还是自由职业者而不同。雇用本地还是非本地人员，也会影响预算。正如在摄像机租赁费用部分所提到的，包含了工作人员的日薪、每日津贴、住宿费用、机票费用和当地交通费用，使用非本地人员的费用更高。但是，如果非本地人员了解这个系列比赛、设置和需求，雇佣他们实际上可能会从整体上节省节目制作费用。让"核心"人员出差可以制作出更加高效、更有创意的节目，因为可以将更多的时间投入内容开发，减少搭建系统和排除故障的时间。以下是我们这个用 3 天时间在比赛现场制作的时长为 2 小时的由电视网播出的节目的案例所需要的基本工作人员费用。注意这些只是大概的人员费用，仅用于预先节目规划。实际的人员费用根据比赛的地点不同也会有所不同。更多细节见表 16.1"体育电视节目制作工作人员的大致薪金"。

加班费用将会是一大笔支出，如果不仔细考虑估算起来会非常困难。加班费用通常取决于工作人员对场馆的熟悉程度、天气状况和无法预料的设备难题。

每日津贴：10000 美元

非本地人员的每日津贴平均是每人每天 50 美元。每日津贴用于补贴人员在旅途中的自费项目，比如洗衣和购买食物的开销。

住宿费用：20500 美元

通常，团队成员每人一间房的预算为 120 美元／

晚。53 名团队成员 3 天的住宿费用预算大约一共是 19000 美元。然而，除了为人员名单上的节目制作人员提供住宿外，节目制作公司通常还要负责为转播车的工作人员（3 人或更多）和卫星上行车的工作人员（1 人）提供住宿。

交通费用

机票费用：平均 16500 美元 / 人

租车费用：4300 美元

3 天大约需要 15 辆车。所有高级人员和出镜人员通常都需要一辆车。

运行成本

餐饮费用：3000 美元

通常，只在比赛当天提供餐饮，通常还包括饮料和零食。然而，在比赛的前一天为团队成员提供餐饮通常是值得的，这样可以节省他们离开现场寻找餐厅吃饭的两个小时时间。

活动板房办公室租金：3000 美元

可能需要租用活动板房来安置节目制作和运行人员（见图 16.3）。

脚手架租金：4500 美元

帐篷、桌子、椅子租金：3640 美元 / 3 天

包含一个大型餐饮帐篷（包含搭建和拆除），50 把椅子和 10 张桌子（见图 16.4）。

高尔夫球车租金：5400 美元

这些费用包含 12 辆高尔夫球车 3 天的使用费用

媒体存储：1500 美元

节目制作保险：一场比赛约为 3750 美元

许多经常进行外场转播的公司会购买一份涵盖全年所有节目制作的年度保单。年度保单将大大降低购买保险的成本。

杂项预算：1250 美元

节目制作用品：1000 美元

办公用品：250 美元

安保：750 美元

包括夜间在场的两名安保人员。他们的工资通常在 15 美元 / 时左右，只要工作人员不在场馆内，他们就要值班。

移动卫生间：1500 美元

一般标准是为每 15 个现场工作人员提供一个设施。

管理费：17000 美元

5% ～ 13% 的管理费包括了预定人员费用、管理费用、办公空间租金及相关费用。

节目制作费：22000 美元

节目制作费，通常占预算的 10% 左右，约等于节目制作公司制作节目的利润额度。

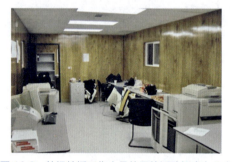

图 16.3 外场转播工作人员使用的活动板房办公室

图 16.4 大型转播项目的餐饮帐篷

粗略节目制作预算总计：254000 美元

一支自由职业者团队在现场工作 3 天及租用转播车的费用预算。

在这份预算中还有很多未定的项目，具体如下。

· 是否需要使用薪酬管理服务？

· 是否使用自由职业者团队服务？

· 这是一次性的节目制作还是系列节目制作的一部分？系列节目制作可以实现更高的效率，比起单场比赛成本更低。

·是否有计算机、打印机等管理技术需求？

体育电视节目制作工作人员的大致薪金如表 16.1 所示。

表16.1 体育电视节目制作工作人员的大致薪金

所需人数	岗位	大约薪金/人	总薪金/人	总费用
1	执行制片人	1200美元/天	4800美元	4800美元
3	专题制片人	450美元/天	1800美元	5400美元
1	导播	1500美元/天	6000美元	6000美元
1	助理导演	500美元/天	1000美元	1000美元
4	出镜人员	1500美元/天	4500美元	18000美元
3	制片协调	300美元/天	600美元	1800美元
1	技术导播	600美元/天	1800美元	1800美元
8	摄像师	400美元/天	1200美元	9600美元
6	录像操作员	425美元/天	1700美元	10200美元
3	视频工程师	500美元/天	1500美元	4500美元
2	字幕员	500美元/天	2000美元	4000美元
1	字幕协调	425美元/天	1275美元	1275美元
1	音频师（A-1）	575美元/天	2300美元	2300美元
4	音频助理（A-2）	420美元/天	1260美元	5040美元
1	舞台监督	200美元/天	400美元	400美元
6	场工	250美元/天	750美元	4500美元
5	现场导演	250美元/天	500美元	2500美元
2	勤务人员	150美元/天	450美元	900美元

总共：53名团队成员

总共支付：84015美元

对现场制作与远程制作进行比较（见表 16.2）

假定：场地赛车（1 天），团队成员共 53 人，最终成果是 2 小时长度的节目。

·在传统的比赛场馆内部署转播车进行节目制作，通常需要花费 2 天时间进行搭建和拆卸，加上 1 天的比赛拍摄时间。

·远程制作可以在 1 天内完成搭建 / 拆卸和比赛拍摄。

表16.2 对现场制作与远程制作进行比较

传统描述	传统转播车费用[1]	远程制作描述	远程制作费用[1]
1. 将转播车部署在比赛场馆内	12000美元	将远程制作转播车部署在比赛场馆内，远程制作工作间在场外	9500美元
2. 增加的摄像机	650美元/天	增加的摄像机	650美元/天
3. 无线单元	18000美元	无线单元	18000美元

续表

传统描述	传统转播车费用[1]	远程制作描述	远程制作费用[1]
4. 卫星上行车	6800美元	卫星上行车（不使用）	0
5. 发电机	14000美元	发电机（可能不使用）	14000美元
6. 人员住宿（53人）	27000美元	人员住宿（12人）	6200美元
7. 每日津贴（53人）	10000美元	每日津贴（12人）	6200美元
8. 人员机票（53人）	16500美元	机票（12人）	4000美元
9. 租车（15辆）	4300美元	租车（3辆）	1000美元
10. 人员工资	83000美元	人员工资（53人）	83000美元[2]
11. 餐饮（53人）	3000美元	餐饮（12人）	1400美元
12. 移动板房办公室	3000美元	移动板房办公室（可能不需要）	2000美元
13. 脚手架	4500美元	脚手架	4500美元
14. 高尔夫球车（12辆）	5400美元	高尔夫球车（3辆）	1800美元[3]
15. 节目制作保险	3750美元	节目制作保险	1500美元[3]
16. 节目制作用品	1000美元	节目制作用品	300美元[3]
17. 安保	750美元	使用场馆安保	0[3]
18. 移动卫生间	1500美元	使用场馆设施	0[3]
19. 管理费（管理）	17000美元	管理费（管理）	13000美元
20. 节目制作公司费用	22000美元	节目制作公司费用	15000美元
总计	254000美元		182050美元[4]

注：1. 有各种各样的可部署在比赛场馆内的传统转播车和许多不同的远程制作方案可供选择。按使用中等水平的设备估算预算。

2. 此项费用很高，如果使用公司演播室的授薪员工，则可以大幅减少预算。

3. 由于人员减少，使用设备也少得多，这些费用大幅减少。

4. 如果仅用一天时间拍摄比赛，可以将远程制作的总预算再减少65000～75000美元。

我们在这里展示的预算是高度简化后的，但实际节目制作预算会变得非常复杂。从转播车的尺寸到远程制作的类型，有很多不同的变量。使用远程制作对财务最重要的影响之一是搭建/拆卸和比赛拍摄能否在一天时间内完成。当然，在大型节目制作中是无法实现的，但对于小型节目制作是可行的。

汉克·莱文（Hank Levine），一个参与过很多体育转播的老手，将预算的经验总结为如下内容。

编制和管理一个好的工作预算需要有一定的远见，使用一定的方法，以及大量的经验积累。例如，在制定项目预算时，需要对每一种情况制订相应的计划，同时也要意识到并不是每一种情况都会发生。预算应该作为一种节目规划工具，如果使用得当，它将促使团队集中精力，确保以适当的方式使用资源，以提高节目制作水平。

访谈：凯利·沃尔夫（Kelly Wolfe），高尔夫频道新闻部主任

◎你的工作职责是什么？

当人们听到我的头衔时，他们会认为我是节目中执导摄像机的导播[1]。实际上，作为一名新闻部主任，我负责监督演播室节目、周末的赛前／赛后节目及一档早间节目的所有预算。我还有一个专题部门，有 4 个制片人，他们负责制作高水平的专题节目。我还经常雇佣摄影师，协调比赛现场的拍摄。这个工作什么事情都要做一些，我最喜欢的是我所建立的这些重要的关系。

◎你在工作中面临哪些挑战？

一开始，我在进行预算编制的过程中很挣扎。我必须学会如何分解预算，让节目制作费用保持在预算之内。这是一个真正的挑战。制片人有时想要无尽的钱来制作可以获得艾美奖的专题节目……他们应该能够做到。但他们有时把我们当作说"不"的人，而不会看到事情可以通过成本更低的其他方式完成。我们是来帮助他们成功的。你还必须学会如何处理各种（人际）关系，每种关系都是不同的。

◎你会给那些想要进入体育电视领域的人什么建议？

要有自信，找到你的生活和工作之间的平衡，这是非常重要的。

1　译者注：主任和导播在英文中都是"director"一词

附录 1

转播车图示

附录中包含一系列电视转播车图示，用来展示多种转播车及每辆转播车上配备的各类设备。

（译者注：PMTV 是一家美国电视节目制作公司，成立于 1989 年，致力于为全球各地的客户提供广播解决方案。）

53' 4K-UHD-HD EXPANDO PRODUCTION UNIT
PMTV-658A4

1/4

TECHNICAL DATA SHEET

PRODUCTION

- Grass Valley Kayenne K-Frame 5 M/E Production Switcher
- 3G-HD: 160x64 I/O
- 4K-UHD: 40x16 I/O
- 8 iDPM Channels
- Double Take
- 10-Channel Internal Still Store
- Grass Valley Korona 2 M/E Panel - *2nd Screen or Alt TX Feeds*
- MONITOR WALL
- 3 – 31" 4K/UHD/HDR LCD Monitors - *Program/Preview/Preset*
- 3 – 32" MultiView Camera/Source Monitors
- 6 – 49" MultiView Monitors
- PRODUCTION CONTROL ROOM
- 16 Production Positions
- Routable Monitoring
- Magellan Router Control Panel
- KP-32 Intercom Panels, Mics & Headsets
- Stereo Audio Monitoring
- VIDEO CONTROL ROOM
- 3 Video Shader Positions
- 2 – Boland 25" OLED Monitors
- 1 – Boland 31" 4K/HDR LCD Monitors
- 30 – Boland 7" Source Monitors
- 2 – Tektronix 4K/HDR Waveform/Vector Scopes
- 1 – Cobalt Color Correction Controller
- 4 – Cobalt 3G Color Correctors
- 3 – RTS KP-32 Intercom Panels
- 1 – Stereo Audio Monitoring

CAMERAS – LENSES – SUPPORT

- Wired for (16) 4K/UHD/HD Cameras
- 10 – Sony HDC-4300 4K/HD/HFR Cameras
- 10 – Sony HDCU-2500 Camera Control Units
- 10 – Sony BPU-4000 Base Band Processor Units
- 10 – Sony RCP-1500 Remote Control Panels
- 1 – Sony MSU-1500 Master Setup Unit
- 2 – Marshall POV 3G Cameras w/ Remote Paint Control
- 4 – Fujinon UA 107x8.4 Premier 4K/UHD Lenses
- 6 – Fujinon UA 22x8 Plus Premier 4K Lenses
- 2 – Fujinon UA 13x4.5 Plus Premier 4K Lenses
- 4 – Sony HDLA-1505 Large Lens Adapters
- 4 – Vinten Vector 750 Heavy-Duty Fluid Heads
- 4 – Sachtler 25 Carbon Fiber Tripods
- 2 – Sachtler 3-Wheeled Dollies
- 6 – Sony 7" OLED Studio Viewfinders
- *Additional Cameras, Lenses & Equipment Available Per Request*

  - Specialty Camera Systems Available By Request:
  - Sony CineAlta PMW-F55 4K Cameras
  - Sony CA-4000 4K Fiber Transmission Camera Adapter
  - Panasonic AW-HE130 HD Super-PTZ Cameras
  - Panasonic AK-HRP200G Remote Operation Panel
  - Panasonic AW-RP120 Remote Camera Controller

REPLAY – RECORD

- Wired for (4) EVS 12-Channel XT4K Servers
- Wired for Any Combination of (24) 4K/HD Ki Pro
- 2 – EVS XT4K 12-Channel UHD/HD w/ LSM & EVS Connect
- 1 – EVS XFile3 w/ 10Gb Network
- 1 – Ross Abekas Mira 8-Channel Video Server
- 16 – AJA Ki Pro Ultra Recorders
- 1 – AJA Ki Pro GO or Simply Live MMR-110 Recorders
- *Additional Ki Pro's Available Per Request*

AUDIO SUITE

- Calrec Artemis Light Digital Mixing Console
- 56 Fader Panel
- 240 Channel DSP
- 40 Mic/Line I/P, 40 Line O/P
- 24x24 AES I/O
- 2 – MADI 64x64 I/O
- 1 – Dante 64x64 I/O
- 1 – Yamaha SPX2000 Digital Effects Processor
- 1 – Cedar DNS 8 Live 8-Channel Noise Suppressor
- 2 – DigiCart/EX w/ Remote
- 1 – Denon CD Player
- 1 – Denon MP3 Solid State Recorder
- 2 – PIX 270i 64-Channel MADI Recorders- *ISO Audio Recording*
- EXTERNAL FIBER I/O STAGE BOXES: SM Fiber x4
- 2 – Calrec Hydra2 48x16 Analog I/O Stage Boxes
- 1 – Calrec Hydra2 24x8 Analog I/O Stage Boxes
- 1 – Calrec Hydra2 16x16 AES I/O Stage Boxes

GRAPHICS

- 4K-UHD: (2) 1-Channel
- 3G-HD: (2) 2-Channel
- Chyron Mosaic & Ross XPression Available

COMMUNICATIONS

- RTS ADAM 168-Port Intercom System
- 4 – RTS TIFF-2000A Phone Interfaces
- 4 – Telos Phone Hybrids
- 8 – RTS Powered IFB Channels
- 12 – RTS Powered Two-Wire PL Channels
- 12 – Four-Wire Channels on I/O
- 8 – RTS 4030 IFB Stereo Beltpacks
- 16 – RTS BP-325 Dual-Channel Beltpacks
- 16 – RTS Single Muff Headsets
- 8 – RTS Double Muff Headsets
- 10 – David Clark Double Muff Headsets
- 10 – David Clark Single Muff Headsets
- 4 – RTS SPK-300 Dual Listen Biscuit Box
- 4 – Daltech Announcer Talkback Box
- 4 – Sennheiser HMD-25 Announcer Headsets
- 4 – Sennheiser MKH 70 Shotgun Microphones
- 10 – Sennheiser MKH 416 Shotgun Microphones
- 6 – Sony ECM-77B Lavalier Microphones
- 6 – Sennheiser MD46 Handheld Microphones
- 2 – RTS KP-32 User Stations w/ RVON
- 2 – RTS KP-12 User Stations w/ RVON
- 2 – CommLink FXC-S201 Single Mode Fiber Extender
- 2 – RTS RVON-8 Remote Boxes w/ RJ & XLR Connectors

ANNOUNCE BOOTH KIT

- Dante Over Fiber
- 4 – Studio Technologies Model 214 Announce Console
- 4 – Sennheiser HMD26-II Announce Headset
- 8 – IFB Earset Kits

FIELD MONITORS

- 6 – Boland 20" HD-LCD Monitors & Desk Stand
- 2 – Sony 17" OLED Monitors & Desk Stand
- 1 – Boland 31" 4K/UHD LCD Monitor
- *Additional Monitors Available Per Request*

ALL MOBILE UNITS INCLUDE STAFF ENGINEERS.
ADDITIONAL EQUIPMENT IS AVAILABLE PER CLIENT REQUEST. CONTACT PMTV'S ACCOUNT EXECUTIVES FOR PRICING & AVAILABILITY.

PMTV-658A4

2/4

TECHNICAL DATA SHEET

TERMINAL EQUIPMENT

- Imagine Communications Platinum IP3 Router
- 533x622 3G I/O
- 80 Embedders, 70 De-Embedders
- 32x32 SM Fiber I/O
- 4 – Harris 64x6 Built-In MultiViewers
- 6 – AJA FS4 4-Channel Frame Syncs
- 2 – AJA FS4-HDR 4-Channel Frame Syncs w/ HDR Features
- 2 – Blackmagic Teranex 12G Frame Syncs- Up/Down/Cross Convert
- 4 – Cobalt 3G Color Correctors
- 4 – Cobalt 3G-4K to HD Converters
- 2 – Cobalt Time Code Burners
- 14 – Utility Distribution Amplifier
- ADDITIONAL OUTOARD CONVERSION GEAR:
- 10 – AJA Hi5-3G HD-SDI/HDMI Converter
- 2 – AJA HA5 HDMI/HD-SDI Converter
- 6 – AJA HD10DA 1x6 HD Distribution Amplifier
- 2 – AJA HDP HD/SDI - DVI Converter
- 6 – Cobalt Blue Box Dual Fiber Converter Units: 12-Ch TX-RX
- 8 – Telecast Rattler Fiber Converter Units: 8-Ch TX-RX
- 4 – Decimator MD-HX Converter

REAR I/O PANEL

- 32x32 Single-Mode ST Fiber/BNC Router I/O
- 8x8 4K/UHD BNC Router I/O
- 128 BNC Tie Lines
- 4 – TX BNC & ST Fiber O/P
- 16 – Multed SAP O/P
- 8 – Powered IFB O/P
- 8 – ADAM RJ-45 Ports
- 2 – ADAM Ports on SM Fiber
- 12 – 4-Wire Ports
- 5 – Calrec Hydra2 SM ST Fiber Connections
- 6 – DT-12 Female Connections
- 6 – DT-12 Male Connections

CABLE

- 2 –1000' TAC-12 - On Reel
- 4 – 500' TAC-12
- 4 – 250' TAC-12
- 4 – 500' SMPTE
- 10 – 250' SMPTE
- 10 – 100' SMPTE
- 6 – 50' SMPTE
- 10 – Telecast SHED or MultiDyne HUT Adapter Sets
- VIDEO MULTS:
- 2 – 125' 6-Wire BNC
- 2 – 75' 6-Wire BNC
- 2 – 50' 6-Wire BNC
- 2 – 25' 6-Wire BNC
- AUDIO MULTS:
- 6 – 250' DT-12 Audio Cables - 12 Pair
- 4 – 125' DT-12 Audio Cables - 12 Pair
- 2 – 75' DT-12 Audio Cables - 12 Pair
- 4 – DT-12 F/M XLR Fanouts - 12 Pair
- 4 – DT-12 M/F XLR Fanouts - 12 Pair
- 4 – DT-12 Feed Through XLR Stage Boxes
- 4 – 50' XLR 8-Channel Audio Snakes
- 4 – 25' XLR 8-Channel Audio Snakes
- 4 – 25' XLR 4-Channel Audio Snakes
- 2 – 50' XLR 4-Channel Audio Snakes

MISCELLANEOUS

- FPH ST600-KIPRO IP Controller
- PlaybackPro Controller
- Laptop & Various Software Available
- Additional Equipment Available per Advanced Request

POWER REQUIREMENTS

- 400A, 3-Phase, 208-240V or 200A, 3-Phase, 208-240V
- 4 – 50' & 75' Camlok Sets- Red, Blue, Black, Green

CHASSIS SPECIFICATIONS

- Dimensions: 53' L, 8'6" W, 13'6" H
- Working Footprint: 70' x 24' - Expanded, Without Tractor

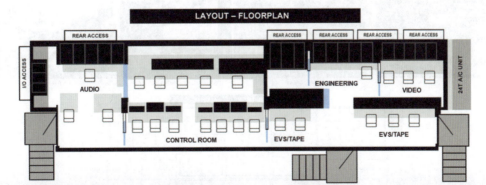

LAYOUT – FLOORPLAN

ALL MOBILE UNITS INCLUDE STAFF ENGINEERS.
ADDITIONAL EQUIPMENT IS AVAILABLE PER CLIENT REQUEST. CONTACT PMTV'S ACCOUNT EXECUTIVES FOR PRICING & AVAILABILITY.

1/4

24' HD MOBILE PRODUCTION SPRINTER VAN
PMTV-050B2

TECHNICAL DATA SHEET

PRODUCTION

- Ross Carbonite Black Plus 2 M/E HD Production Switcher
- 24 Input
- 12x6 Routable I/O
- 4 Keyers per M/E
- 2 Floating Chroma Keys
- 4-Channel Still Store & Animation Playback
- 4 Mini M/E w/ 2 Keyers per Mini M/E
- Format Scalar & Frame Sync - Every Input
- Color Correction & Proc Amp - Every Input
- 8-Channel Floating 2D DVE - PIP or Transitions
- Formats: 525i, 625i, 1080i, 720p, 1080pSF, 1080pSF, 1080pSF

CAMERAS – LENSES – SUPPORT

- 4 – Grass Valley LDX 80 Flex 1080i 2/3" Cameras
- 2 – Grass Valley LDX 82 Flex 1080i 2/3" Cameras
- 6 – Grass Valley LDX 5650/10 3G Fiber Interfaces
- 6 – Grass Valley LDK 4427/50 Fiber/Triax Adapters
- 4 – Grass Valley LDK 5307/00 7" Studio Viewfinders
- 2 – Grass Valley 5302/60 2" Eyepiece Viewfinders
- 6 – Grass Valley XCU Dual Elite CCU's
- 6 – Grass Valley LDK 4640/20 OCP 400 for XCU CCU
- 6 – Fujinon ERD-20A-A02 Zoom Control Interface
- 6 – Fujinon CFH-11 Focus Control Interface
- 4 – HVF-46 Universal Viewfinder Hoods
- 5 – PortaBrace CLK-3ENG Rain/Dust Camera Shrouds
- 1 - PortaBrace RS-PXWX400 Rain/Dust Camera Shroud
- 2 – Panasonic AG-HPX600p Cameras – Per Request
- 1 – Fujinon 12x4.5 BRM-M6 Wide Angle Lens
- 2 – Fujinon 17x7.6 BERM-M6 w/ 2x Extender
- 3 – Fujinon 22x7.6 BERM-M6 w/ 2x Extender
- 6 – Vinten Vision V10AS-CP2F Fluid Tripod Head
- 6 – Vinten Two-Stage CF Pozi-Loc Tripod
- 12 – Vinten 3219-91 Tripod Control Arms
- 2 – O'Connor Tripod Dollies – Per Request
- Additional Cameras, Lenses & Equipment Available Per Request

REPLAY – RECORD

- 4 – AJA Ki Pro Racks
- 1 – NewTek 3Play 440 Instant Replay System

GRAPHICS

- Ross XPression Studio 2-Channel v6.5 Software
- Routable Record & Unlimited Output Layers
- Video I/P, Preview & Virtual Channels
- OES Scoreboard Data - Clock/Score
- DataLinq & Microsoft Office Enabled
- Custom XPression Keyboard

ENCODING – STREAMING

- 1 – ImmediaTV ITV-EN460d H.264 SD/HD IP Encoder – Up To 1080i
- 1 - Teradek Cube 655 Streaming Encoder
- Modes: RTP/RTSP, RTMP, Teradek, Stream, Live:Air, UDP, HLS

AUDIO

- Yamaha QL1 32-Channel Digital Mixing Console
- 12 Mixes
- Available Connections: 2 Analog XLR I/P & 2 I/O AES Pairs
- Yamaha Rio1608-D Stageboxes
- 16 XLR Analog Mic/Line I/P w/ Phantom
- 8 XLR Analog Outputs
- Sample Rates: 44.1/48/88.2/96 kHz
- Bose Solo 5 TV Sound System – Production
- Marshall Broadcast AR-DM31-B 16-Channel Audio Monitor – PGM

COMMUNICATIONS

- Clear-Com Eclipse HX-Delta 32-Port Intercom Matrix
- Clear-Com PIC IFB-104 2-Channel IFB Interface
- 5 – Clear-Com RS-702 2-Channel Beltpacks
- 4 – Clear-Com V12LDD 12-Channel Display Panels
- 3 – Clear-Com V12LDX4Y-IP 12-Channel Rackmounts
- 3 – Clear-Com TR-50 Single Channel IFB Talent Receiver
- 3 – Clear-Com TR-1 IFB Mono Talent Earphone
- 6 – Clear-Com CC-400-X5 Double Muff Headset
- 1 – Clear-Com CC-300-X5 Single Muff Headset
- 5 – Clear-Com CC-300-X4 Single Muff Headset
- 3 – Whirlwind THS-3 Announcer Consoles
- 1 – JK Audio Innkeeper 4 Telephone Interface
- Cameras Wired for 1-Channel of Communications
- Phone Lines Not Included - Available Per Request

MICROPHONES

- 3 – Sennheiser HMD 280 PRO Headset & Boom Mic
- 3 – Electro-Voice RE50/B Dynamic Omni-Directional Mic
- 3 – Whirlwind THS3 Talkback Headphone Boxes
- 4 – Sennheiser ME66 Short Shotgun Mic
- Wireless & Wired Lavalier Mics Available Per Request

MONITORING

- 2 – Sony BRAVIA KDL-40W650KD 40" LCD Multiviewer Monitors
- MultiViewer w/ 16 Sources & Custom Layout via Ross Dashboard
- 2 – Wohler RM-2443WS-3G Quad 4.3" Monitors - Shading & Replay
- 2 – TVLogic LVM-170A 17" Multi-Format Monitors - Shading & Switcher
- 1 – HP L1940T 19" 4:3 LCD Monitor - Shading
- 2 – Ikan D12 11.6" 3G-SDI Field Monitors w/ Audio Confidence
- 1 – VideoTek CMN-41 Multi-Format WF/VS Monitor - Shading
- All Video Monitors are Routable

TERMINAL EQUIPMENT

- 2 – AJA FS2 2-Channel Universal Frame Syncs w/ U/D/CC
- 2 – Ross SRG-4400 Master Reference & Test Signal Generator
- 1 – Ross ACO-4400A Auto Changeover System
- 1 – Ross NK-3G72 Scalable 40x48 Multi-Format Router
- 2 – Ross Ulticore RCP-ME 16x16 Router Panel - Shading & Production
- 3 – Blackmagic Design Mini Converter: 1x8 3G-SDI DA's
- Full Router Panel Available via Ross Dashboard

ALL MOBILE UNITS INCLUDE STAFF ENGINEERS.
ADDITIONAL EQUIPMENT IS AVAILABLE PER CLIENT REQUEST. CONTACT PMTV'S ACCOUNT EXECUTIVES FOR PRICING & AVAILABILITY.

PMTV-050B2

TECHNICAL DATA SHEET

CABLE

- 1 – 130' SMPTE/LEMO Hybrid Fiber
- 1 – 270' SMPTE/LEMO Hybrid Fiber
- 1 – 450' SMPTE/LEMO Hybrid Fiber
- 1 – 500' SMPTE/LEMO Hybrid Fiber
- 1 – 550' SMPTE/LEMO Hybrid Fiber
- 1 – 687' SMPTE/LEMO Hybrid Fiber
- 1 – 750' SMPTE/LEMO Hybrid Fiber
- 6 – 25' Triax
- 6 – 75' Triax
- 6 – 100' Triax
- 6 – 250' Triax
- 4 – 500' Triax
- 6 – SMPTE/LEMO Hybrid Fiber Whips – LDK-4427
- 1 – 1000' Tactical Duplex Single-Mode Fiber (LC)
- 1 – 800' Tactical 8-Channel Single-Mode Fiber (LC)
- BNC-1694 Cable Available Per Request
- 1 – Yamaha Rio1608-D2 Dante Audio Snake
- 1 – 200' XLR Audio Snake

POWER REQUIREMENTS

- 2x 120V, 60hz, 50-AMP Required - *Shore Power*
- 2 Female 125/250 50-AMP Hubbell Twist-Locks Required - *Connection*
- Generator: Insulated 8kw 67A Cummins Onan Quiet Diesel
- Power Adapters:
- Camlock to Hubble Twist-Lock
- NEMA-14 to Hubble Twist-Lock
- NEMA 5-15 to Hubble Twist-Lock

CHASSIS SPECIFICATIONS

- Dimensions: 24' L x 10'1" H x 6'7" W
- 2016 Mercedes-Benz Sprinter 3500

LAYOUT – FLOORPLAN

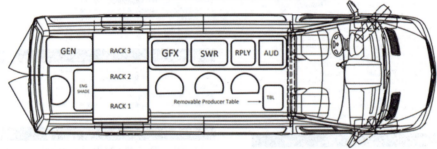

DEFAULT PRODUCTION MONITOR

Over 25 Customizable Monitor Layouts Available

Bose Solo 5							
KiPro 1	KiPro 2	PVW		PGM		00:00:00:FF	
KiPro 3	KiPro 4					Replay 1	Replay 2
M/E 1	Cam 1	Cam 2	Cam 3	Cam 4	Cam 5	Cam 6	Ext Input
CG1	CG 2	Mini M/E 1	Mini M/E 2	M 1	M2	M3	M4

ALL MOBILE UNITS INCLUDE STAFF ENGINEERS.
ADDITIONAL EQUIPMENT IS AVAILABLE PER CLIENT REQUEST. CONTACT PMTV'S ACCOUNT EXECUTIVES FOR PRICING & AVAILABILITY.

Specifications
- 40 foot triple axle gooseneck High-Definition Production Unit

Video Production and Effects
- Grass Valley Group HD Kayak 250C Production switcher
- 48 inputs
- 24 outputs
- 2.5 Mix Effect Busses
- 6 Channels of Ram Recorders (stills or motion)
- 4 Channels of available Match Def Scalar for frame sync or POV cameras
- 4 Channels of available Match Def Scalar for Graphics
- 2 channels of chroma Key

Graphics
- Compix Media CynerG PLUS 2 channel Graphic System with SDI output

Cameras
- 4 Panasonic AJ-HDX900 Cameras with Fuji 17×7.6 lenses (2 with 2× extenders)

VTR and EVS
- EVS 4 channel HD-XT
- 2 Panasonic AJ-HD1400 DVCPRO HD
- 2 Panasonic AJ-HPM100 P2 Mobile units

Audio
- Yamaha DM-1000 cascade (32 mic/line preamps, 24 line inputs, 40 outputs)
- 2 Evertz 7721AE-A4-HD 4 Channel embedders (normally redundant; can cascade w/out redundancy)

Communications
- RTS 4 Channel IFB System
- RTS 3 Channel Intercom system with RTS SAP1626 Source Assignment Panel

Monitoring
- Evertz 7767VIPA16-DUO-HS Multi-image system
- 16 input, DUAL output, distributed to 5 screens

Terminal Equipment
- Evertz Downconverters and Distribution amplifiers
- Evertz Master Clock with GPS
- Leader LV5750 Multi-SDI monitor

Power Requirements
- 208 volt, 200 Amp Three phase, or 240 volt, 200 Amp Single Phase

F&F *PRODUCTIONS, LLC* 4K/High Definition · 53' Double Expando · Multi-Format (Native 4K, 1080p, 1080i, 720p)

GTX-19 Technical Specifications

Video Production
Grass Valley HD Kayenne Elite K-Frame X Switcher
192 Inputs / 96 Outputs / 9 Mix Effects
(6) Downstream Keyers per M/E
FlexiKey Programmable Clean Feed
12 iDPM / 4 eDPM / 4 Chroma Keys per Full M/E DoubleTake
Grass Valley K2 Summit 4-Channel Clip Store
Evertz 576x1152 w/ Xlink HD Router
64 GB Still Store w/movies
KSP 1 M/E Soft Panel GUI
(1) 6 Channel VIA Spot Box w/ Interface & Lance Controller

Record/Replay
(4) 12 Channel VIA EVS LSM (w/ SSMO Option)
(2) EVS XFile 3 Archive Station
(2) EVS XHub3
(1) EVS IP Director Package
(1) EVS C-Cast Agent
(1) Sony SRW -5500 VTR
(9) KiPro Ultra Plus w/ 16 1TB Drives
(4) 4 Channel AJA Pro Go USB Recorders

Graphics *Upon Request

Cameras & Accessories
4K Software w/ HDR Unlocked on all cameras
(14) Sony HDC 4300L Multi-Format Camera *Fiber Operation Only*
(2) Sony HDCP-43 POV Camera *Fiber Operation Only*
4 Point Star Filters & Variable Speed Shutter Available
(8) Sony HDLA Lens Adapter
(8) Vinten VECTOR 750 Panhead & Heavy Duty Tripods
(3) Vinten Dolly Wheels for Hard Cameras
(4) Studio Build-Up Kits for Handheld Cameras
(4) Fujinon 4k 14x4.5 Wide Angle Lenses
(5) Fujinon 4K 18x5.5 Lenses
(1) Fujinon 4K 22x7.8 Handheld Lenses
(8) Fujinon 4K 107x8.4 Studio w/ Stabilization
Mobile Unit Wired For 24 Cameras

Microphones/Speakers
(14) Sennheiser MKH 416 Shotgun Mics
(2) Sennheiser MKE 44-P Stereo Mic
(6) Sennheiser MD 46 Stick Mics
(2) Sennheiser MKH 70 Shotgun Mics
(6) Sony ECM 77B Lavalier Mics

Production Monitor Wall
Evertz VIP Routing & Multi-Image Display
(18) 31" Custom Postium 4K Monitors 4096x2160

External Monitors/Converters
(4) 12" HD LCD Field Monitors 16:9
(2) 15.6" 4K Color Monitors
(8) 18" HD LCD Field Monitors 16:9
(2) 23.8" 4K Color Monitors
(12) Rattlers - ST Fiber to HD/SDI
(4) HD/SDI to HDMI Converter

System/Routers
(2) Evertz Master Sync and Timecode Generator with 4K
Evertz Changeover
Evertz Digital Time Displays
Evertz 576 x1152 w/ Xlink HD Router
(20) Evertz 7814 UDX DualPath Frame Sync
(5) AJA FS4 HDR Frame Synchronizer/Converter 4K/3G/HD Up/Down/Cross
(1) ForA 5-Channel HD Color Correctors/Frame Sync
(1) DSS Receiver

Video Shading
Sony 30" BVMX 300-2 Monitor
(3) Sony OLED BVME171 monitors w/HDR
(3) Tektronix 4K WFM/Vector Scopes
(1) Tektronix 3G WFM/Vector Scopes (in engineering)

F&F PRODUCTIONS, LLC

F&F *PRODUCTIONS, LLC* 4K/High Definition · 53' Double Expando · Multi-Format (Native 4K, 1080p, 1080i, 720p)

GTX-19 Technical Specifications

Intercom/Communications
RTS Adam 160x160 Matrix
(1) 64-Channel MADI Card
(2) OMNEO 64 Cards
(16) IFB Channels
(18) RTS KP 32 Keypanel
(12) RTS KP 12 Keypanel
(15) RTS 4030 IFB Beltpack
(25) RTS BP-325 Dual Channel Programmable Beltpack
(6) RTS TIF 4000 Digital Telephone Interface
(1) Phone System (12 Lines)
(1) QKT
(4) Ringdown Circuits
(6) Motorola 2-Way Radios w/ 2 Base Stations
(15) Single Muff Headsets
(10) Double Muff Headsets
(20) Lightweight Headsets
(6) Sennheiser HMD-26 Announcer Headsets
(6) Studio Technologies Model 21 Talkback Boxes
(4) RTS Telex SPK 300 Biscuit Boxes

Fiber Booth Kit
Calrec Hydra
32x32 Audio
4x10 HD/SDI
(2) KP Ports
(2) 10/100/1G-LAN
(2) Router Controls

Lighting
(2) Lowell Light Kits w/ 4 Instruments each

Audio
Calrec Apollo Digital Console w/Bluefin2
(72) Faders w/ Hydra2
LCD Bar Graph and VU Metering
MADI Interface – 4-Streams
128x128 AES Audio
128x128 Analog Audio
64 x 64 Dante
Dual Processor Engines
Yamaha SPX2000 Multi-Effects Processor
3 Behringer 2 Channel Composer MDX2600
3 Behringer 4 Channel Composer MDX4600
(2) 360 Systems Digicart/E Ethernet Audio Recorders w/ SD Card
ENCO EDAD Digital Audio Server
(1) CD Player
(1) DTS Neural Loudness Meter
(2) DTS Neural Upmix Decoders
(2) DTS Neural Downmix Encoders
(2) DTS Neural Mono to Stereo 4-Channel Synthesizers
Genelec 5.1 Surround Sound Monitoring
RTW Stereo Surround Audio Display
(10) De-embedders
*Upon Request 64 Channel Hydra Stage Box 48 x 16

*Equipment on this specs sheet is subject to change without notice

Cable
15000' SMPTE
3000' DT 12 Audio Mults
2000' Coax Video (Various Lengths)
1500' Single Mode Tac 12
5-Pair Coax Mults (Various Lengths)
10-Pair Coax Mults (Various Lengths)

Power Requirements
3-Phase
208 Volt
400 Amps
200 Amp Environmental
200 Amp Technical
Maximum Distance From Power Panel: 150'

A-Unit Dimensions (Expanded)
W/ Tractor: 74' L x 13'6" H x 16' W
W/O Tractor: 56' L x 13'6" H x 16' W
Working Footprint: +5' Around
Expands: Curb Side

B-Unit Dimensions w/liftgate
W/ Tractor: 73' L x 13'6" H x 8'6" W
W/O Tractor: 55' L x 13'6" H x 8'6" W
Working Footprint: +5' Around

*Upon Request
Closed Captioning Device
Telestrator

F&F PRODUCTIONS, LLC

F&F PRODUCTIONS, LLC 4K/High Definition · 53' Double Expando · Multi-Format (Native 4K, 1080p, 1080i, 720p)

GTX-19 Technical Specifications

F&F PRODUCTIONS, LLC

F&F PRODUCTIONS, LLC 4K/High Definition · 53' Double Expando · Multi-Format (Native 4K, 1080p, 1080i, 720p)

GTX-19 Technical Specifications

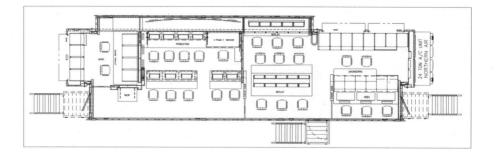

F&F PRODUCTIONS, LLC

附录 2

机位图

　　下文中的机位图与描述均源自电视网和节目制作公司用来制作各类大大小小的体育赛事节目的实际文档。在一场赛事转播中，机位的安排并不是唯一的。这些图展示的是最常用的机位设置。

　　这些图大部分都是基础的机位图，可以根据实际制作需要增加机位数量。有些图展示的是在世界锦标赛中所使用的机位数量。

棒球比赛：小型制作

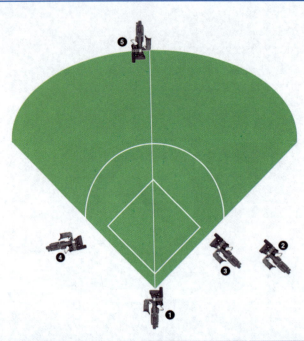

摄像机	类型	承托系统	位置	拍摄内容
1	固定	三脚架	本垒高机位	主机位
2	固定	三脚架	一垒高机位	球的飞行路线和跑垒员
3	固定	三脚架	一垒低机位，队员席	右手击球员，二垒、三垒跑垒员，球员介绍
4	固定	三脚架	三垒低机位，队员席	左手击球员，一垒跑垒员，球员介绍
5	固定	三脚架	外野中线低机位	击球员，捕手

▌棒球比赛：大型制作

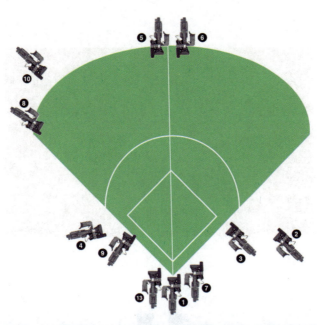

摄像机	类型	承托系统	位置	拍摄内容
1	固定	三脚架	本垒高机位	主机位
2	固定	三脚架	一垒高机位	球的飞行路线和跑垒员
3	固定	三脚架	一垒低机位，队员席	右手击球员，二垒、三垒跑垒员，球员介绍
4	固定	三脚架	三垒低机位，队员席	左手击球员，一垒跑垒员，球员介绍
5	固定	三脚架	外野中线低机位	击球员，捕手
6	固定	三脚架	外野中线低机位	投手，击球员，捕手
7	固定	三脚架	本垒低机位	投手，近景/特写，投手轮换
8	固定	三脚架	左外野低机位，边线	一垒到二垒的盗垒，一垒队员席
9	游机	轻型脚架	三垒	独立，三垒队员席，赛前赛后队员席
10	便携	轻型脚架	三垒垒线高机位	风光镜头
11	微型	固定安装	一垒	跑垒员的牵制与回撤
12	微型	固定安装	二垒	跑垒员上垒
13	固定	三脚架	本垒低机位	低角度慢动作回放

注：机位 11 与机位 12 未在图中标注，分别位于一垒和二垒的位置

▌篮球比赛：小型制作

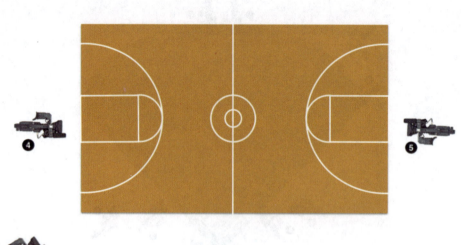

摄像机	类型	承托系统	位置	拍摄内容
1	固定	三脚架	球场中线高机位	主机位
2	固定	三脚架	球场中线高机位	近景/特写
3	固定	三脚架	左侧角半高台	独立
4	游机	轻型脚架	左侧底线	独立和篮下动作
5	游机	轻型脚架	右侧底线	独立和篮下动作

篮球比赛：大型制作

摄像机	类型	承托系统	位置	拍摄内容
1	固定	三脚架	球场中线高机位	主机位
2	固定	三脚架	球场中线高机位	近景/特写
3	固定	三脚架	左侧角半高机位	独立
4	固定	三脚架	右侧角半高机位	独立
5	游机	轻型脚架	左侧底线	独立和篮下动作
6	游机	轻型脚架	右侧底线	独立和篮下动作
7	便携	轻型脚架	球场中线，地面	独立和低角度动作
8	便携	轻型脚架	远侧球场中线，地面	独立和替补席
9	微型	遥控	球场上空	顶视角（独立）
10	微型	遥控	左侧篮板后	独立
11	微型	遥控	右侧篮板后	独立
12	微型	固定装置	右角顶棚附近	场馆全景镜头
13	便携	摇臂	左角远侧	动作，观众

▌拳击比赛

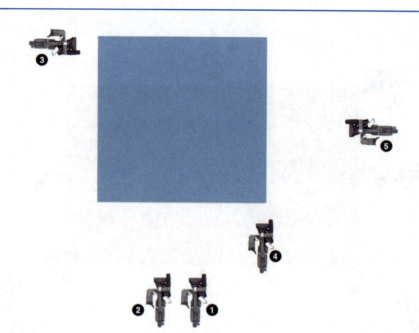

摄像机	类型	承托系统	位置	拍摄内容
1	固定	三脚架	拳台居中高机位	主机位
2	固定	三脚架	拳台居中高机位	近景/特写
3	游机	轻型脚架	拳台边游动，左远角	运动员进退场，动作中近景，独立，场角休息重放
4	游机	轻型脚架	拳台边游动，右近角	运动员进退场，动作中近景，独立，场角休息重放
5	固定	三脚架	与主机位间的角度呈90°，高机位	中近景，独立

橄榄球（美式）比赛

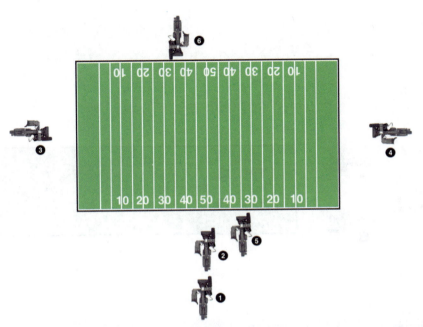

摄像机	类型	承托系统	位置	拍摄内容
1	固定	三脚架	50码（约46米）线高机位	主机位
2	固定	三脚架	50码线半高机位	球场和对侧边线近景/特写
3	固定	三脚架	达阵区看台低机位	比赛动作，回放
4	便携	轻型脚架	远侧边线	比赛动作，回放
5	固定	三脚架	达阵区高机位	比赛动作，回放，三分球和达阵后加分
6	游机	轻型脚架	边线附近	回放

▌射击比赛

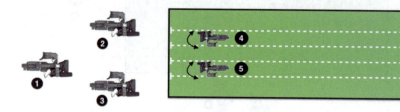

摄像机	类型	承托系统	位置	拍摄内容
1	固定	三脚架	主看台高机位	主机位
2	游机	轻型脚架	游动于参赛者身后	近景/特写和过肩镜头，射击准备和击发后
3	微型	便携式摇臂	游动于参赛者后右侧	近景/特写和过肩镜头
4	微型	遥控	悬挂在参赛者前方的挡板上	射击运动员的近景/特写
5	微型	遥控	悬挂在参赛者前方的挡板上	射击运动员的近景/特写

▌足球比赛：小型制作

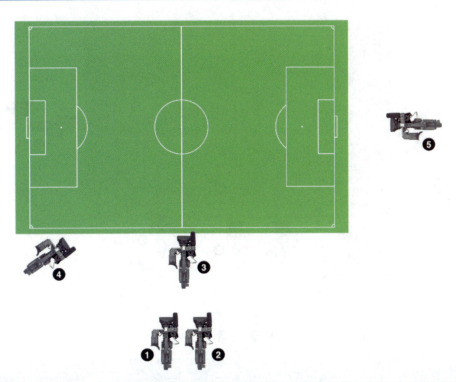

摄像机	类型	承托系统	位置	拍摄内容
1	固定	三脚架	中线高机位	主机位
2	固定	三脚架	中线高机位	近景/特写，独立
3	固定	三脚架	场地中线低机位，替补席之间	中场动作独立，回放
4	游机	斯坦尼康	球场边线，替补席附近	独立，替补席球员反应
5	固定	三脚架	球门区后方高机位	射门，回放，风光镜头

足球比赛：大型制作

摄像机	类型	承托系统	位置	拍摄内容
1	固定	三脚架	中线高机位	主机位
2	固定	三脚架	中线高机位	近景/特写，特定功能（独立）
3	固定	三脚架	左侧16米线	越位回放
4	固定	三脚架	右侧16米线	越位回放
5	固定	三脚架	场地中线低机位，替补席之间	中场动作（独立），回放
6	游机	斯坦尼康	球场边线，左替补席附近	独立，替补球员反应
7	游机	斯坦尼康	球场边线，右替补席附近	独立，替补球员反应
8	固定	三脚架	球门区高机位	射门，回放，风光镜头
9	便携	摇臂	左半场球门后	独立，回放
10	便携	摇臂	右半场球门后	独立，回放
11	固定	三脚架	场边中低机位	中场动作（独立），回放
12	微型	遥控	体育场高点	风光镜头

▌游泳比赛

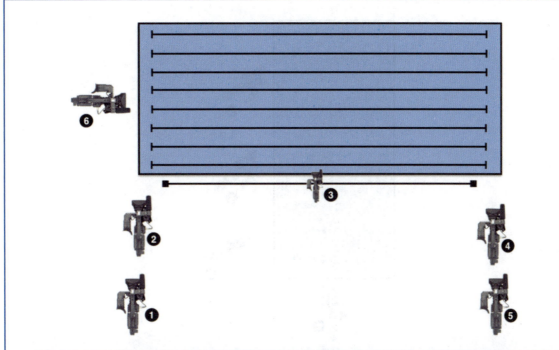

摄像机	类型	承托系统	位置	拍摄内容
1	固定	三脚架	出发/终点线看台高机位	主机位
2	固定	三脚架	出发/终点线看台低机位	近景/特写
3	便携	轨道遥控	沿50米泳池边	低角度跟踪运动员动作全景
4	固定	三脚架	折返线看台低机位	动作，50米起始
5	固定	三脚架	折返线看台高机位	折返线主机位，50米终点主机位
6	游机	斯坦尼康	场地出发/终点	介绍运动员，出泳池，颁奖仪式

▌网球比赛：小型制作

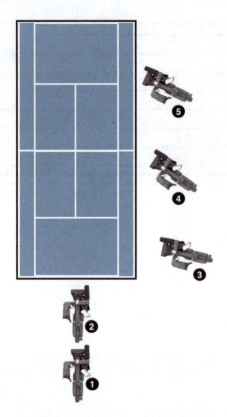

摄像机	类型	承托系统	位置	拍摄内容
1	固定	三脚架	居中高机位	主机位
2	固定	三脚架	居中半高机位	小景别跟球
3	游机	轻型脚架	场地游动	独立，近景/特写
4	固定	三脚架	球网左侧场地边	独立，近景/特写
5	固定	三脚架	球网右侧场地边	独立，近景/特写

▎网球比赛：大型制作

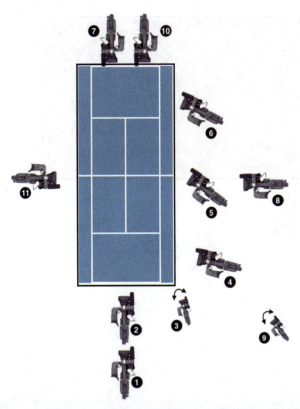

摄像机	类型	承托系统	位置	拍摄内容
1	固定	三脚架	居中高机位	主机位
2	固定	三脚架	居中半高机位	小景别跟球
3	微型	遥控	低角度，固定在比赛场地护墙顶部	独立
4	游机	轻型脚架	场地游动	独立，近景/特写
5	固定	三脚架	球网左侧场地边	独立，近景/特写
6	固定	三脚架	球网右侧场地边	独立，近景/特写
7	固定	三脚架	反向居中低机位	反方向回放
8	便携	遥控	悬挂于球网延长线的场馆顶部边缘	独立
9	微型	固定支架	固定在场馆顶部	风光镜头
10	固定	三脚架	反向居中低机位	低角度动作回放
11	固定	三脚架	球网边	反方向

▌排球比赛：小型制作

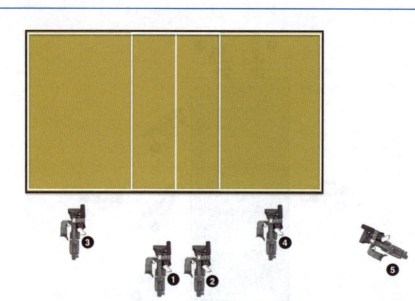

摄像机	类型	承托系统	位置	拍摄内容
1	固定	三脚架	看台居中高机位	主机位
2	固定	三脚架	看台居中高机位	中景
3	游机	轻型脚架	左半场游动	替补球员，教练，运动员近景/特写
4	游机	轻型脚架	右半场游动	替补球员，教练，运动员近景/特写
5	固定	三脚架	右侧角高机位	独立回放

▌排球比赛：大型制作

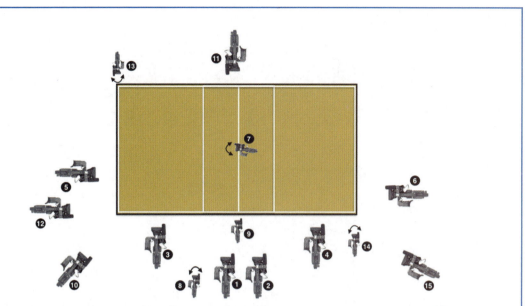

摄像机	类型	承托系统	位置	拍摄内容
1	固定	三脚架	看台居中高机位	主机位
2	固定	三脚架	看台居中高机位	中景
3	游机	轻型脚架	左半场游动	替补球员，教练，运动员近景/特写
4	游机	轻型脚架	右半场游动	替补球员，教练，运动员近景/特写
5	固定	升降底座	靠近左半场底线的场边	发球方，近景/特写
6	便携	摇臂	靠近右半场底线的场边	发球方，近景/特写
7	微型	遥控	顶部	顶视角动作回放
8	微型	遥控	看台居中高机位	裁判员
9	微型	固定装置	球网杆边	球网，动作
10	便携	三脚架	灯光层高角度	场馆全景镜头
11	固定	三脚架	主机位对面看台	反打，替补球员近景/特写
12	固定	三脚架	左侧看台半高机位	动作，回放
13	微型	遥控，微型脚架	左半场底线	左半场底线，回放
14	微型	遥控，微型脚架	右半场底线	右半场底线，回放
15	固定	三脚架	右侧角高机位	独立回放

附录 3

话筒布局图

　　以下话筒布局图，根据电视网和节目制作公司用于制作各种大大小小的体育赛事节目的实际文件汇编而成。在一场赛事转播中，不会只有单一的话筒布局方式。这些话筒布局图展示的是一些最为常见的话筒布局。

　　这些话筒布局图大多展示的是基本的话筒布局。可以根据需要在此基础上增加话筒。其中一些话筒布局图展示的是在世界锦标赛中所采用的话筒布局。

▍棒球比赛：话筒布局图

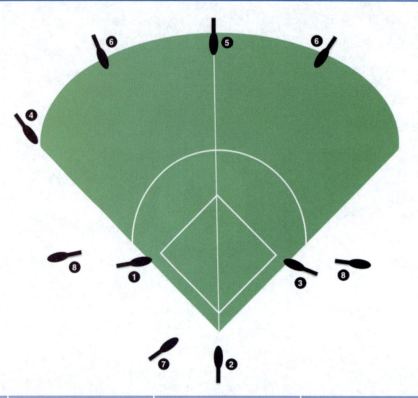

话筒组号	类型	位置	覆盖范围
1	长枪式话筒	三垒低角度，安装在摄像机上	跑垒员主观镜头和近景
2	长枪式话筒	本垒板后，靠近摄像机	击球手和裁判员的声音
3	长枪式话筒	一垒低角度，安装在摄像机上	跑垒员主观镜头和近景
4	长枪式话筒	左外野，安装在摄像机上	主观镜头和近景
5	界面式话筒	外野中线	场地环境声
6	界面式话筒	安装在外野区墙内	拾取外野区声音
7	界面式话筒	本垒板后	本垒板立体声声像
8	枪式话筒	看台	立体声观效

篮球比赛：话筒布局图

话筒组号	类型	位置	覆盖范围
1	带操作员的长枪式话筒	靠近球场	比赛动作
2	领夹话筒	篮网下	篮网附近
3	安装在摄像机上的长枪式话筒	靠近球场	主观镜头和近景
4	领夹话筒	替补席附近	球队环境声
5	短枪式话筒	观众前的栏杆或支架上	立体声观效

足球比赛：话筒布局图

话筒组号	类型	位置	覆盖范围
1	带操作员的抛物面反射碟	球场边	各自象限区域的比赛动作
2	短枪式话筒	球门后方	球门区的比赛动作
3	安装在摄像机上的长枪式话筒	安装在摄像机上	主观镜头和近景
4	领夹话筒	替补席区域	教练和球员声音
5	短枪式话筒	观众前的栏杆或支架上	立体声观效

▌网球比赛：话筒布局图

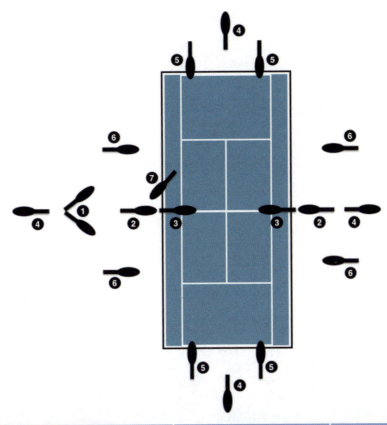

话筒组号	类型	位置	覆盖范围
1	短枪式话筒	中场，指向比赛区域	球员近景
2	界面式话筒	中场，指向比赛区域	球员近景
3	领夹话筒	在球网网带中	球网附近
4	短枪式话筒	观众前的栏杆或支架上	立体声观效
5	短枪式话筒	后场，采用XY制式立体声话筒	近景，后场声音
6	长枪式话筒	安装在摄像机上	主观镜头和近景
7	领夹话筒	裁判附近	裁判的呼报

附录 4

制作支持文档

我们收集了大量用于支持节目制作的检查单和表格范例。其他的表格范例可以在书中找到，具体如下。

自由职业者合同：图2.21。

外场勘察表：图5.3。

节目流程设计：图10.2。

▎体育节目前期制作检查单

场馆

现场勘察是否已经完成？

定位示意图是否已经完成？

现场勘察表是否已填写并提交？

是否有备用方案？

制作会议日程如何安排？

需要邀请哪些人参加制作会议？

确认场馆通行权限

设施进场联系人是谁？

姓名：＿＿＿＿＿＿＿＿＿＿＿＿＿＿＿

电话：＿＿＿＿＿＿＿＿＿＿＿＿＿＿＿

技术进场（线缆铺设等）联系人是谁？

姓名：＿＿＿＿＿＿＿＿＿＿＿＿＿＿＿

电话：＿＿＿＿＿＿＿＿＿＿＿＿＿＿＿

转播车进场和停放？

团队人员停车？

安保团队由场馆方提供还是必须从外部雇佣？

场馆是否提供医疗服务？场馆周边最近的医院在哪？

由场馆提供的

摄像机线缆？类型？位置？

电源？位置？

互联网？位置？

光缆？位置？

确认其他成本

团队人员停车是否收费？

场馆里有什么需要重新建造或修改的地方吗？

当地是否有会影响节目制作的条例或许可？

工作人员是否需要额外的保险？

电力

电闸在哪？我们有权限使用吗？

是否还有其他东西接在电路上？

电源线的长度？

是否需要一台发电机？

餐饮

场馆是否提供餐食？

推荐的餐饮服务公司？

哪里可以提供用餐？

摄像机

本项目需要使用多少台摄像机？

需要什么类型的镜头？

有没有特殊摄像机（斯坦尼康摄像机、主观视角摄像机等）？

有没有特种摄像机承托设备（移动车、摇臂等）？

需要摄像平台或脚手架吗？

是否已确定摄像机的放置位置？

灯光

室内或户外项目？

光照充足吗？

对于户外项目，拍摄期间太阳的位置在哪里？

出镜人员是否需要额外的照明？

如有需要，是否可以遮挡窗户或对其进行滤光处理？

音频

需要什么声音素材？

声源是移动的吗？

需要使用多少个话筒？

使用话筒的类型？

有无干扰(扩声系统等)？

所需要的线缆长度？

用胶带固定线缆或是将其放入线槽？

需要多少个内部通话通道？

字幕

可以将官方计时计分系统连接到字幕机吗？

有什么特殊的字幕吗？

彩排

节目流程设计是否完整？

设备安装有什么特别之处吗？

是否对所有设备进行了检查？

制作会议是否完成（是否需要安排更多的会议）？

是否为导播安排了与摄像的会议？

▎摄像机设置检查表

安装三脚架或其他摄像机承托设备

检查确认已将云台牢固地安装在承托设备上

三脚架调平

确认已锁定云台

将摄像机安装到三脚架的云台上

调整摄像机在三脚架上的重心

确认已将云台阻尼调节到舒适的档位

确保已将镜头牢固地安装在摄像机上

按照个人喜好设置变焦和聚焦控制（速度等）

连接任何所需要的线缆（CCU）

检查并调整摄像机寻像器的对比度和亮度

检查镜头后焦

连接通话耳机并进行测试

你已准备好了！等待进一步的指令

▋制片人职责

前期制作

确认分配到项目中的出镜人员；核实出镜人员的联系方式

核实出镜人员的差旅安排是否正在进行中

建立节目制作、运营、场馆工作人员之间的沟通渠道

引入参与该项目的各方人员与团队

安排与出镜人员和教练组的会议（电话会议或面对面会议）

与运营部门讨论场馆情况

与导播讨论机位和转播目标

与出镜人员讨论节目主题和感兴趣的话题

设计符合比赛主题风格的字幕

研究本地新闻，寻找任何有新闻价值的场外事件

确认出镜人员已准备好所需要的所有材料

整理相关和适用的历史比赛视频剪辑和集锦

确认广告元素是否正确和完整

创建台本用以描述节目当天的节目制作方案

将台本副本提供给技术导播、导播、助理制片人、助理导播、音频总监、EVS操作员、回放操作员、字幕员、评论员、分析师等人

比赛当日

创造一个协作与合作的环境；欢迎来自各方的意见

确认所有需要的广告元素、音乐是否可用并已加载

确认字幕（包括时钟/记分）是否符合标准且无误

确认出镜人员拿到了为保证直播顺利进行需要的所有材料

确认演播室的任何需求（信号、通话、片花）

与所有相关人员讨论任何最新的情况变化

与出镜人员和导播讨论赛前、赛后流程和赛中的特别设计

与场馆工作人员会面，以确认任何新信息或突发的信息

与裁判团队会面，讨论比赛暂停规程和竞赛管理

安排比赛开场、结束和特殊环节流程的彩排

比赛中

与导播一起执行比赛节目制作计划

与出镜人员沟通，为接下来会发生的事情提供指导和指明方向；指导要透彻并且言语简洁

调用回放和字幕来支撑比赛的主旨和话题

在节目进行中按要求执行商业化广告推广任务

让小失误迅速翻篇

恭敬地与大家交谈，在节目结束后再讨论问题和解决方案

永远不要向出镜人员抱怨其他工作人员

比赛后

跟进出镜人员，以确定哪些方面进展顺利，哪些方面可以在方案/执行上做得更好

感谢大家的辛勤工作；工作态度要真诚

（源自《ESPN3转播制作手册》）

导播的职责

请记住：

讲故事

倾听

成为一个有创造性的思想家

保持专注

成为一个领导者

时刻做好充分的准备

前期制作

了解明星球员和教练，查看统计数据，查询教练履历

为摄像师打印教练"肖像"

务必召开赛前摄像会议

步行巡视场馆，留意你可以在比赛中用到的相关横幅和标识

确保将摄像机放置在正确的位置上

考虑安全问题，检查所有线缆是否安全，是否已对在行人区进行保护

留意场馆的照明情况

确保评论席正确安装了音频和视频

检查比赛流程设计，并考虑比赛开场镜头

与技术导播一起检查在比赛中需要运用的所有元素

与技术导播和字幕员一起确定字幕的位置

比赛中

沟通——确保摄像师知道你要在什么时候切换镜头，使用"Take"口令

当比赛开始时，你开始为观众选择他们所看到的内容

不要过度切换镜头（尤其是篮球比赛），大道至简

审视全局并有选择地切换镜头——不要浪费镜头

不要冒着错过重要比赛内容的风险随意切走镜头

记住，你的"主机位"是你"最好的朋友"

在比赛中，永远不要斥责或批评摄像师，如果有问题可以指出，但要把批评留到赛后

永远不要大喊大叫——这起不到任何作用

成为一个领导者，并表现得像一个领导者

比赛后

花点时间与你的团队见面，感谢他们所有的辛勤工作，包括摄像师、音频师、视频技术人员、录像操作员、场工等

讨论你们在比赛中可能存在的任何问题

（源自《ESPN3转播制作手册》）

▌节目制作计划范例

节目制作计划范例——大学篮球比赛（第1页）			
比赛场馆	比赛场馆联系人	体育信息总监	制作商
酒店		体育信息总监	

制片人/导播	助理制片人	出镜人员

制作团队			
技术导播		视频技术人员	
音频师		场工	
音频助理		场工	
EVS操作员		字幕操作员	
摄像师		舞台监督	
		现场导演	
		统计员	

转播车电话&网络		主控	
电信联系人		主控室	
制作		传送	
助理导播		演播室	
混音消除		传送	
电话耦合器			
技术			
网络			
拨号指导			

节目制作计划范例——大学篮球比赛（第2页）			
主要设备		**转播车信息**	
摄像机	2台箱式镜头摄像机、3台便携摄像机，时钟摄像机	转播车	
回放系统	6通道EVS，XFile3	转播车电源	三相，200A，208V（岸电）
切换台	Kalypso，Spotbox，DVE	转播车停放	
字幕	VIZ（车载）	转播车主管工程师	
音频	Calrec，Digicart，SD卡	上行链路	N/A
计时/计分系统	BUG（车载）	**音频说明**	
MIS服务台		音频配置：6通道通道1——通用PGM左（全混不含广告插入）；通道2——通用PGM右（全混不含广告插入）；通道3——国际声左（全混不含评论员声）；通道4——国际声右（全混不含评论员声）；通道5——含广告PGM左（全混含广告插入）；通道6——含广告PGM右（全混含广告插入）E；VS/新闻素材——通道1/2[立体声（自然声）]通道3/4：PGM声	

摄像机分配				音频信号			
编号	类型	位置	线缆长度	数量	设备	数量	设备
1	箱式镜头摄像机70x	主机位，北边中场	300英尺（1英尺≈0.3m）		评论席：球场边，替补席对面		记分台
2	箱式镜头摄像机70x	近景，主机位旁边	300英尺				
3	便携摄像机18x	左游机，左篮下	400英尺	3	头戴式耳麦	1	技术台通话
4	便携摄像机18x	右游机，右篮下	400英尺	1	手持话筒和IFB	1	裁判通话
5	便携摄像机12x	风光机位，锁定、场地侧角	待定	1	统计员通话		游机上的短枪式话筒
时钟	时钟	记分板和时钟（安装在看台下的时钟）	待定				篮筐上的效果话筒

磁带分配		监视器/视频信号	
输入标签	信号源	数量	位置
RED IN	2号机	1	评论席——为实况解说员提供PGM信号
BLUE IN	4号机	1	评论席——为解说嘉宾提供单挂信号
C IN	3号机	1	评论席——技术统计数据监视器
D IN	1号机	1	技术台——为现场导演提供的单挂信号
		1	技术台——为回放系统提供的带字幕的PGM信号

节目制作计划范例——大学篮球比赛（第3页）	
附注	
证件	将30个证件送至转播车
团队成员停车位置	北侧停车场
LTN	
计时/计分数据	OES系统——接入转播车
日程——当地时间	
停车和供电	13:30
团队成员到岗——技术导播、音频师，音频助理，EVS操作员，字幕操作员	14:30
团队成员到岗——摄像师、视频技术操作员、场工，记分员	15:00
进行设备安装与搭建	14:30～17:30
检查摄像机、录像设备和音频设备	17:30
晚餐	18:00～19:00
摄像会议	19:00
团队成员到岗——舞台监督，统计员，现场导演	19:00
进行传送测试	19:30
拍摄赛前素材	19:45～20:15
向评论员展示节目元素	20:00
直播播出	21:04
比赛开始	21:05
拆卸设备	23:00
团队成员离开（大约）	00:00
转播车离开	00:30

附录 5

事件故事板

故事板通常不是为体育赛事节目制作而创建的，但是有时可以为赛前表演或大型仪式的
节目制作创建故事板。这里展示的是用于 2002 年盐湖城冬奥会开幕式的故事板。

第十九届冬奥会开幕式

奥林匹克会旗入场与奏响奥林匹克会歌

第十九届冬季奥林匹克运动会开幕式（盐湖城，2002年）　　　　　　　　　　　　　　第1页

时间	长度	机位	音频	沟通提示	图像
8:50:46	0:00:10	6		旗手走向旗杆时的远景镜头	1.宣布奥林匹克会旗入场
		2		旗手手持会旗入场	2.奥林匹克会旗入场
8:53:46	0:03:00	微型背靠背双方向		会旗从摄像机上方经过	3.奥林匹克会旗入场
8:55:46	0:02:00	24		会旗抵达 音乐响起 升奥林匹克旗	4.奥林匹克会歌响起

奥林匹克会旗入场与奏响奥林匹克会歌

第十九届冬季奥林匹克运动会开幕式（盐湖城，2002年）　　　　　　　　　　　　第2页

时间	长度	机位	音频	沟通提示	图像
		17		奥林匹克会旗已升起	5. 奥林匹克会歌响起
		9		奥林匹克会旗特写	6. 奥林匹克会歌响起

奥林匹克圣火入场与主火炬点燃

第十九届冬季奥林匹克运动会开幕式（盐湖城，2002年） 第1页

时间	长度	机位	音频	沟通提示	图像
9:08:56	0:03:00	美国全国广播公司（NBC）		最后一棒火炬手跑向体育场	1.奥林匹克圣火入场
				相同动作的远景镜头	2.奥林匹克圣火入场
				最后一棒火炬手进入体育场通道	3.奥林匹克圣火入场
				最后一棒火炬手将火炬传给一男一女	4.奥林匹克圣火入场

奥林匹克圣火入场与主火炬点燃

第十九届冬季奥林匹克运动会开幕式（盐湖城，2002年）　　　　　　第2页

时间	长度	机位	音频	沟通提示	图像
		9		火炬进入体育场	5.奥林匹克圣火入场
		3		火炬传递的全景镜头	6.奥林匹克圣火入场
					7.奥林匹克圣火入场 （画面已删除）
		11		火炬随滑冰运动员绕场	8.奥林匹克圣火入场

奥林匹克圣火进入与主火炬点燃

第十九届冬季奥林匹克运动会开幕式（盐湖城，2002年）　　　　　　　　　第3页

时间	长度	机位	音频	沟通提示	图像
	23			最后一棒火炬手点燃主火炬	9.点燃主火炬
		微型24		火焰从主火炬燃起	10.点燃主火炬
		22		主火炬视角	11.点燃主火炬
				体育场和火焰的远景镜头	12.点燃主火炬

附录 6

体育播报文章

下面这篇文章是 SVG 刊登的简报。由于本篇文章包含许多有趣的信息，我们决定将其全文登载。

VG 专访：YES（洋基娱乐和体育网络）电视网的鲍勃·劳伦斯 (Bob Lorenz)、杰克·科瑞 (Jack Curry) 和大卫·科恩(David Cone)

——凯恩·霍根报道

鲍勃·劳伦斯： 在 YES 电视网节目中 10 次获得艾美奖，是该电视网的首席演播室主持人。他是纽约洋基队和布鲁克林篮网队的赛前和赛后节目主持人，也是 YES 电视网的 *Yankees Baseball Tonight* 和福布斯的 *SportsMoney* 节目的主持人，他同时也在 YES 电视网因实况解说出色著称。他报道的比赛包括洋基队常规赛和春训电视转播、斯塔顿岛洋基队的比赛和常春藤联盟橄榄球比赛。

大卫·科恩： "三振出局艺术家"，因其多次在比赛关键时刻的精彩表现和 1999 年展现了完美的一球而深受纽约洋基队球迷的喜爱，于 2011 赛季重返 YES 电视网后一直担任洋基队分析师至今。2002 年，他一退役就加入了 YES 电视网，随后在 2008 和 2009 赛季回归 YES 电视网担任分析师。

杰克·库里： 曾在《纽约时报》报道纽约洋基队比赛和美国职业棒球大联盟近 20 年，担任洋基队的随队记者，最近又担任全国棒球记者。于 2010 年 2 月加入 YES 电视网，担任洋基队分析师、记者和节目撰稿人，同时是 YESNetwork 网站的专栏作家。

SVG 在 9 月 11 日德瑞克·基特被曝将要退役之前采访了劳伦斯、科恩和库里，讨论他们对赛前和赛后节目的准备，对比赛的期待及怎样通过浏览推特把谁都没注意到比赛漏判信息变成独家新闻。

距离比赛开始还有 3 小时，你们的准备工作进行到哪一步了？

鲍勃·劳伦斯： 我们真的只是在阅读和复习节目笔记而已，或者在节目大纲上添加一些注释。只有在和贾里德·布什奈克（Jared Boshnack，演播室协调制片人）会面，对大卫的想法进行微调时，我们才会讨论出有价值的内容。杰克也会补充意见，然后我会想办法统筹协调这些想法，保证他们能在想要评论的时候进行评论。

大卫·科恩： 他是唯一一个知道自己在做什么的人。

鲍勃·劳伦斯： 这就是他们的魅力所在，因为他们的赛前准备很充分，我可以问他们任何问题，不用担心他们答不上来被晾在一边，这使得我的工作变得很简单。在昨晚的赛后节目上我们问大卫关于洋基队首发球员伊万·诺瓦 (Ivan Nova) 的问题，比如他看到了什么，他的变化球在哪里出现，大卫在比赛中一直关注着这些。这真的让我的工作变得很简单，我不用一直提醒他，他也会一直关注着比赛。我不知道该怎么来形容，他赛前的准备很充分。

大卫·科恩： 鲍勃有非常丰富的主持经验，他把自己比作一名交通警察。杰克在《纽约时报》工作过 20 年，现在我们一起看比赛时，如果我们想到某一篇报道，杰克就会去查找是否是他 15 年前写的报道。鲍勃有他自己的观点，当然我们中的任何一个人都可以给出自己的观点，所以这真的就是团队合作的状态。我们是一个非常好的组合。

对于比赛本身你们有什么期待吗？你们最关注什么呢？

鲍勃·劳伦斯： 我们会在这里观察比赛走向，当然包括先发投手的投球情况如何。比如，今晚，我们会在赛前谈论安迪·派提特 (Andy Pettitte)，我们想看看我们所说的内容是否会变成现实——他是否在用特定的方式投球；是否和之前状态一样好；是什么原因让他保持这样良好的状态，并且能将这种状态带入比赛中？并且在这样的情况下，进攻方是否能像以前一样得更多的分？

大卫·科恩：我一直在从我的角度寻找一些大家从来没听说过或没见过的东西，从投手的角度或许能让大家知道一些有意思的东西。但我能试着缩小我的关注点，（保持）主要以投手为中心。

杰克，以你的新闻从业背景，你有没有发现你现在观看比赛的方式不一样了？

杰克·科瑞：我现在看比赛的方式和做记者时没什么不同，但我认为这是一个优点。当你坐在记者席上看比赛时，你一直在思考——这场比赛应该如何报道？当你看到一场卡斯坦·查尔斯·沙巴西亚（CC Sabathia）对垒（波士顿红袜队的）乔恩·莱斯特（John Lester）的比赛，你就会想——好吧，这将是一场关于投球的较量。

在第二局比赛中，莱斯特的手（可能）被球击中了，然后被替换下场……我是一个信息工作者，向来不打没有准备的仗，所以我想要看到赛场上发生的所有事情。我们会看回放，请他们帮忙查找我们想要的比赛画面。我还没有从报纸记者的身份中转变过来，但我始终认为这是一个优势，因为我会对比赛的走向有一定的预判。

在播报和解说中，你们是偏向于使用统计数据还是讲述比赛中发生的故事呢？

鲍勃·劳伦斯：我不想说少即是多，因为人们喜欢数据，但我认为人们也会被数据束缚。而故事就是故事，数据可以支撑故事，但我不认为数据等于故事，除非这家伙打出了一场疯狂的比赛。

大卫·科恩：我爱数据，我也爱资料。但我也在学着减少使用数据，避免使用过度。所以我会试着选择一些简单的（数据），也就是说，在一定程度上缩小数据范围，并尽量与到当前的比赛适配。

鲍勃·劳伦斯：看，我说少即是多，他说多多益善。所以这很好，我们找到了一个完美的平衡。

在比赛中，你们更依赖于自己的知识储备还是借助外部资源？

大卫·科恩：在 baseball-reference 网站和 fangraphs 网站中都有大量的数据。甚至是社交媒体平台，在比赛过程中，我们也能从粉丝和博客写手那里获得许多有用的节目素材。即使要解说比赛，我也会在两局比赛的间隙浏览社交媒体平台。

鲍勃·劳伦斯：社交媒体平台改变了我们的工作方式，社交媒体平台上没有那么多的赛前预测，但却有很多刚刚发上来的赛后分析。梅莉迪斯·马拉科维茨（Meredith Marakovits，YES 电视网纽约洋基队俱乐部记者）可能在球场就能通过社交媒体平台发布基特今年赛季结束将要退役的消息，但是坐在演播室里交流比赛精彩场面的我们并不知情。她在社交媒体平台上发布这个消息以后，我们就可以在直播中播报这则消息，并且立即开始讨论基特的退役。他们在做什么？他们要去哪里？在社交媒体平台上，信息的即时性真的颠覆了赛后节目。

大卫·科恩：今年早些时候我在一场赛事直播中错过了一些东西，事实上裁判漏判了第 3 个好球，让击球手上垒。因为击球时间很长，并且中间有延迟，我们都没有注意到这个漏判。我查看社交媒体平台，然后发现许多粉丝都注意到那名球员实际上投了 3 个好球……直到下一次击球时，我打电话给转播车请他们倒带至那一段——堪萨斯城皇家队外野手洛伦佐·肯恩（Lorenzo Cain）投了 3 个好球。我们回放了那段比赛录像，我感觉我像个"独家新闻先生"，但实际上我是在社交媒体平台上发现了这件事情。我也在社交媒体平台上给他点了赞。

鲍勃·劳伦斯：我们的研究部门成员——杰夫·科里亚塔（Jaff Quagliata）、塞斯·罗斯曼（Seth Rothman）、格伦·吉安格兰德（Glenn Giangrande）、阿曼达·卡普蒂（Amanda Caputi）——坐在一旁，在节目期间向我们提供即时信息。他们在这方面做的非常好。

杰克： 我通常喜欢看前两局比赛，但是我会一直用笔记本电脑浏览 MLB 网站和 Yankees 网站。我可以猜测投手投出的每一个球，但有时候你会想那是切球吗？或者有些人会认为那是一个滑球（水平外曲球）。还有人将红袜队的替补投手田泽纯一（Tazawa）投出的球称为叉球。叉球是指叉球的一种，但是不知道出于什么原因，大家将这种投球方式起名叫叉球，所以我需要一直开着计算机查看网上的消息。我也经常浏览社交媒体平台……我想看看我尊重的人都是如何评价这场比赛的。社交媒体平台上的一些用户一直关注着比赛，有时候他们在这方面胜过我们。比如，布恩·洛根现在出现在了候补队员区，你看了一下计分卡，然后 3 个击球手离场，两个左撇子选手上场，这肯定是球队经理乔·格拉迪（Joe Girardi）的安排。所以我需要一边关注着比赛，一边看着计算机屏幕（浏览社交媒体平台查看即时消息）。

现在是 9 月中旬，洋基队仍然领跑外卡赛积分榜，我猜这会让你的工作充满乐趣。

鲍勃·劳伦斯： 真的非常有趣，因为很多事情都是彼此相关的，人们都在看比赛。而且从近几年这个赛季我们发现了一件很有趣的事情，不光是你正在看的比赛会让你感到兴奋，你也会开始去关注其他比赛，特别是坦帕湾光芒队的打法。洋基队遇到的事情会影响坦帕湾光芒队和红袜队，反之亦然……这就热闹了，你很可能想要同时看三四场比赛，并且连续这样看上 15 天、16 天、17 天。

词汇表

双线（2-Wire）： 携带音频电路的双线通信电路。

4DReplay： 一种四维时间切片视频制作系统，可以在 5 秒内，由任何人在任何时间、任何角度创建移动物体的视频。通过使用多达 90 台 4K 摄像机，4DReplay 可以提供环绕运动员的 180° 视角。

四线（4-Wire）： 一种专门用于评论或通话的四线通信电路。

4×3： 标准清晰度电视（标清电视，SDTV）的标准宽高比。

5D： 指同一个制作团队用同一辆转播车和大部分相同的摄像机，同时利用 2D 和 3D，进行一个节目制作。

16×9： 高清晰度电视（高清电视，HDTV）和宽屏标准清晰度电视的标准宽高比。

3G： 3G 蜂窝 / 移动通信网络提供至少 200kbit/s 的信息传输速率。

4G： 4G 蜂窝 / 移动通信网络在提供 3G 的信息传输速率的基础上也提供移动超宽带互联网接入。

4K： 也被称为超高清或 SHV-1。它的定义为具有 3840 个水平像素和至少 2160 个垂直像素，宽高比至少为 16×9。

5G： 第 5 代移动通信技术。由于扩展了带宽，它可以提供更高的下载速度。不仅将 5G 应用于手机，5G 还能够提供可以和有线互联网竞争的互联网接入。

8K： 也被称为超高清或 SHV-2。8K 的分辨率为每帧 3300 万像素图像，而高清只有 200 万像素。超高清拥有 22.2 声道的环绕声。

24p： 用于描述每秒拍摄 24 个完全帧的摄像机。它可以用于标清格式或高清格式。它被认为可以提供某种"电影感"。

60i： 用于描述每 1/60 秒采集和显示图像总行数一半的视频信号。

720p： 国际标准定义的高清电视格式之一。这种格式有 720 行扫描行，采用逐行扫描的方式。

720p 格式最适合快速移动的运动场景。

1080i： 国际标准定义的高清电视格式之一。这种格式有 1080 行扫描行，采用隔行扫描的方式。1080i 格式与 720p 格式相比，具有更清晰的图像。

线上费用人员（Above-the-Line Personnel）： 指所有非技术预算计划内人员，如制片人、导播、总工程师和出镜人员。

有源设备（Active Device）： 除信号外，还需要操作电源（电池或其他电源）的设备。例如晶体管、集成电路、放大器和内部通话。

音频助理（A-2）： 他们负责与音频师（A-1）合作，在场馆内设置音频系统和通话系统，包括麦克风、内部通话包等，同时对所有音频区域进行监控和故障排除。

AD： 助理导播的缩写。

航空箱（Air Pack）： 见飞行箱（Flypack）。

环境声（Ambiance）： 场馆内的背景声。

光圈（Aperture）： 镜头的孔径光阑开口，通常用光圈系数（F-Stops）来表示。

宽高比（Aspect Ratio）： 电视图像宽度和高度之比。

衰减（Attenuation）： 音频或视频信号从 A 点传输到 B 点的损耗量。

衰减开关（Attenuation Switch）： 使用衰减开关可以降低设备的输入灵敏度，通常可以消除过载和失真。

音频检查（Audio Check）： 评论员对着话筒说话，让音频技术人员检查音频电平。

音频跟随视频（Audio-Follow-Video）： 指特效发生器（SEG）或切换台被设计为当视频切换时自动改变音频。在外场赛事转播中，当导播需要来自被切换机位的声音时，这一功能非常有用。

增强现实（AR）： 将计算机生成图像叠加到用户的真实世界视角之上，提供一种合成视角的处理。

后焦（Back Focus）： 后焦是镜头后部与摄像机

靶面之间的距离。如果后焦经过正确调整，摄像师应能够在将镜头推上去、聚焦，然后将镜头拉出来的过程中，从近景镜头到全景镜头都保持精确聚焦。

平衡（Balanced）： 具有两根相同的芯，所携带的电压极性相反，相对于接地的大小相等的线缆。

转接头（Barrel）： 也被称为"公母转换器"，是一种公接头对公接头或母接头对母接头的适配器，可以将相同接头的线缆连接在一起。

条形图（Bars）： 见彩条（Color Bars）。

风光摄像机（Beauty Camera）： 一种设计用于拍摄广角风光镜头的固定摄像机。它通常被安装在体育场屋顶或周围的高层结构上。这种摄影机也被称为全景摄像机。

线下费用人员（Below-the-Line Personnel）： 指所有技术人员，如摄像师、技术导播、录像机操作员等。

腰包（Belt Pack）： 这种便携式耳麦通话盒被设计为佩戴在用户的腰带上，但也可以被固定在控制台的下侧，用胶带将其固定在用户附近的结构上，或将其安装在设备的某个部件上。通话耳麦用与连接到其他通话设备上的相同的方式插入腰包。

工作背心（Bib）： 一种背心，将团队成员识别为允许进入受限区域的人员。通常由摄像师和音频人员在大型赛事中穿着。

接线柱（Binding Post）： 将干线对转换为卡侬连接器。

饼干盒（Biscuit）： 行业隐语，指一种带扬声器的便携式通话基站。

走位（Blocking）： 导播在彩排前完成确定摄像机拍摄角度、放置位置、运动轨迹及出镜人员位置的过程。

BNC： 标准的专业视频连接器。

评论席监视器（Booth Monitor）： 位于评论员区域内的监视器。通常使用该监视器播放 PGM 信号。通常，评论员还会拥有第二台监视器，以便导播在节目实际播出之前向他们播放回放。

转播服务面板（BSP）： 见 I/O（输入 / 输出）。

Cam： Camera，摄像机的缩写。

摄像机控制单元（CCU）： 一种遥控单元，用于调整专业摄像机的色彩平衡、配准、光圈，以及进行其他技术调整。该单元由视频技术操作，在制片前和节目制作过程中调整摄像机。CCU 的操作控制如果是分开的，被称为遥控单元（RCU）。

卡侬连接器（Canon Connector）： 一种用于大多数专业话筒的三芯屏蔽音频连接器。也被称为 XLR 连接器。

CCTV： Closed Circuit Television，闭路电视的缩写。

字幕机（CG）： 一种特效生成器，可以用电子的方式生成电视上显示的文字、数字或徽标。

色卡（Chip Chart）： 工程师用来设置和调整摄像机的测试卡。

干净信号（Clean Feed）： 包括摄像机和视频源，不带任何图文字幕的视频信号。

同轴电缆（Coaxial Cable）： 一种视频电缆，可用于相对较短的距离传输，但容易受到外界干扰。

彩条（Color Bars）： 用于校准摄像机和录像机的色彩标准。彩条由专业摄像机、特效生成器或彩条生成器生成。

come and go： 是指两台背靠背的摄像机，用来拍摄快速移动并经过它们的对象。例如，一个滑雪者从山上滑下来，当滑雪者朝着摄像机移动时，导播会使用"来（come）"方向的摄像机，当滑冰者离开两个摄像机时，导播会使用"去（go）"方向的摄像机。只用一台摄像机无法充分地记录这位滑雪者的运动过程。

评论席（Commentary Booth）： 评论员坐着或站着转播赛事的位置。它通常是一个封闭的空间，可使出镜人员免受天气和不需要的声音的影响。

分量信号（Component Signal）： 一种 RGB 分

量信号，通过录像机将 RGB 信号分开，并分别存在录像带或磁盘上。Y/C 分量系统是指将录像机内亮度"Y（黑白）"信号和色度"C（彩色）"信号分离，然后在记录到磁带或磁盘上时合并这些信号。

复合信号（Composite Signal）：将亮度"Y（黑白）"信号、色度"C（彩色）"信号同步编码在一起的视频系统。包括 NTSC 和 PAL。

综合区（Compound）：场馆的这一区域用于停放转播车、设置办公活动板房和停放其他车辆。也被称为转播综合区。

升降臂（Crane）：摄像机升降臂用于将摄像机（有时还包括摄像师）移动到高、中、低处进行拍摄。升降运动是指摄像机向上或向下运动。

横飞字幕（Crawl）：文字在屏幕上的移动，通常是从右边向左边移动。

串扰（Crosstalk）：一条线路的音频能量耦合或泄漏到相邻或附近线路引起的不需要的干扰。

近景/特写（CU）：指摄像机的近景/特写镜头。

提示卡（Cue Cards）：上面有台本、台本大纲或关键词，供出镜人员在节目制作过程中查看的卡片。这些卡片被举到摄像的镜头之上，这样出镜人员在看卡片时看起来就像是在看着摄像机。

硬切（Cut）：指在两个视频图像之间瞬间的、没有任何渐变的过渡。

切离镜头（Cutaway）：将观众短暂地从主要动作中带离，说明他所提到的内容的镜头，或是把两个相似的镜头结合在一起的镜头。如果节目正在播放一名运动员的采访的近景镜头，而编辑希望缩短该运动员的出境时间，只用采访开头和结尾的几句话，去掉采访中间的内容，那么编辑可以用该运动员在赛场上的一个切离镜头来创造出一个不会被观众注意到的剪辑。

景深（Depth of Field）：处在焦点中的最近对象和最远对象之间的距离。

数字硬盘录像机（DDR）：一种可以用来同时播放和记录的硬盘阵列。它可以用来录制超级慢动作、分屏或两个输入、两个输出。这个单元有时被称为"EVS"，这是最早制造数字硬盘录像机的公司名称。导播有时称之为"Elvis"单元，一个源自 EVS 的昵称。

数字电视（DTV）：指由数字数据组成的信号的广播。

数字视频效果（DVE）：该设备与切换台（特效生成器）一起工作，用于在视频图像之间创建特效。DVE 也可以指实际效果，而不只是设备。

叠化（Dissolve）：从一个视频图像到下一个视频图像的渐变过渡。两个视频图像会暂时重叠在一起。

失真声音（Distorted Sound）：当设备的输出信号大于接收设备的输入能力时，就会发生失真。当话筒的输出对于接收设备中的话筒前置放大器来说太强时，就会出现这种情况。

失真（Distortion）：波形或信号中任何非期望的变化。

杜比 AC-3（Dolby AC-3）：数字电视广播的音频标准。这种数字音频压缩技术可以支持 1～6 个音频通道（5.1 声道环绕声）。它是一种分发格式，不可直接编辑。

杜比 E（Dolby E）：为离散环绕音频而设计的一种节目制作和传输格式，它是可编辑的，最多支持 8 个通道音频。

杜比定向逻辑（Dolby Pro-Logic）：一种提供更广的聆听/观看区域和更好的通道隔离的先进的环绕声形式。

杜比环绕声（Dolby Surround）：第一代家庭影院格式，输出到 3 个通道，即左、右和环绕（通常被分到两个后置扬声器）。

摄影移动车（Dolly）：一种可以让摄像机向不同方向移动的摄像机承载设备。也可以指摄像机自身的移动 [推摄近景（dolly in）或拉摄远景（dolly out）]。

下行链路（Downlink）：从卫星到地面接收站的卫星传输段。

信号丢失（Dropout）：在录像带播放时音频或视频信号的瞬间丢失或劣化，通常是由于录制磁头故障或录像带上的涂层不良。

干线对（Dry Pair）：一对不带任何电压的电线。

电子现场制作（EFP）：在演播室外的电视节目的制作活动，通常是为后期制作（非直播）而进行拍摄的。更多信息见"ENG"。

电子帧存（ESS）：用于捕捉、存储、处理（如果有需要）和播放视频中的静止图像的设备。电子帧存可以从任何视频源，如摄像机、录像带或计算机中采集静止图像，并将其存储在硬盘上。大型的电子帧存系统可以存储几千幅静止图像，可以进行即时检索。

电子新闻采集（ENG）：使用便携摄像机、轻型摄像机、录像机、灯光和音频设备进行新闻报道或短篇报道的制作。尽管可以直接从现场对画面进行实时传送，但这种方式通常用于即时后期制作和编辑。

光圈系数（F-Stops）：镜头上表示光圈或光阑开口的校准标记。光圈系数值越大，光圈越小，意味着获得更大的景深。

淡入（Fade）：视频图像渐变叠化进入或叠出黑场。

快速镜头（Fast Lens）：可以在低光照条件下拍摄图像的镜头。

设备检查（FAX）：进行设备检查，以确保所有设备正常工作。

设备检查单（FAX Sheet）：列出所有节目制作技术需求的设备申请表。

信号（Feed）：传输的音频或视频电子信号。也可指节目源的信号传输。

光纤（F/O）：通过光纤进行通信和发信号的光传输。光纤传输不受大多数电磁干扰和共模噪声（嗡声）的影响。

现场摄像机（Field Camera）：在演播室外的赛场所使用的摄像机。

固定摄像机（Fixed Camera）：等同于箱式镜头摄像机（Hard Camera）。

液压云台：三脚架或其他摄像机使用液压油的承托云台，可使摄像机平滑地平摇和俯仰。

飞行箱或飞行套件（Flypack or Fly Away Kit）：有时，将移动制作单元（转播车）运送到活动现场的性价比较低。使用飞行箱是可选方案之一。它基本上拥有移动制作单元（转播车）所拥有的大部分设备。但设备机架被安装在运输箱中，可以像积木一样组装，然后用线连接在一起，形成一个便携制作单元。可以通过标准航空对这些单元进行运输，使其成为替代移动制作单元（转播车）的性价比较高的方案。确实需要更多的时间在现场对飞行箱进行组装。有时也被称为航空箱（Air Packs）或即拿即走箱（Grab-and-Go Packs）。

跟焦（Follow Focus）：跟焦是指当摄像机或被摄对象移动时，摄像师使被摄对象始终处于聚焦状态。

字幕（Font）：使用特定大小和字体的文字或数字显示。

字幕操作员（Font Operator）：操作字幕机将图文字幕添加在电视图像上。

格式（Format）：这个词在电视行业中可以有很多不同的含义。它可以指用来记录赛事的介质，如SD卡，也可以指节目流程设计或节目制作所用的台本。

帧同步器（Frame Synchronizer）：一种将视频信号"锁定"到某个已知的时钟参考（如黑场脉冲）的数字设备。通常用于来自于场馆或远端的不同步的外来视频信号。

构图（Framing）：镜头构成的方式。

静帧（Freeze-Frame）：连续重放单个视频帧，

使画面看起来像是一个静止的镜头。

FX：特效的缩写。

增益（Gain）：音频／视频信号电平的放大量。在节目制作过程中，操作人员可能需要对其进行定期调整。

GFX：图文字幕的缩写。

接地回路（Ground Loop）：由屏蔽层之间的随机接触产生的多对屏蔽层间的通路。当多于一点接地时接地电流产生干扰的一种不良电路状况。

箱式镜头摄像机（Hard Camera）：安装在固定位置的摄像机。

硬盘录像机（Hard Disk Recorder）：用于数字化记录音视频的计算机型硬盘单元。

头顶空间（Headroom）：出镜人员头顶到图像画框上沿之间的空间。

高清晰度电视（HDTV）：具有 720～1250 行扫描行的一种节目制作格式，而模拟电视格式则具有 525～625 行扫描行。

高动态范围（HDR）：高动态范围图像通过增加暗部和亮部的像素级及在每个像素内增加更多的色彩信息以提升质量，使色彩变化的可能性从数百万升至数十亿。

HH：手持／便携摄像机的缩写。

高阻抗（High Impedance，High-z）：当使用长度超过 20 英尺（约 6 米）的音频电缆时，这种类型的话筒的声音通常会产生失真。一般不在专业应用中使用这种话筒。如果要把它连接到低阻抗输入，则必须使用匹配变压器。

镝灯（HMI Light）：一种光源，能发出与太阳光色温相同的光。

遥控云台（Hot Head）：遥控摄像机承托设备。

嗡嗡声（Hum）：用来描述存在于某些通信设备声音中的 60 周期／秒或 120 周期／秒噪声的术语。通常，嗡嗡声是由于与 60 周期信号源的非期望耦合或 120 周期纹波输出整流器的缺陷滤波。

可中断式返送（IFB）：节目制作人员用来向节目出镜人员发送指令的通话系统。也在这个电路中传送节目音频。

沉浸声（Immersive Sound）：沉浸声包括一些置于听者上方的声音重现——高处的 2 个前置扬声器（表示为 5.1.2）或高处的 4 个扬声器（表示为 5.1.4）。5.1 是典型的环绕声扬声器设置，".2"".4"是听者上方的声源通道的数量。

阻抗（Impedance）：话筒及其线缆对其所通过的音频信号电流的阻碍作用。

输入／输出（I/O）：此面板通常位于移动单元（转播车）外，音频和视频在此进行输入和输出跳线。输入输出面板有时被称为转播服务面板。

互联网协议（IP）：一种协议或一套规则，用于数据包的跨网络路由，确保它们可以到达正确的目的地。

交互电视（Interactive Television）：带有互动内容的电视节目，属于增强型节目。它实际上是将传统的电视观看与通过互联网等进行通信的人所享受的交互性相结合。

隔行扫描（Interlaced Scanning）：一种使用电子束从上到下每隔一行扫描一次的高清电视系统。

独立摄像机（ISO）：在用于多机位节目制作的同时，该摄像机图像也被送至专属录像机。这些独立摄像机拍摄的图像通常用作回放镜头。

摇臂（Jib/Jib Arm）：这种摄像机承托设备可使摄像机上下移动，并且可由摄像师调整俯仰和平摇。摇臂与摄像机升降臂相似。

慢寻（Jog/Jogging）：在录像机上向前或向后逐帧移动以播放所记录画面的过程。

跳切（Jump Cut）：在两个非常相似的镜头之间进行切换，使拍摄对象在屏幕上出现了跳跃。在两个镜头之间使用切出镜头有助于避免这种跳跃。

领夹话筒（Lavaliere Microphone）：一种可以夹在夹克、领子或其他衣服上的小型话筒。有时被称为佩戴式话筒。

电平（Level）：视频或音频信号强度的测量指标。

低频效果（LFE）：一种用于从环绕声混音中的效果音轨发出低频声音的扬声器。

限幅器（Limiter）：一个有效的通信系统需要限制动态范围，以确保为听者提供足够的声音清晰度。限幅器／压缩器具有以下功能，即让声音大的说话者和声音轻的说话者所发出的声音都可以很好地被听到；防止很大的噪声造成严重失真；防止电压电平超过系统极限。

线路电平（Line Level）：通常是由录像机或线路混音器输出产生的音频电平。

线路监视器（Line Monitor）：显示将要播出的视频图像或视频的监视器画面。它有时也称为播出监视器或节目监视器。

线性编辑（Linear Editing）：线性编辑系统按顺序组合编辑后的节目。将所选镜头从源录像机中的原始素材带复制到记录录像机中的母带。

现场直播（Live）：相比实况录像或录像供之后重播而言，现场直播是指在赛事发生的同时进行转播。

实况录像（Live-on-Tape）：就像实时转播一样，对一个赛事进行的不间断录制。

位置示意图（Location Sketch）：包括重要尺寸、构建物和建筑物、转播车、电源的尺寸和位置，以及摄像机位置和转播期间太阳位置的草图

现场勘察（Location Survey）：在节目规划阶段对节目制作现场进行的勘察。包括查看通行权限、光照、电源、可能的摄像机放置位置和潜在的音频问题。也被称为外场转播勘察。

定位字幕（Locator）：位于屏幕下1/3处的字幕，用于标识正在进行体育赛事的城市、体育场，有时还有国家。

宽松景别（Loosen Shot）：指镜头变焦拉出，或轨道车拉离拍摄对象。

低阻抗（Low Impedance, Low-z）：长电缆（长度超过1000英尺）上的低阻抗话筒几乎不会损失音质。这些话筒用于专业应用。如果将匹配变压器连接到高阻抗输入，则应使用匹配变压器。

远景（LS）：指摄像机的远景镜头。

母带（Master）：赛事的原始视频录像。复制母带通常是指用于复制的母带的副本，这样就不会有损坏母带的风险。

主镜头（Master Shot）：主机位。

主站（Master Station）：由通话系统用户站和通话系统电源组合而成的一套设备。

矩阵式摄像系统（Matrix Camera System）：矩阵式计算机／摄像系统通过将多台摄像机连接到计算机上以进行画面同步和回放，使观众可以从多个不同角度观看运动员动作。

新闻素材（Melt Reel）：在转播中连续播放的多个视频片段，通常是比赛的精彩集锦。

记忆棒（Memory Stick）：一种可移动的数字媒体卡，用于迁移特定摄像机的摄像机设置信息和场景文件。

话筒电平（Mic Level）：由话筒产生的音频电平。

微波中继（Microwave Relay）：从外场现场到发射机的一种传输方法，涉及数个微波单元的使用。

微型摄像机（Minicam）：一种小型遥控摄像机，通常用于主观视角镜头。

混合采访区（Mixed Zone）：在比赛场馆内，位于竞赛区和运动员更衣室之间的采访区，运动员和媒体（包括电子媒体和文字媒体）可在此"混合"进行赛后采访。

移动制作单元（Mobile Unit）：在比赛场馆内装备有节目制作和技术设备的车辆，通常停放在转播综合区，也被称为转播车。

监视器／监听（Monitor）：专业标准电视机，一般没有音频。也可以指监听音频质量的音频扬声器。

单色（Monochrome）：指黑白监视器。

（中景）MS：指摄像机的中景镜头。

录像带上录制的自然声（NAT）：任何实时记录的音频，通常会作为环境声播放。

中性密度滤光片（ND）：减少进入摄像机的进光量，但不改变图像颜色的滤光片。

非线性编辑（Non-Linear Editing）：非线性编辑在现场拍摄的视频素材（通常为录像带），并将其数字化，存储在计算机硬盘上。数字化意味着将视频和音频信号转换为计算机上的数据文件。然后使用计算机编辑软件编辑节目。在项目完成后，最终节目可以输出回录像带或使用其他媒体进行分发。

转播车（OB Van:）：外场转播移动制作单元。参见移动制作单元。

离线编辑（Off-Line Editing）：对镜头进行组合，以获得近似编辑节目的粗剪。通常，离线编辑会配有粗略的音频，通常不包含图文字幕，并且缺少特效。离线编辑的最终成果接近于最终节目效果，并生成可用于加快在线编辑的编辑决策表（EDL）。

全指向性话筒（Omnidirectional Microphone）：一种可以从各个方向很好地拾取音频的话筒。

在线编辑（On-Line Editing）：进行在线编辑时，节目以最终形式对镜头进行组合，完成配有音乐、特效和字幕的可以播出的节目版本。

基于开放互联网的视频服务（OTT）：OTT 频道内容通过互联网连接而不是通过传统的有线 / 电视广播提供商进行发布，可以在多台设备上观看。

外置设备（Out Boarded Equipment）：指将字幕或录像机等设备从移动制作单元（转播车）中取出并放进临时板房或建筑物，以便为人员提供更多空间或提供更多设备进行节目制作。

PA：制作助理的缩写。

PA 系统（PA System）：比赛场馆的公共广播扬声器系统。

素材集（Package）：经过编辑的短比赛专题或比赛精彩集锦。

平摇（Pan）：在固定的摄像机承托设备上从左向右移动摄像机。

抛物面话筒（Parabolic Microphone）：带有话筒的抛物面反射碟，用于采集远处的声音，尤其是在赛场上。

跳线区（Patch Field）：见 I/O。

个性化多机位角度（Personalized Multiple-Camera Angles）：内容提供商（有线电视、卫星电视、互联网、电视网）让观众可以选择他们想要的机位角度来观看特定的项目。

幻象电源（Phantom Power）：从调音台发送的电压，用于为电容式麦克风供电。

PL：用于内部通话系统的任何类型的通话电路的缩写。源自电话术语 "Party Line" 共线。

主观视角摄像机（POV Camera）：通常，将一台微型摄像机放置在一个不寻常的位置上，来获得作为动作或比赛的一部分的效果。

预览监视器（Preview Monitor）：通常用来向导播显示下一个镜头的一个监视器。导播还可以在切换镜头之前使用预览监视器查看其他摄像机拍摄的镜头。

制作切换台（Production Switcher）：在节目制作中用于从一个图像转换为另一个图像的切换设备，可以被认为是实时的编辑。也被称为切换台或特效生成器。

节目监视器（Program Monitor）：见线路监视器。

逐行扫描（Progressive Scanning）：一种使用电子束从上到下扫描每一行的高清电视系统。

PTZ 摄像机（PTZ Camera）：具有平摇 - 俯仰 - 变焦功能的遥控摄像机。

分线盒（Punch Block）：用于连接或分离音频 / 电话线缆的面板。也被称为"电信分线盒""66 分线盒"。

快装板（Quick-Release Plate）：它可以让摄像师快速移除摄像机，或将摄像机放置在三脚架或其他摄像机承托设备上。

移焦（Rack Focus）：在节目播出时摄像师将焦点从一个对象转换到另一个对象身上。这种焦点的改变会引导观众观看图像中的不同位置。

轨道摄像机（Rail Camera）：见跟踪摄像机。

反应镜头（Reaction Shot）：教练、球员或观众对比赛中的一个运动员动作的反应。

远程制作（REMI）：是一种在场馆对比赛内容进行实时采集，而实际的节目制作（导播、字幕等）在另一个地方进行的转播工作流程。

遥控单元（RCU）：RCU 是摄像机控制单元的操作控制面板。RCU 与 CCU 是分开的。

外场转播勘察（Remote Survey）：见现场测量。

RF：一种使用无线传输视频信号的摄像机。

RGB：视频处理中使用的三基色，即红、绿和蓝。

滚动字幕（Roll）：在屏幕上上下移动的字幕。导演会让字幕操作员"滚动片尾字幕"。

赛前流程（Run-Ups）：转播开始前的介绍性流程。

安全区域 / 字幕安全区域（Safe Area/Safe Title Area）：大约是屏幕中心区域的 80%，所有的字幕或重要视频信息都应放置在该区域，以确保它们可以被观众看到。当特指字幕区域时，被称为字幕安全区域。

卫星新闻采集（SNG）：使用卫星系统将视频节目从外场现场传送到接收端（电视台、电视网或本部节目制作设施）。

脚手架承托（Scaffold Mount）：这些承托主要用于箱式镜头摄像机，被安装在脚手架的前栏杆上。它的优点是可以让摄像机在整个范围内进行俯仰运动。脚手架承托还可以为摄像师提供更多摄像机后退的空间，以获得最大的移动自由。

扫描区域（Scanning Area）：在摄像机、图文字幕或播出监视器上能够看到的视频图像区域。

第二屏（Second Screen）：第二屏指用于获得与电视上所看到内容有关的附加信息的某种类型的设备（计算机、平板电脑或智能手机）。

段落流程设计（Segment Rundown）：在节目制作中的某个特定段落内对节目所出现内容的镜头顺序进行列表。

选择性聚焦（Selective Focus）：以浅景深拍摄对象，对主体进行清晰聚焦，而其他对象都在焦点外。

调光员（Shader）：视频工程师有时被称为调光员。

调光（Shading）：视频工程师通过调整输入视频的图像对比度、颜色和黑白电平对摄像机进行调光。调光通常发生 CCU。

岸电（Shore Power）：能够满足场馆内节目制作需求的电力。

镜头表（Shot Sheet）：导播希望摄像师用特定的摄像机拍摄的每个镜头的列表。

节目流程安排（Show Format）：请参见流程。

快寻（Shuttle）：录像操作员在寻找录像带上的某个特定视频片段时，录像带的快进和快退运动。

信号（Signal）：能承载信息的任何可视或可听的符号，也指通过通信系统传递的信息。

信噪比（Signal-to-Noise Ratio）：视频信号中噪声与有用图像信息的比例，通常用的 B 来表示。数字设备理论上可以产生无噪声的信号，拥有无限大的信噪比。

慢动作（Slo-Mo）：一种可以将录像带慢速回放的录像机。

源录像机（Source Recorder）：把视频图像发送到切换台的录像机。

特效生成器（SEG）：在节目制作中用于从一个图像转换为另一个图像的切换设备，可以被认为是实时的编辑。也被称为切换台或者制作切换台。

延伸板（Spreader）：三脚架被用来固定支撑腿

的底座，防止支撑腿向外滑动。

安全可靠传输（SRT）：SRT是一种免版权、开源的视频传输协议，可以在拥挤或不可预测的网络（如公共互联网）上支持低时延、高性能的流媒体传输。这个协议解决了每个人都会遇到的在质量较差的互联网线路中传输非常高质量的视频的问题。SRT对视频进行加密（安全）；它自动应用纠正错误（可靠）；能够动态适应变化的带宽条件（传输）。

SSM：超级慢动作摄像机的缩写。

待命（Standby）：通常是指导播、制片人或舞台监督发出的提示口令，让你停止正在做的事情并等待下一个指令。

站立式报道（Stand-Up）：出镜评论员直接对着摄像机说话。

标清（SD）：标清通常指隔行扫描的NTSC或PAL(两种电视技术标准)模拟图像。

斯坦尼康（Steadicam）：一种用来稳定摄像机的设备。将摄像机连接到一件由摄影师穿着的特殊背心上。熟练的斯坦尼康摄像师可以在进行自由地走动或跑动的同时提供稳定流畅的镜头。

手麦（Stick Mic）：手持话筒的俗称。

帧存（Still Store）：见电子帧存。

故事板（Storyboard）：一张显示音频、特殊音视频效果，以及摄像机将要拍摄的场景的表格。也可以用来标记特殊的摄像机或出镜人员的运动。

拆卸（Strike）：指节目制作完成结束后拆卸所有的设备。

环绕声（Surround Sound）：环绕声用5.1声道混合的方式，为观众创造真实的氛围。该系统使用6个离散的话筒来创建声像。

切换台（Switcher）：见制作切换台。

出镜人员（Talent）：对出现在电视中的所有出演者的一种称呼。

提示灯（Tally Light）：技术设备上的一种灯，用来提示摄像机或其他设备正在被切换为切换台

的输出。

TD：技术导演的缩写。

先导片（Tease）：通常是节目专题的首个短视频，以及节目中将会出现的精彩话题。

提词器（Teleprompter:）：一种将计算机生成的文字投射到摄像机镜头前的核心配件为分光镜的设备。它的设计是为了让出镜人员可以在直视镜头的同时读台词。

终接（Termination）：当设备上有环接视频输入时，所有未使用的环接输入都必须用75Ω的电阻进行终接，以维持适当的信号电平且能最大限度地减少反射。通常使用包含75Ω电阻负载的BNC公连接器。平衡音频需要用600Ω终接。如果设备设计用作环出，如分配放大器，有时有必要使用一个600Ω的电阻来进行终接。

收紧景别（Tighten-Up）：指镜头变焦推近，或轨道车推近拍摄对象。

俯仰（Tilt）：指将摄像机在固定的承托设备上向上或向下移动。

时间基准校正器（Time Base Corrector）：一种处理视频信号的设备，通常使得不稳定的视频图像能够稳定播放。

时间码（Time Code）：一种记录在录像带上的编码，为每帧画面赋予一组唯一的数字。时间码可以用于场记、编辑和播放，在录像带上准确地找到画面。

音调（Tone）：始终为零分贝的音频信号，通常在节目制作开始时记录到录像带上，以便正确设置播放设备。通常，音调与彩条同时记录。

跟踪（Tracking）：跟踪一词在电视节目制作中有多种定义。它可以指磁头的对齐调整，以确保正确播放录像带上的视频和音频；也可以指摄像机/承托设备从左向右的运动。

跟踪摄影机（Tracking Camera）：这种自动或人工控制的摄像机可以跟随被摄对象进行运动。这种

摄像机通常被安装在轨道、线缆，或让其跟随被摄对象运动的其他设备上。

转发器（Transponder）：卫星自身拥有的接收机和发射机。

三同轴线缆（Triax）：内含 3 根导体的同轴型摄像机线缆。

三脚架（Tripod）：一种有"3 条腿"的摄像机承托设备，有多种尺寸。它们具有可伸缩的支撑腿，可以调节高度。将可以控制平摇和俯仰的云台安装在三脚架的顶部。

横移 / 转播车（Truck）：既指摄像机和承托设备向左或向右移动，也可以指电视节目制作用的转播车。

双人镜头（Two-Shot）：在一个镜头中拍摄两个人。

超高清（UHD）：4K 电视被称为超高清。超高清至少拥有 3840 个水平像素和 2160 个垂直像素，长宽比至少为 16：9。

非平衡线路（Unbalanced Line）：两根导体的电压相对于地面不相等的传输线，例如同轴电缆。

指向性话筒（Unidirectional Microphone）：只能收录单方向声音的话筒，最常见的是枪式电容话筒。

卫星上行链路（Uplink）：用于从地球向卫星传送音视频信号的地面站。

卫星上行车（Uplink Truck）：具有上行能力的车辆，可以通过卫星向接收器发送视频和音频信号。

VandA：从字面上看，是指在两点之间的视频线路和音频线路，1 个 VandA 由 1 个视频线路和至少 2 个音频线路组成。

矢量示波器（Vector Scope）：工程师用于监看对录像机、摄像机和帧同步器所进行的调整的设备。

场馆（Venue）：赛事发生的特定场所。

视频噪声（Video Noise）：电子系统内的不必要的干扰，会导致在图像上出现"雪花"。

视频技术（Video Operator）：负责在节目制作前和节目制作过程中调整相机以达到最佳图像质量。

虚拟外场制作（Virtual Remote）：虚拟外场制作是指仅携带着音频和摄像设备到体育赛事现场，把控制室留在家里。将声音信号和单个摄像机信号通过互联网传回控制室，对赛事进行实时切换。

视频混合器（Vision Mixer）：见制作切换台。

VOD：视频点播的缩写。

画外音（VO）：指为相关视频进行解说但解说人不出现在画面中。

VTR：录像机的缩写。

录像场记（VTR Log）：录像带上的每一个镜头的记录。用时间代码作为参考，列出所有的镜头，无论质量好坏。该列表通常包含可以对镜头进行注释的空白，用来说明镜头拍摄质量和相关的细节。可以实时创建该日志，也可以在拍摄后进行编。

波形监视器（Wave Form Monitor）：一种用于监测视频信号及其同步脉冲的设备。

湿线对（Wet Pair）：一条带有约 70V 电压双绞线的标准电话线。

快速摇摄（Whip-Pan）：将被摄主体保持在寻像器内的快速水平摇摄。主体通常是模糊的。

扫画（Wipe）：两个视频画面之间具有特定图案形状的过渡。扫画由特效生成器制作。

全景镜头（WS）：与远景相同。

EXU：大特写的缩写，也可被缩写为 ECU。

XLR：最常用的 XLR 是被用于大多数专业话筒的三针屏蔽音频连接器，也被称为卡侬连接器。但是，相同类型的连接器可提供 2 ～ 5 芯，具体取决于实际应用。

XLS：大远景的缩写，也可被缩写为 ELS。

XY 制式立体声话筒对（XY Pairs）：在比赛场馆进行录音的经过匹配的一对话筒。

斑马纹（Zebra Stripes）：在配备斑马纹功能的电视摄像机上可以看到的黑色线条，可以帮助摄影师进行视频电平调整。